A reprendre p [illegible]
Φ = signifiant de la
virtualité de tous les signifiants.

CF

CHAMP FREUDIEN

COLLECTION DIRIGÉE PAR
JACQUES-ALAIN ET JUDITH MILLER

L'ÉLOGE DU RIEN

HENRI REY-FLAUD

L'ÉLOGE DU RIEN

Il faut croire quelque chose dans le monde

ÉDITIONS DU SEUIL

Ouvrage publié avec le concours
de l'université de Montpellier-III

Nous remercions Christian Bobin et les éditions Fata Morgana
de nous avoir autorisés à utiliser le titre *Éloge du rien*,
sous lequel ils ont eux-mêmes fait paraître un ouvrage en 1990.

ISBN 978-2-02-102717-4

www.editionsduseuil.fr

INTRODUCTION

Les festins de pierre

Le Festin de Pierre: tel est le sous-titre énigmatique donné à la comédie de *Dom Juan*. Cette appellation n'a pourtant guère arrêté les moliéristes : elle ne serait, nous disent-ils, que le résultat terminal d'un enchaînement d'erreurs de traduction[1], confirmant par ce tour de bonnetot la vanité de la démarche érudite, qui, par les réponses anticipées qu'elle apporte aux questions qu'elle ne se pose pas, présente un texte émondé de ses aspérités – au double sens du terme, *insignifiant*. A rebours, nous prendrons, pour notre part, le texte à la lettre, afin de reconnaître la nature de la pierre dont est fait le festin par lequel Don Juan arrête son destin. A cette fin, nous retiendrons comme guide d'introduction, le fil de la lecture socio-

1. A l'origine, le créateur du mythe, Tirso de Molina, vous diront-ils, donne pour titre à sa pièce, *El Burlador de Sevilla y Combidado de piedra* (le « convive » faisant ici référence à la statue du Commandeur tué par Don Juan). Lorsque, le sujet est repris, en 1650, par l'Italien Cicognini, la traduction, *Il Convitato di pietra*, respecte encore l'original espagnol. Mais huit ans plus tard, en 1658, le contresens qui va par la suite s'imposer est attesté pour la première fois dans le titre d'un canevas de la *Commedia dell Arte*, joué par Scaramouche devant Mazarin, le « festin » *(convito)* se substituant alors au « convive » *(convitato)*. La tradition de l'erreur, poursuivra-t-on, est désormais établie (nous le savons par le titre du recueil de *lazzis* de Biancolelli, qui arrive à Paris en 1662) et lorsque le thème est transcrit en langue française, c'est sous l'appellation nouvelle qu'il est introduit par Dorimont et Villiers qui créent leur *Festin de Pierre* en 1658, non sans quelque embarras, ainsi que l'atteste la pirouette qui leur fait nommer *Dom Pierre*, le Commandeur, le *Convitato* du *Convito*, ce qui évidemment arrange tout. D'où il ressort finalement qu'en 1665 Molière est le premier à désigner sa pièce, sans se poser de questions, par l'intitulé surréaliste qui pétrifie le banquet.

logique proposée par Michel Serres de la comédie de Molière[1].

Partant du postulat que « *Dom Juan* est un traité complet du don et du contre-don » (« aurions-nous jamais pu lire Molière sans Mauss ? », nous demande-t-il), cet auteur entreprend de démontrer avec talent que l'œuvre dramatique, déployant le canevas fourni par l'apologie du tabac faite par Sganarelle dans la scène d'ouverture de la pièce, produit la représentation anticipée du système des échanges que la sociologie devait plus tard déterminer « en errant trois siècles sur l'œil glauque du Pacifique[2] » : échanges des femmes, des discours, de l'argent. Le personnage de Don Juan se définirait *a contrario* par son déni de ce principe : « Je romps, lui fait dire M. Serres, le cercle de prendre et de donner, d'avoir et de devoir, d'offrir et de recevoir », profession de foi qui s'affirme en clair dans cet aveu en forme de défi : « J'ai beau être engagé, l'amour que j'ai pour une belle n'engage point mon âme à faire injustice aux autres[3]. »

Dans le cadre de cette lecture portée par l'anthropologie structurale, le banquet retrouve de droit la place inaugurale que lui accordaient chez Molière le titre et le frontispice de l'œuvre : « Songez-y, l'échange, c'est de tradition, doit toujours s'accomplir au cours d'un festin[4]. » Principe dont nous reconnaîtrons volontiers la validité, établie qu'elle est par « les primitifs, les guerriers, les fiancés et les maquignons[5] », mais sans accepter toutefois comme allant de soi le corrélat qui nous est proposé par notre guide : que « dans l'échange des invitations à souper, curieusement, tout le monde est de bonne foi[6] ». Car rien, en vérité, ne donne la raison de la

1. Michel Serres, *Hermès ou la Communication*, Paris, Minuit, 1967.
2. *Ibid.*, p. 244 et 245, et Marcel Mauss, « Essai sur le don – Forme et raison de l'échange dans les sociétés archaïques », *Sociologie et Anthropologie*, PUF, 1960, p. 145 *sq.*
3. Molière, *Dom Juan*, acte I, scène 2, cité par M. Serres, *op. cit.*, p. 240.
4. M. Serres, *op. cit.*, p. 235-236. Principe que l'auteur martèle avec conscience pour nous convaincre de son caractère universel : « Que faire en un festin, à moins qu'on y échange ? » (p. 237), « Le festin est le lieu électif de l'échange : vous battrez les chemins et les haies, le repas de noces est servi » (p. 243-244).
5. *Ibid.*, p. 236.
6. *Ibid.*, p. 243.

prétendue « bonne foi » de Don Juan qui lui ferait convier l'homme de marbre en retour de l'invitation reçue de lui : reste donc obscure la nature du lien qui lie le héros sublime au Commandeur qu'il a tué.

Pourquoi ce pacte conclu avec la statue par celui qui fait profession de rompre tous les engagements ? Pourquoi ce paiement qui solde sur un seul coup toutes les dettes qui n'ont pas été honorées ? Sans doute, l'intelligence du souper final donnerait-elle la réponse à ces questions non résolues, ce qui nous ramène devant la pierre énigmatique du festin.

*

Le titre de la pièce, proposons-nous, saisi au moment de la catastrophe finale où s'abîme le héros, délivre en *feed-back*, non pas la clef des sociétés humaines, comme le pense M. Serres, lecteur de Mauss, mais le sens du destin qui s'y joue.

L'engloutissement de Don Juan, moins sacré que la disparition d'Œdipe ou d'Empédocle[1], ne porte pas le personnage chez les dieux, au lieu du symbolique, mais tend, au contraire, à suturer le symbolique, rendu du même coup à la consistance du réel. Opération dans laquelle se pétrifie précisément le festin qui métaphorise ici le langage et ce qu'il autorise : désir, identification, partage et échange. Le projet de ce livre sera d'éclairer ce que ces énoncés peuvent avoir d'opaque, en montrant que le *Dom Juan* de Molière délivre, sur la scène de la comédie, le sens d'un destin héroïque et fatal, qui inscrit le personnage-titre de l'œuvre au champ d'une sublime perversion. Que cette cristallisation du désir ne soit pas cependant l'apanage de ce registre subjectif, c'est ce que démontrent les atermoiements empourprés par la rage d'un autre personnage de Molière, Alceste, retenu par nous comme paradigme littéraire de l'impuissance obsessionnelle. Encore faudra-t-il montrer

1. Jacques Lacan, « Kant avec Sade », *Écrits*, Paris, Le Seuil, 1966, « Champ freudien », p. 779.

comment et pourquoi ce qui se joue comme acte de volonté et refus chez le premier s'avoue comme échec enrageant chez le second. Nous aurons achevé de planter le décor et de présenter les protagonistes, lorsque nous aurons indiqué qu'encadrée par les deux figures d'Alceste et de Don Juan, la silhouette de Sganarelle, valet du second, appelée pour compléter le triptyque, éclaire, par sa trivialité même, les impasses respectives de l'atrabilaire et de l'incroyant, à travers l'apologie du tabac, mise dans sa bouche par Molière pour nous introduire à l'intelligence de son « festin de pierre ».

Trois personnages emblématiques vont donc scander notre parcours : Sganarelle, ou le bonheur d'être hystérique ; Alceste, ou l'obsessionnel dans sa cage ; Don Juan, ou l'outrage pervers au dieu caché. Auparavant, nous aurons toutefois dévidé le fil qui doit guider notre route : le principe de la double négativité [1].

1. Au moment d'ouvrir ce livre, mes pensées vont à mes amis Franc Ducros et Claude Richard, dont on reconnaîtra l'empreinte au passage. Mes remerciements sont adressés à Jean Ansaldi, toujours consulté avec profit, et à Monique Roeske, notre première lectrice. J'indiquerai encore que maints développements sont le fruit, parfois direct, des débats passionnés, soutenus depuis bientôt vingt ans avec Bernard Salignon.

* Les œuvres complètes de Freud sont indiquées par les abréviations suivantes : *GW*: *Gesammelte Werke*, Londres, Imago, 1940-1952, et Francfort-sur-le-Main, 1968 ; *SA* : *Studienausgabe*, Francfort-sur-le-Main, S. Fischer Verlag, 1969-1975.

PREMIÈRE PARTIE

Sganarelle ou le bonheur d'être hystérique

CHAPITRE PREMIER

Le principe de la double négativité

I. L'apologie du tabac

Magie du tabac

Michel Serres a justement souligné l'importance de l'éloge du tabac que Sganarelle, au seuil de l'œuvre de Molière, place au fondement des lois du commerce et de l'échange qui inaugurent l'ordre de la culture socialisée et introduisent l'homme à l'espace du Bien : « Il instruit les âmes à la vertu et l'on apprend avec lui à devenir honnête homme. Ne voyez-vous pas bien, dès qu'on en prend, de quelle manière obligeante on en use avec tout le monde, et comme on est ravi d'en donner à droite et à gauche, partout où l'on en trouve? On n'attend même pas qu'on en demande, et l'on court au-devant du souhait des gens ; tant il est vrai que le tabac inspire des sentiments d'honneur et de vertu à tous ceux qui en prennent » (I, 1). Commentant ce couplet inspiré, M. Serres notait : « Dès l'ouverture, la loi qui va dominer la comédie, loi transgressée pour partie au bilan final, loi bafouée en toute péripétie, est prescrite sur un modèle réduit. [...] [Cette ouverture] contient tout, le canevas, la règle, la menace, la fin. Reste à varier sur la structure d'échange, lisible sur le passage du tabac. Les trois conduites de Don Juan, vis-à-vis des femmes, du discours, de l'argent, forment trois variations parallèles sur le thème du tabac[1]. » De fait, à travers les diverses confrontations de Don Juan avec les autres personnages – Sganarelle, son valet, bien sûr, mais aussi Elvire, sa femme, Don Carlos, son beau-frère, Don Louis, son père, Monsieur Dimanche, son créancier, Charlotte et Mathurine ses promises –, l'action dramatique démontre, tout au long des cinq actes de la pièce, comment le héros dénie en permanence, sur le modèle de son refus du tabac, tous les engagements qui soutiennent le commerce amoureux avec les femmes, social avec les hommes, spirituel avec Dieu.

Mais après nous avoir conduits jusqu'à ce terme, l'analyse sociologique nous abandonne au point de butée qui la borne et qu'elle énonce elle-même avec lucidité, en avouant son échec à déterminer la nature de cet objet magique : « Étrange objet que ce pétun, investi d'une puissance de communication, d'une vertu liante qui mène à la vertu. D'où vient qu'être méchant homme, fût-on grand seigneur, consiste à mépriser le tabac[2]? » Nous est ainsi refusée la révélation dernière qui nous eût livré, en même temps que le sens de la pièce, le secret de la loi de l'échange et le sens de la convivialité.

La question de l'incroyance

La mise en évidence dans le texte de Molière des divers jeux de l'échange, déterminés sur le terrain par les enquêtes scientifiques, ne concerne donc que la combinatoire d'une série de phénomènes advenus sur le devant de la scène sociale, tandis que restent dans l'ombre, hors d'atteinte de la saisie critique, les principes qui régissent la machinerie que le texte fait fonctionner devant nous. Ainsi peut-on lire l'heure au cadran de la pendule sans comprendre, pour autant, les secrets du mécanisme.

La tâche du psychanalyste apparaît du coup assez claire :

1. M. Serres, *op. cit.*, p. 234-235.
2. *Ibid.*

reprendre l'examen au point où l'enquête sociologique reconnaît sa limite afin de déterminer l'identité cachée du tabac, conscient que la réponse à cette question lèverait à la fois l'énigme du « festin de pierre » et la raison du système mis au jour par Mauss. Le texte de Molière invite d'ailleurs lui-même à soutenir ce projet en donnant d'entrée un indice capital, resté jusqu'ici inaperçu, lorsqu'il juxtapose dans le discours inaugural de Sganarelle l'apologie du tabac et l'aveu de son recul horrifié *devant l'incroyance de son maître*, « le plus grand scélérat que la terre ait jamais porté, un enragé, un chien, un diable, un Turc, un hérétique, qui ne croit ni Ciel, ni enfer, ni loup-garou » (I, 1).

Dès qu'on se réfère au texte *original* de Molière, il n'est plus possible de méconnaître la solidarité qui unit l'éloge du tabac, posé comme « modèle réduit » du système de la dette universelle, et la question de la croyance, qui traverse l'œuvre comme un véritable fil rouge, puisque, dans la langue du XVIIe siècle, *c'est un même mot : la « créance », qui désigne la « croyance » et la « dette »*[1], homonymie qui met en évidence que la « mécréance » du « grand seigneur méchant homme » noue le retranchement du sujet de la communauté des croyants et son exclusion de la circulation du tabac – son défi envers le Ciel et son rejet du système des échanges – son déni du Credo et son désaveu du crédit – son refus de la foi et son mépris de la bonne foi. S'imposent alors le sens de l'effroi de Sganarelle devant la *mécréance* de son maître en même temps que les raisons qui font méconnaître à ce dernier la nécessité essentielle de la croyance : « Est-il possible que vous ne croyiez point du tout au Ciel ? – Laissons cela. – C'est-à-dire que non. Et à l'enfer ? – Eh ! – Tout de même. Et au diable, s'il vous plaît ? – Oui, oui. – Aussi peu. Ne croyez-vous point l'autre vie ? – Ah ! ah ! ah ! – Voilà un homme que j'aurai bien de la peine à convertir. Et dites-moi un peu, le Moine bourru, qu'en croyez-vous ? – La peste soit

1. Le caractère essentiel de cette ambivalence est confirmé par sa récurrence dans d'autres langues : ainsi en allemand, où *gläubig/Gläubiger* désignent à la fois croyant et créancier.

du fat. – Et voilà ce que je ne puis souffrir ; car il n'y a rien de plus vrai que le Moine bourru, et je me ferais pendre pour celui-là. *Mais encore faut-il croire quelque chose dans le monde* » (III, 1)[1].

Le propos de Sganarelle nous enseigne que si on parvenait à déterminer la nécessité logique qui fait obligation à tout homme de *croire* et, partant, à définir la nature de l'*objet* de la croyance (il est, en lui-même indifférent, nous apprend Sganarelle), on aurait du même coup répondu à la question posée par l'identité du tabac.

Le « représentant de la représentation »

La pièce de Molière n'est pas seulement l'illustration anticipée du système mis plus tard en évidence par les travaux des sociologues. Il conviendrait plutôt de retourner leur question pour se demander s'il est aujourd'hui possible de lire Mauss sans Molière. Car c'est bien l'œuvre du poète qui, en articulant l'une sur l'autre les deux « créances », permet d'établir que ces deux phénomènes sont l'expression d'une *structure langagière fondamentale commune*, elle-même référée à un signifiant particulier (donnons tout de suite son nom un peu barbare : le « représentant de la représentation ») dont la théorie analytique a montré qu'il constituait la clef de l'opération de *double négativité*, qui préside à la genèse du sujet et à son introduction conjointe à la réalité.

En déterminant la nature et le statut du « représentant de la représentation », la reconstitution de cette opération va nous révéler l'identité du tabac et, partant, de l'objet de la croyance et mettre au jour les principes du langage dont les effets se déploient sur les diverses scènes *sociales* : la communauté de ceux qui croient au Ciel et celle de ceux qui n'y croient pas, la communauté du

1. En quoi Sganarelle s'inscrit dans la tradition de la pensée classique : « La répugnance que la plupart des hommes montrent pour l'athéisme, écrira par exemple un peu plus tard d'Holbach, ressemble parfaitement à l'horreur du vide ; ils ont besoin de croire quelque chose » (*Système de la nature*, Olms, 1966, t. II, p. 194).

partage et celle des identifications – toutes communautés dont vont se trouver exclues, à des titres différents, les deux figures paradigmatiques d'Alceste et de Don Juan.

II. Le principe de la double négativité

La subversion freudienne du sujet

La psychanalyse a subverti la conception que l'homme avait de lui-même, en le faisant déchoir de ses prétentions à détenir un jour les signifiants de son être. En réalité, ce constat n'a été dressé par Freud qu'au terme d'un parcours théorique laborieux. En effet, au début de son œuvre, alors que sa recherche était consacrée à élucider le symptôme névrotique, Freud a d'abord cru que la jeune science qu'il élaborait allait restituer à l'homme en souffrance – en souffrance d'une lettre –, grâce à la signification de cette lettre *déchiffrée*, l'accès à la vérité de son désir. Ainsi la psychanalyse a-t-elle été pensée, un moment, comme une herméneutique de l'inconscient[1]. Cette conception domine la première décennie du siècle, inaugurée par *L'Interprétation des rêves* et clôturée, en 1909, par la publication des analyses du Petit Hans et de l'Homme aux rats. Mais bientôt, la clinique de l'Homme aux loups, tendue vers la reconstitution et la remémoration de la scène primitive du coït parental, va, par la vanité même des efforts soutenus en ce sens, circonscrire au cœur du discours du patient ce que Freud isole, dans la cure, comme un trou dans le savoir inconscient du sujet qu'il identifie peu après comme place d'un défaut de représentation *(Vorstellung)*.

On peut considérer « L'histoire d'une névrose infantile » comme

1. A la réserve de certaines indications restrictives de Freud comme la désignation de l'ombilic du rêve (Freud, *L'Interprétation des rêves*, Paris, PUF, 1973, p. 446).

le chantier où a été élaborée la notion d'une *Urverdrängung*[1], qui va bouleverser la théorie analytique, en postulant au principe du système représentatif la valence d'une représentation singulière, *originairement refoulée* (donc irréductible à toute prise en charge par la conscience), pour « fixer » la pulsion. Cette représentation, Freud l'appelle le « représentant de la représentation » *(Vorstellungsrepräsentanz)*. C'est elle qui, arrimant la chaîne signifiante *par son défaut même*, va permettre le déploiement de ladite chaîne, c'est-à-dire tout le jeu de la combinatoire des représentations secondaires qui adviendront, à leur tour, dans l'espace du discours effectivement tenu par le sujet, comme autant de représentants du « représentant de la représentation ». Seul, toutefois, ce premier représentant, dont Freud nous dit encore qu'il a pour particularité de rester « noué » *(gebunden)* à la pulsion, a droit véritablement au titre de représentant du sujet. Quant aux autres représentations secondaires, celles que détermine la cure analytique, elles ne sont que des déléguées subsidiaires de ce représentant originaire auquel le sujet n'aura jamais accès[2]. Ainsi, en scellant la perte du représentant du sujet, ce constat consacre-t-il la subversion apportée par la psychanalyse à la conception de l'homme soutenue par la pensée philosophique depuis vingt-cinq siècles. Il faudra cependant attendre dix années encore pour que soient formalisées, en 1925, les modalités de cette subversion, quand Freud établira que le sujet humain est frappé par une double « dénégation » *(Verneinung)* qui est la condition de son introduction au langage – *qu'il est deux fois négativé*. Ce que nous déterminerons comme forclusion et symbolisation du sujet.

1. Dans l'essai « Le refoulement » de 1915, recueilli dans *Métapsychologie*, Paris, Gallimard, 1968.

2. Nous avons présenté la reconstitution freudienne de la genèse du sujet dans *Comment Freud inventa le fétichisme et réinventa la psychanalyse*, Paris, Payot, 1994 (cf. notamment p. 124-129).

La première négativation : la forclusion du sujet

De l'articulation de la vieille théorie des « registres d'inscription[1] » avec le procès logique décrit dans l'essai sur la dénégation (1925), il ressort que le sujet humain se constitue – en quoi il est originairement *forclos* – d'une part d'être *sub-jectée* comme substance *(sub-stare)*, qui laisse toutefois comme trace de sa disparition l'inscription de premiers « signes de perception » *(Wahrnehmungszeichen)*, qui sont la contrepartie scripturale (encore non représentative) de cette part d'être perdue[2]. Ce moment initial produit la matrice de l'introduction du sujet au signifiant, puisque le procès attributif d'incorporation et d'expulsion qui caractérise cette phase s'accomplit d'entrée, nous dit Freud, comme phénomène de langage : *ab-* et *zusprechen*[3].

L'inscription des « signes de perception » est la condition et la garantie que la perte des objets primordiaux (objets *a* selon Lacan) ne suive pas ces objets. Ces inscriptions marquent donc la négativité pure d'un objet réel (– 1), avec cette précision que ce qui se constitue de cette première perte, ce n'est pas le vide, mais une première trace de la perte[4]. Les « signes de perception » sont ainsi les signes de la coupure brute, de l'absence absolue, qui viennent inscrire la perte d'objets que le sujet n'a jamais eus et qui ne seront

1. Présentée en 1896 dans la *Lettre 52* (Freud, *La Naissance de la psychanalyse*, Paris, PUF, 1956, p. 153).

2. L'inscription des signes de perception, qui constitue une première symbolisation du monde, est en effet solidaire de la première décomplétude du corps consécutive à la perte des premiers objets (objets *a*), comme si le jugement d'attribution et les premières découpes intervenues sur le corps présentaient les deux faces d'une même opération (cf. *Comment Freud inventa le fétichisme…*, *op. cit.*, p. 289-291).

3. *Ibid.*

4. Dans Séminaire IX, « L'identification », séance du 14 mars 1962 (inédit), Lacan, récupérant à ses fins le quadrant de Pierce, inscrit la forclusion du sujet comme « perte pure », fondatrice d'une première négativité réelle (– 1), qu'il désigne comme « privation », qui va former une première classe vide, celle des objets impossibles.

plus tard réclamés par lui que pour n'avoir jamais fait partie de lui, puisque c'est de leur retranchement que ce sujet s'instaure d'être originairement rejeté, *verworfen*, du côté du réel. C'est pourquoi les *Wahrnehmungszeichen*, en tant que marquages de cette perte sans nom, sont inscrits sans effet de temporalité pour constituer une première mémoire immémoriale, gravée sur le corps du sujet[1], ce qui les exclut de cette autre mémoire en quoi consistera, plus tard, l'inconscient représentatif.

Ainsi cette opération, qui signe l'entame du *Real Ich* comme Un, renvoie-t-elle le sujet « idéal » du côté de l'impossible, en l'excluant de tout procès langagier : ce que nous formaliserons après Lacan, en disant que le sujet forclos est originairement compté comme – 1. Avec cette conséquence que l'échec de cette forclusion *subjective* primordiale[2], consécutif à une forclusion *scripturale* des premiers pré-signifiants que sont les « signes de perception » (S_1), arrête un destin psychotique (schizophrénie)[3]. En

1. Cf. *Comment Freud inventa le fétichisme*..., *op. cit.*, p. 304-305.

2. Soit l'échec de la « privation » réelle des premiers objets (objets *a*).

3. Un point de terminologie doit être éclairci au seuil de notre étude. Dans le « séminaire sur les psychoses », faisant état de la « première mise en signes » des *Wahrnehmungszeichen*, Lacan désigne ce champ comme celui du « signifiant primordial » – « lieu élu, dit-il, de ce que j'appelle la *Verwerfung* » (Lacan, *Séminaire III, Les psychoses*, Paris, Le Seuil, « Champ freudien », 1981, p. 177). Toutefois, cette affirmation ne prend son sens que référée au texte de 1954 qui lui a donné corps, la « Réponse au commentaire de Jean Hyppolite », où, évoquant, à propos de la *Verwerfung* de l'Homme aux loups, « les structures imaginaires prévalentes de la paranoïa », il écrivait qu'il s'agit de « phénomènes élémentaires qui sont seulement pré-signifiants » (*Écrits, op. cit.*, p. 293). La difficulté est levée dès que l'on admet l'existence de deux imaginaires, un imaginaire non symbolisé, prévalent dans la psychose, en regard de l'imaginaire symbolisé par la relève phallique de la névrose (cf. Rey-Flaud, « Qu'est-ce qu'une image indélébile ? », *La Cause freudienne*, mars 1995, p. 55-58). Ainsi les *Wahrnehmungszeichen* constituent-ils les « signifiants primordiaux » (S_1) du *Séminaire III* – en réalité, « pré-signifiants » ayant statut de « signes » *(Zeichen)*. Le signifiant phallique (S_2) est donc le premier signifiant symbolique, celui qui traduit la « différence absolue », pour quoi Lacan lui donne, en ce sens, le nom de « signifiant primordial » (*Séminaire XI, Les quatre concepts fondamentaux de la psychanalyse*, Paris, Le Seuil, « Champ freudien », 1973, p. 248). A partir de quoi, le sujet est introduit à l'espace de l'imaginaire symbolisé des *Vorstellungen* freudiennes (S_3, S_4, S_n).

revanche, lorsque cette opération est accomplie, le sujet est introduit à la seconde négativation, effective lorsque le signifiant primordial (S_2) advient – au point d'articulation entre jugement d'attribution et jugement d'existence – pour assurer la relève des marquages primitifs, en entourant d'un cerne leurs traces effacées, étape où le sort du sujet se joue, dès lors, entre paranoïa, perversion et névrose[1].

La seconde négativation : la symbolisation du sujet

Si la *forclusion* du sujet inscrit comme (– 1) une perte pure, la relève signifiante marque le redoublement de la négativité (– – 1) et fonde sa *symbolisation* lorsque les premiers « signes de perception » sont recueillis et rassemblés au lieu de l'Autre sous le chef du « représentant de la représentation » que l'on notera S_2, puisqu'il a pour fonction d'assurer la « relève » des premières représentations non représentatives *(Wahrnehmungszeichen)*, inscrites lors du jugement d'attribution comme S_1. Si les « signes de perception » (S_1) sont les signes du rien, le « représentant de la représentation » (S_2) est le signifiant de ces premiers signes, celui qui a la fonction d'assurer la *transduction* d'un texte originaire perdu depuis toujours. En tant que représentant des représentations de la coupure, il est le signifiant de la coupure, de la pure différence – en tant que tel impossible à écrire et ne soutenant son existence que des effets qu'il produit lorsqu'il est à son tour « représenté » par

1. En réalité, il convient d'admettre que le procès de subjectivisation commence avec le premier marquage des « signes de perception ». En effet, la référence lacanienne à une originaire forclusion du sujet ne signifie rien d'autre, selon nous, que la nécessité de poser un sujet primordial, asubjectif pour fonder l'être du sujet. Temps mythique assurément que celui de ce *Real Ich*, car, dès les temps les plus archaïques, l'Autre est toujours présent pour recueillir les premières pertes et inscrire en contrepartie les premiers « signes de perception », inaugurant donc, dès l'origine, la subjectivisation. Il serait donc légitime de dire que le sujet advient *de* sa forclusion.

tous les signifiants imaginaires qui vont venir prendre place dans la chaîne du discours effectif[1].

Tel est donc le principe de l'opération, accomplie en deux temps (jugement d'attribution/jugement d'existence), qui, de la forclusion du sujet à sa symbolisation, introduit celui-ci au champ du discours représentatif où se déploient les jeux de la métaphore. Le « représentant de la représentation » découvre alors qu'il est une interface qui permet au sujet de trouver dans l'Autre du langage la contrepartie – *toujours insuffisante* – du manque, inscrit en lui par les premières découpes attributives[2].

Nous aurons achevé la *présentation* de ce singulier « représentant », quand nous aurons indiqué que la théorie analytique l'a identifié comme signifiant phallique (Φ) sur la base d'une observation mythique de Freud[3], selon laquelle le pénis du petit garçon, point de focalisation durant les premières années d'une jouissance narcissique auto-érotique, se trouve à un certain moment négativé, quand la croyance infantile qui l'attribuait jusqu'alors aux deux sexes est l'objet d'un refoulement consécutif à la découverte des organes génitaux de la femme. Au-delà du « démenti » infligé à la volonté de jouissance de l'enfant, cette révélation a ainsi pour fonction de venir signifier au sujet le défaut *essentiel* qui le marque et qui frappe, en même temps, la réalité. Ainsi, c'est à la jonction où se noue le manque réel au défaut symbolique que le pénis, frappé de caducité, se voit destitué de la valeur narcissique, qui

1. Les premières coupures advenues lors du jugement d'attribution sont donc « relevées » une première fois par des représentations non représentatives (S_1), qui accomplissent la première négativation du sujet (– 1), avant d'être à leur tour « relevées » par une *Repräsentanz* privilégiée (S_2), qui consacre la seconde négativation du sujet (– – 1).

2. C'est la raison pour laquelle il est figuré dans la théorie psychanalytique par une barre qui tout à la fois marque l'Autre du langage (Ⱥ). inscrit la division *originaire* du sujet ($) et sépare le signifiant du signifié ($\frac{S}{s}$).

3. Développée dans l'article de 1908 sur les « théories sexuelles infantiles » (Freud, *La Vie sexuelle*, Paris, PUF, 1969, p. 14-27) et reprise, sous sa forme la plus complète, dans l'essai de 1910 consacré au « souvenir d'enfance de Léonard de Vinci ».

était la sienne, avant d'être restauré sur le corps de la mère par un phénomène de « supposition », déduit par Freud[1], qui l'élève à la dignité de signifiant. C'est en effet dans la corrélation entre ce qui a été, durant un temps, le point énigmatique du corps de la mère, support du désir ardent *(Sehnsucht)* de l'enfant, et, d'autre part, le point opaque de l'Autre *(das Ding)*[2], qu'aucun signifiant imaginaire ne viendra signifier, que le signifiant phallique confirme son identité avec le « représentant de la représentation », agent de la seconde négativité du sujet (– – 1)[3]. Rencontre dont témoignent, au champ de la phylogenèse, certaines peintures pariétales préhistoriques.

III. L'introduction au symbolique

Les « mains négatives » magdaléniennes

La science paléontologique moderne est venue confirmer l'hypothèse de Freud selon laquelle l'humanité, au cours de son histoire, aurait connu un stade d'évolution archaïque, où le rapport du sujet au monde n'était pas encore celui du signifiant, mais du signe[4]. En ce temps-là, où l'homme marchait encore à quatre pattes, la perception *(Wahrnehmung)*, essentiellement olfactive, assurait

1. Freud, *Un souvenir d'enfance de Léonard de Vinci*, Paris, Gallimard, 1977 [1927], p. 73.
2. Déterminé, dès 1895, dans « Esquisse pour une psychologie scientifique » (*La Naissance de la psychanalyse*, *op. cit.*, p. 348-349).
3. Ainsi la genèse logique du sujet reconstituée par Freud dans la *Verneinung* trouve-t-elle son articulation avec le complexe de castration, démontrant que la castration imaginaire se joue dans l'espace banalisé par les signifiants du discours effectif (S_3, S_4, S_n), tandis que la castration, dite par Lacan symbolique, se donne comme la condition de l'advenue du sujet au langage représentatif, quand le « représentant de la représentation » (S_2), *alias* signifiant phallique, s'instaure et se perd dans le refoulement originaire (jugement d'existence).
4. Freud, *Malaise dans la civilisation*, Paris, PUF, 1989 [1971], p. 49-50.

une saisie « réelle » du monde, puisque l'odeur délivre, sans effet de temporalité[1], la présence de l'objet, ce qui lui donne statut de « signe » *(Zeichen)*. Le tournant décisif intervint quand l'homme se redressa à la verticale, destituant l'odorat de ses privilèges au profit de la vue, elle-même élevée bientôt à la dignité symbolique du regard, et instaurant la primauté de la pulsion scopique. Cette mutation allait opérer une symbolisation du monde, en substituant le signifiant, référé à l'absence de l'objet réel, à l'ancien signe de la présence. Cette opération fut bouclée par le retour sur le sujet du procès de symbolisation, corrélé à l'émergence du sentiment de la pudeur.

La pudeur est la conséquence de l'effet de rétroaction du regard sur le sujet, soudainement livré à la « prise » de l'Autre par la nouvelle posture verticale qui mettait à découvert les organes génitaux restés jusqu'alors cachés. La pudeur traduisait ainsi le sentiment de l'*homo erectus* qu'il y avait en lui un point d'intime réfractaire à la volonté d'emprise de la perception de l'autre, un point imprenable au système des représentations. Ainsi le sentiment de la pudeur désignait-il la place vide où fait défaut le signifiant qui ne cesse pas d'écrire l'absence essentielle du sujet (– – 1). C'est ce que désignent précisément les inscriptions rupestres de la préhistoire – mains négatives, ainsi que figures vulvaires et péniennes.

« On appelle *mains négatives*, écrit Marguerite Duras, les peintures de mains trouvées dans les grottes magdaléniennes de l'Europe Sud-Atlantique. Le contour de ces mains – posées grandes ouvertes sur la pierre – était enduit de couleur. Le plus souvent de bleu, de noir. Parfois de rouge. Aucune explication n'a été trouvée à cette pratique[2]. » En fait, ces signatures énigmatiques, laissées au pochoir sur le mur des cavernes, trouvent leur sens lorsqu'on les replace dans le procès logique qui introduit l'homme archaïque au symbolique. Que les mains des grottes de Gargas et d'El Castillo

1. Dans la *Lettre 52*, Freud insiste sur ce caractère du signe.

2. Marguerite Duras, *Le Navire Night, Césarée, Les Mains négatives, Aurélia Steiner*, Paris, Mercure de France, 1984, p. 105.

aient été spontanément désignées comme « négatives » par les paléontologues indique, d'ailleurs, directement le rapport de ces empreintes avec la négativité qui fonde la symbolisation du sujet.

Ces traces qui expriment le retrait de la main inscrivent le sujet « retiré » – absent. Ce sujet est imprenable au miroir, la main négative ne pouvant être identifiée comme main droite ou gauche, puisqu'elle est trace d'une main ou de l'autre selon qu'ait été présenté au mur la face ou le dos de la main[1]. La main négative n'est donc pas spécularisable, elle ne relève pas du registre de la représentation, elle ne présente pas la figure imaginaire d'« une » main, mais suscite la forme eidétique, l'essence de la main – soit la représentation manquante qui va fonder les représentations secondaires qui, plus tard, adviendront dans le monde pour signifier telle ou telle main particulière. Ainsi, si la main négative échappe au miroir, c'est parce qu'elle désigne le point perdu ($- \phi$) qui fonde l'expérience du miroir[2].

Son statut pourrait, dès lors, être considéré comme assez proche de celui que Freud assigne au fétiche : celui d'un objet élu pour incarner dans le monde le « représentant de la représentation », signifiant de la différence. En réalité, l'entreprise fétichiste se présente, au contraire, comme l'inversion de l'inscription des mains négatives.

1. « L'examen des empreintes tend à montrer qu'il y a aussi des mains droites placées dos contre la roche » (André Leroi-Gourhan, *Préhistoire de l'art occidental*, Paris, Mazenod, 1965, p. 109).

2. C'est dans le cadre de cette lecture que trouverait son sens ce détail resté inexpliqué, à savoir que nombre de mains négatives se présentent comme tronquées d'une ou de plusieurs phalanges. L'interprétation, qui voit dans cette singularité la transcription de mutilations rituelles, reste la plus plausible, à condition de préserver la dimension symbolique du sacrifice.

L'inscription impossible du « représentant de la représentation »

Nous rapporterons ici le « symptôme » fétichiste d'un enfant d'une dizaine d'années qui faisait inlassablement passer de la main droite à la main gauche un même gant noir de soie, opération qui n'était possible que par une invagination du gant grâce à laquelle celui-ci pouvait être enfilé indifféremment par les deux mains. Par ce retournement (c'est le sens précis du mot « perversion »), l'enfant fait ainsi passer le manque au-dehors et se fait lui-même le maître de la différence, en colmatant la division du sujet. En effet, le démenti du miroir, obtenu par le déni de la bilatéralité, accomplit une coïncidence parfaite entre le sujet et le moi (c'est-à-dire une suture de la division subjective) et produit une réalité sans défaut, supportée par un langage sans manque. Le passage du gant d'une main à l'autre se présente, du coup, comme une subversion du *fort/da*, puisque le principe de l'opération est d'abolir la différence entre A et B et de suturer l'intervalle entre une main et l'autre main[1].

L'inscription de la main négative répond à une intention exactement opposée. Tandis que l'enfant entreprend, par une pantomime réelle, d'abolir la différence, les mains négatives ne désignent que la place vide du signifiant de la différence impossible à écrire. Elles marquent ainsi l'advenue dans l'histoire de l'humanité de l'inscription *eidétique* du représentant de la représentation.

1. Dans une page célèbre d'« Au-delà du principe de plaisir » (*Essais de psychanalyse*, Paris, Payot, 1982, p. 52-53), Freud retrace le jeu de son petit-fils, âge de dix-huit mois, jouant avec une bobine attachée à une ficelle qu'il jetait sous un meuble, avant de la faire réapparaître, en ponctuant sa pantomime des deux vocables « ô » et « a » dans lesquels Freud reconnut les deux termes *fort* (loin) et *da* (ici). Lacan a montré que ce jeu figurait l'oscillation du sujet, « représenté par un signifiant pour un autre signifiant », la bobine tenant le rôle de l'objet *a* (Lacan, *Séminaire XI, Les quatre concepts fondamentaux*..., *op. cit.*, p. 60-61).

Loin d'être, comme on l'a cru naïvement, la signature individualisée de l'artiste[1], elles sont la trace pure, l'indice vide, qui témoigne de l'accès du sujet humain au symbolique et lui ouvre le champ de l'imaginaire[2]. A partir de l'empreinte unilatère laissée sur les murs des cavernes, l'homme est désormais en mesure de reconnaître au miroir l'image inversée de la main qu'il lui présente – inversion à prendre comme retournement imaginaire de la double négativité.

Cette lecture des mains négatives éclaire alors d'autres inscriptions pariétales figurant les organes génitaux masculins et féminins.

Signification des « symboles » sexuels

Pour comprendre ces dernières inscriptions, il faut savoir que « dès les plus anciennes figures, les séries de traits ou de cupules alignés [qui sont des représentations du pénis] sont associées à des symboles féminins[3] ». Toutefois, à travers cette « présentation complémentaire », l'homme magdalénien ne fait pas seulement le constat, comme le croit hâtivement le paléontologue, qu'il y a deux genres dans l'espèce humaine. Les symboles, ainsi gravés de chaque sexe, n'ont de sens que comme marquages de l'un par rapport à l'autre, pour dire qu'il n'y a pas de vagin sans pénis et pas de pénis sans vagin. Ces figures désignent donc l'impossible à figurer : le rapport indicible entre pénis et vagin, le signe impossible à écrire (Φ) qui nouerait ensemble ces insignes de la diffé-

1. Telle était l'hypothèse d'É. Piette, grand pionnier de la préhistoire.

2. Ce qu'exprime Marguerite Duras, quand elle fait dire au sujet des *Mains négatives* : « Je suis quelqu'un je suis celui qui appelait qui criait dans cette lumière blanche/Le désir/le mot n'est pas encore inventé » (*op. cit.*, p. 11).

3. A. Leroi-Gourhan, *Le Geste et la Parole*, Paris, Albin Michel, 1964, t. II, p. 217. Cf. encore du même auteur cette indication : « Dans les compositions centrales, les signes féminins apparaissent normalement associés à des signes de la série masculine. [...] Les signes vont souvent par paire : un ovale et un signe barbelé, un rectangle et une ligne de points, un triangle et quelques bâtonnets » (A. Leroi-Gourhan, *Préhistoire de l'art occidental*, *op. cit.*, p. 108).

rence. Leur réitération indéfinie aux murs des cavernes[1] se présente ainsi comme étant la première expression de la « compulsion de répétition », identifiée par Freud dans « Au-delà du principe de plaisir[2] », qui traduit l'insistance de la contrainte symbolique à inscrire le signifiant impossible à écrire[3], signifiant qui, désignant le sujet en tant que mort, vectorise, du fond de l'inconscient originaire auquel il est assigné, la chaîne des représentations secondaires qui vont paradoxalement donner un sens à sa vie.

IV. Les avatars de la seconde négativité

Les aléas du refoulement originaire

L'échec de cette opération de « symbolisation » du sujet (que Freud, dans « L'Homme aux loups », impute au « rejet » de la castration, *Verwerfung*[4]) arrête un destin paranoïaque, tandis que son effectuation introduit le sujet, « en aval », à la virtualité des deux autres structures subjectives déterminées par la psychanalyse : la perversion et la névrose. Confronté au défaut du signifiant phallique (défaut « révélé » lors de la découverte des organes génitaux de la femme), le pervers répond en *déniant (er verleugnet)* le

1. Principe valable aussi bien pour les symboles sexuels que pour les mains négatives : « La plus forte concentration de mains négatives est celle de la Cueva de las Manos Pintados (Argentine), des milliers assemblées en panneaux dans plusieurs abris comme si la forme naturellement stéréotypée de la peinture de la main avait favorisé sa répétition à l'infini » (Denis Vialou, *La Préhistoire*, Paris, Gallimard, « L'univers des formes », 1991, p. 282).

2. Freud, « Au-delà du principe de plaisir », *Essais de psychanalyse*, *op. cit.*, 1984, p. 41-115.

3. Le rapport entre la main droite et la main gauche, entre *fort* et *da*, entre masculin et féminin, est, de fait, impossible à écrire, car le langage ne peut pas se signifier lui-même, ce que Lacan formule en disant qu'il n'y a pas d'Autre de l'Autre.

4. Ce que Lacan élaborera comme « forclusion » du signifiant du Nom-du-Père.

verdict qui lui est signifié, déni bientôt ratifié par la production du fétiche, véritable « réalisation » dans le monde de ce signifiant. Quant au névrosé, il s'accommode, tant bien que mal, plutôt mal que bien, du manque de ce signifiant : soit qu'il installe un « interdit » fabriqué de toutes pièces (l'objet phobique), en lieu et place du signifiant *inter-dit*; soit qu'il bricole pour tenir ce rôle (c'est la solution hystérique démontrée par la mode[1]) une femme érigée en fétiche « postiche » ; soit qu'il se perde, sans repos ni répit, dans la quête torturante du fantôme de la Cause, tel l'Homme aux rats, tenaillé par son désir brûlant de voir des femmes nues[2].

Nous laisserons de côté le destin échu au psychotique pour nous attacher aux positions subjectives respectives du pervers (Don Juan) et du névrosé (plus spécialement obsessionnel : Alceste). De l'un et de l'autre, nous montrerons qu'ils ont passé sans encombre l'épreuve de la première négativité (– 1), effectuée lors du jugement d'attribution. L'on pourrait même penser qu'ils n'ont pas été loin de réussir celle de la seconde négativité (– – 1), si l'on en croit l'affirmation de Freud que la réalité de la castration (de l'Autre) a été, par chacun des deux, reconnue. Pourtant, la clinique établit en sens inverse le constat que cette reconnaissance n'a, dans leur cas, apparemment rien réglé, si bien que la question se pose de savoir si la ratification de la réalité qu'ils manifestent n'implique pas, chez l'un et chez l'autre, une clause suspensive secrète (particulière à chacun). On comprendrait alors qu'en dépit de leur protestation ostensible le deuil du signifiant phallique reste marqué ici d'un *stigma indelebile* – soit du sceau de l'insupportable chez le pervers et du cachet de l'impossible pour l'obsessionnel.

1. Freud, « Genèse du fétichisme », *Aus dem Kreis um Sigmund Freud*, Francfort-sur-le-Main, S. Fischer Verlag, p. 15.

2. Freud, « Remarques sur un cas de névrose obsessionnelle », *Cinq Psychanalyses*, Paris, PUF, 1975, p. 203.

Les deux temps de la seconde négativité : l'aliénation et la séparation

C'est la genèse de ces deux positions subjectives qu'éclairent les élaborations théoriques de Lacan qui prennent, à ce moment, le relais des intuitions fondatrices de Freud pour déployer certains principes laissés implicites, en montrant que l'accomplissement de la seconde négativité du sujet (mise en place du refoulement originaire) s'effectue en deux temps, déterminés comme *aliénation* et *séparation.*

Le terme *aliénation* désigne la fatalité inhérente à la structure du langage, en vertu de laquelle aucun signifiant ne peut signifier l'être du sujet, fatalité inscrite d'entrée dans le fait que le signifiant fondateur de la chaîne est par nature perdu. Ce que Lacan, usant des cercles d'Euler, figure en mettant en évidence que le cercle du sens est, dans son principe, incapable de recouvrir le cercle de l'être. Si bien que si le sujet vient, à un moment, à « apparaître d'un côté comme sens, produit par le signifiant, de l'autre il apparaît comme *aphanisis* ». Et si, à rebours, « nous choisissons l'être, le sujet disparaît, il nous échappe, il tombe dans le non-sens, et le sens ne subsiste qu'écorné de cette partie de non-sens qui est ce qui constitue, dans la réalisation du sujet, l'inconscient[1] ». L'*aphanisis* (« éclipse ») du sujet est ainsi, à la fois, l'effet et l'expression de l'*aliénation,* premier temps logique de la seconde négativité, dont la *séparation* constitue le second temps.

Tandis que, dans l'*aliénation,* le sujet tombe sous le coup du langage, rejeté qu'il est de signifiant en signifiant, par la *séparation,* en prenant sur lui le défaut du système signifiant, il se met en mesure de retourner sur l'Autre la perte qui le constitue, c'est-à-dire de renvoyer à l'Autre que la même barre les marque tous les

1. Lacan, *Séminaire XI, Les quatre concepts fondamentaux..., op. cit.,* p. 191-192.

deux sur le modèle de la repartie : « Qui t'a fait comte ? – Qui t'a fait roi ? » Ce n'est qu'avec la séparation que la seconde négativation du sujet devient effective et que celui-ci peut véritablement être compté comme – – 1. Faute de l'accomplissement de ce second temps, que Lacan considère comme un acte de volonté[1], cette écriture n'est pas validée et, nonobstant la reconnaissance affichée de la « réalité de la castration », le sujet va se trouver, en fait, consigné à l'état antérieur et compté comme – 1.

Présentés sous cette forme dont nous reconnaissons volontiers le caractère dogmatique, ces énoncés peuvent sembler relever d'une simple spéculation théorique. En réalité, très vite, nous allons le voir, la référence à la clinique permet de dissiper cette impression fallacieuse. Comme garantie de cette affirmation, anticipant sur la suite, nous donnerons ici l'exemple de l'identification, champ privilégié pour vérifier comment s'avèrent la réussite ou l'échec du procès de la double négativité.

L'échec de la séparation, échec de l'inscription du trait unaire

Le procès identificatoire[2], qui scande la constitution du moi, reproduit, en effet, le schème, établi dans « La dénégation », qui retrace la mise en place de la réalité psychique. Freud évoque ainsi un premier mode d'identification « exquise » au père, qui « se comporte comme un rejeton de la première phase orale de l'organisation libidinale dans laquelle on s'incorporait, en mangeant, l'objet convoité et apprécié[3] ». Le second type d'identification, mis en lumière par le symptôme hystérique, conserve le modèle de la phase orale primitive (puisqu'il s'agit encore d'incorporation),

1. Lacan, « Position de l'inconscient », *Écrits, op. cit.*, p. 843.
2. Déterminé par Freud dans le chapitre consacré à l'identification de son essai de 1921, « Psychologie des foules et analyse du moi », *Essais de psychanalyse, op. cit.*, 1984, p. 167-174.
3. Freud, *Essais de psychanalyse, op. cit.*, p. 168.

mais l'opération est accomplie, cette fois, sur un « trait », *Zug* – ainsi Dora s'appropriant la toux du père[1] : au lieu d'incorporer l'objet, la jeune fille prélève seulement un trait de l'objet.

Cette seconde identification s'effectue donc selon le modèle du jugement d'attribution, qui transfère au registre du langage (*ab-* et *zusprechen*) ce qui, en termes de pulsions orales archaïques, s'exprime ainsi : je veux manger ceci ou je veux le recracher[2]. Ainsi, dans l'un et l'autre cas, le procès identificatoire et le procès attributif produisent une première négativation de l'objet, accomplie en prélevant un trait (– 1). De cette solidarité essentielle entre les deux opérations l'on déduira qu'à ce stade le trait en cause *(Zug)* n'est encore qu'un signe *(Zeichen)*. A rebours, l'identification « symbolique » par le « trait unaire » (accomplie selon le mode *hystérique* et non plus selon celui de la *névrose* hystérique) suppose une seconde négativation de ce signe qui l'élève au rang de signifiant (– – 1).

Faute de cette « relève », le sujet restera consigné au stade du (– 1) avec certaines conséquences que nous développerons dans la suite de ce livre. Indiquons seulement que le *trait* prélevé par le névrosé hystérique ou obsessionnel a toujours statut de signe (comme le montre d'entrée l'exemple *princeps* de Freud). C'est ainsi qu'une jeune fille hystérique « piquera » à sa rivale un bijou, un foulard ou une nouvelle coupe de cheveux, convaincue, par la seule détention de cet « insigne », d'être élevée au rang d'objet du désir. Selon un procès analogue, Alceste arbore ses « rubans verts », qui servent à le *dé-signer* dans le cercle des courtisans de Célimène, sans que personne puisse s'y tromper. Cette parure affectée qui, selon le vœu du héros, sert à le « distinguer[3] », montre comment le trait identificatoire (imaginaire) de l'obsessionnel « sort » le sujet de l'ensemble auquel il prétend par ailleurs appartenir (car cette prétention est aussi clairement affirmée que l'exclusion qu'il revendique) et le condamne à être compté comme (– 1).

1. *Ibid.*, p. 128.
2. Freud, *Die Verneinung*, *GW*, t. XIV, p. 13.
3. « Je veux qu'on me distingue », proclame Alceste, dès la scène 1 de l'acte I.

« *L'Homme aux rubans verts* »

Le fond de la revendication d'Alceste est simple : il prétend être l'unique (– 1) et refuse avec violence d'être compté comme un parmi d'autres (– – 1). Le reproche qu'il adresse à Philinte d'être « l'ami du genre humain » explicite *a contrario* le sens de son refus. En effet, le principe de toutes les « amitiés » qui constituent le lien social est qu'un *leader*, érigé comme « idéal du moi », fait choix d'une « représentation » qui, *vue du lieu de l'Autre*, va jouer le rôle de semblant du représentant primordial (S_2), de *trait unaire* imaginarisé. C'est le partage de ce semblant qui instaure la communauté[1].

Dans *Le Misanthrope*, cette communauté, c'est la cour réunie à Versailles ; la solidarité entre ses membres tient à ce qu'ils sont tous rassemblés en ce lieu par la faveur du roi ; à ce titre, les *courtisans*, marqués par le souverain du même trait, sont tenus de respecter entre eux les règles de la *courtoisie*. Ce principe, hérité du système féodal[2], est celui de tous les liens sociaux : soit la conscience (inconsciente) de partager avec d'autres un trait électif, décerné par l'Autre, qu'actualisent, en permanence, le rite, le rituel ou la cérémonie. La prétention d'Alceste à ne pas être confondu avec le « genre humain » (c'est-à-dire pour lui une humanité réduite à la *cort*) exprime son refus d'être retenu selon le principe du trait unaire et son exigence d'être élu selon le mode du choix exclusif : « Sur quelque préférence une estime se fonde » (I, 1). En quoi, il donne, sans le savoir, la définition du choix amoureux.

1. Ainsi que Freud l'établit dans « Psychologie des foules et analyse du moi », *Essais de psychanalyse*, *op. cit.*, p. 154.

2. Si bien que se trouvent perpétués à la *cort* de Louis XIV le principe et le vocabulaire de l'éthique symbolique féodale qui lie de la même « amitié » tous les vassaux d'un même seigneur. Ainsi, quand Ganelon déclare à Roland, en lui jetant son gant en guise de défi : « Je ne vous aime nient », il lui signifie simplement la rupture du lien qui les unissait au nom de l'hommage commun rendu à Charlemagne (cf. Marc Bloch, *La Société féodale*, Paris, Albin Michel, 1968, p. 616).

Dans la passion *(Verliebheit)*, l'objet est élu au nom d'un choix arbitraire fait par l'amant qui élève une « qualité » quelconque – voire, à la limite, un défaut de l'objet[1] – à la fonction de *signe* de l'idéal du moi, à écrire comme S_1, différent donc du trait symbolique (S_2) qui, *métaphorisé*, est au principe du lien social. C'est à un signe de cet ordre que renvoie la préférence qui doit, selon notre misanthrope, déterminer l'estime. En fait, ce qu'Alceste demande, on le voit, c'est qu'on le sorte de l'ensemble *pour l'aimer*, ce qui est bien la revendication fondamentale de l'obsessionnel, qui trahit invariablement chez lui l'échec de l'opération de la seconde négativité.

Cet échec a pour conséquence de faire du névrosé un sans-nom[2] (« l'Homme aux rubans verts » venant à la place d'« Alceste ») – en regard du pervers qui se fait, à l'opposé, nous le verrons, le maître du nom –, tandis qu'un imbécile comme Oronte s'avère, en revanche, parfaitement à son aise dans le monde de la mondanité, par la seule vertu de la double négativité (– – 1) qui l'affecte, laquelle, opérant la symbolisation du sujet, l'introduit au partage, à l'échange, au commerce, bref à ce que l'on appelle la culture et que nous avons désigné comme étant l'univers de Sganarelle.

Sganarelle, ou le monde comme il va

En effet, pour prendre la mesure, les mesures, devrait-on mieux dire, de la cage narcissique dans laquelle se trouve enfermé Alceste, ainsi que de la citadelle du haut de laquelle Don Juan contemple le monde, il convient, dans un premier temps, de déterminer les lois qui régissent l'univers de Sganarelle, ordonné autour de l'échange du tabac, en montrant que cet univers est placé, lui, sous

1. Cf. le commentaire de la tirade d'Eliante fait par Lacan : « Nul privilège dans l'objet, sinon dans cette valeur absurde donnée à chaque trait d'être un privilège » (Séminaire IX, « L'identification », séance du 28 mars 1962, inédit).
2. Lacan, « Subversion du sujet et dialectique du désir », *Écrits*, *op. cit.*, p. 826.

le chef de la double négativité, accomplie par la mise en place dans l'inconscient (donc par le défaut) du signifiant phallique (S_2/Φ), dont le tabac assure ici la « représentance » de façon exemplaire. A cette fin, suivant la voie que nous indique sans équivoque le texte de Molière, qui articule le système des échanges (la loi du tabac) avec le phénomène de la croyance, nous entreprendrons de reconstituer les fondements métapsychologiques de la croyance, en déterminant la part des deux opérations de l'*aliénation* et de la *séparation* dans cet acte qui consacre l'introduction du sujet humain à la communauté du langage, soit à l'échange, au partage et à l'identité symbolique.

CHAPITRE DEUX

Il faut croire quelque chose dans le monde

I. Trois figures de la crédulité

La logique du signifiant

A Sganarelle, convaincu qu'« il faut croire quelque chose dans le monde » : Ciel, diable, enfer, loup-garou ou Moine bourru, et qui demande à son maître ce qu'il croit, Don Juan répond : « Je crois que deux et deux sont quatre et que quatre et quatre sont huit. » Sur quoi Sganarelle conclut : « La belle croyance et les beaux articles de foi que voilà ! Votre religion, à ce que je vois, est donc l'arithmétique » (III, 1). L'arithmétique présente en effet le modèle d'une croyance sans défaut, supportée par une forme particulière de langage, constituée d'un réseau de signes, dans lequel la question du manque ne se pose pas plus que celle d'avoir à distinguer le vrai du faux.

Derrière le paradoxe évident que dénonce l'ironie de Sganarelle, la croyance de Don Juan dans l'arithmétique met en évidence l'illusion commune qui fait que, chaque fois que nous parlons, nous ne doutons pas que nos mots désignent les choses, ce qui traduit notre confiance tranquille dans la fiabilité du langage, vécu inconsciemment par chacun de nous, à l'image du « langage » mathématique, comme un discours logique sans défaut. C'est cette illusion que la psychanalyse est venue ruiner, le jour où elle a mis en lumière l'imperfection native du langage, en montrant que la chaîne signifiante se fondait du manque d'un signifiant originairement refoulé, en conséquence de quoi chaque nouveau signifiant *secondairement* appelé dans la chaîne (S_3, S_4, S_n) ne l'est qu'au titre d'un substitut *essentiellement* défaillant, tandis que le sujet, autrefois souverain, du discours conscient (« Ce qui se conçoit bien… ») se trouve rejeté de signifiant en signifiant ($S_1 > S_2$)[1], qui défilent sous ses pas comme un escalier roulant qu'il monterait à contresens, si bien que chaque fois qu'il fait un pas le signifiant sur lequel il pensait se poser se dérobe sous lui et qu'il se perd ainsi à chaque mot qu'il prononce[2]. Mis en regard du discours parfait des mathématiques, ce principe révèle que la logique du langage représentatif est une logique du « pas-tout », qui se définit de l'impuissance du signifiant à dire la vérité des choses et à recouvrir l'être du sujet. Cette logique implique qu'il n'y a pas de signifiant qui soit adéquat à sa signification. Principe qui découvre la caducité, *dans le registre du discours subjectif*, du prétendu sophisme du « je mens »[3].

La logique du signifiant interdit en effet à quiconque de dire : « Je suis menteur », c'est-à-dire de prétendre recouvrir l'être du sujet par un attribut. Car le plus menteur des hommes, fût-il cré-

1. La notation $S_1 > S_2$ qui traduit le couplage élémentaire de deux signifiants consécutifs dans la chaîne du discours effectif, n'a rien à voir avec l'écriture $S_1 \rightarrow S_2$ (cf. note p. 123), qui désigne, dans la genèse logique du sujet du langage, la mise en place des divers registres d'inscription : « signes de perception » (S_1), « représentant de la représentation » (S_2), représentations secondaires (S_3, S_4, S_n). Il convient toutefois de maintenir ensemble ces deux écritures, à cause de la pertinence logique qui les unit l'une à l'autre. En effet, le signifiant S_2 du couplage discursif, $S_1 > S_2$, en tant que signifiant où se perd en permanence le sujet de la parole, reçoit, dans le discours parlé, la fonction de réactualiser constamment le refoulement originaire, ce qui lui confère le statut de substitut du signifiant primordial, le « représentant de la représentation » (cf. Lacan, « Le *Vorstellungsrepräsentanz* est le signifiant S_2 du couple », *Séminaire XI*, *Les quatre concepts fondamentaux*…, *op. cit.*, p. 214). Cette concordance entre les deux écritures du S_2, celle qui affecte la structure du langage et celle qui affecte la structure du discours, va s'avérer par la suite déterminante.

2. Ce que traduit la formule de Lacan, qu'un signifiant représente le sujet pour un autre signifiant.

3. Ainsi que Lacan l'a montré (Lacan, Séminaire IX, « L'identification », séances du 17 janvier et du 27 juin 1962, inédit).

tois, ne sera jamais « tout » menteur. De même qu'aucun père sauf à prendre la place du père du président Schreber, ne peut dire : « Je suis le père », assertion qui l'installerait à la place du père « illimité » de la horde primitive[1], déterminant une structure de langage, analogue au « langage » mathématique, qui ouvrirait un espace de discours paranoïaque, marqué par la certitude et la vérité. Se confirme ainsi qu'il n'est de père que « mort » et que c'est à ce mort que le Nom-du-Père doit être référé, ce que Freud énonce dans *Totem et Tabou*, en disant que « l'origine du nom est perdue[2] ». La perte du signifiant du Nom-du-Père est d'ailleurs celle qui détermine la possibilité du discours représentatif et fonde le phénomène de la croyance, ainsi que nous allons le vérifier, en étudiant un de ses modes particuliers : la crédulité.

La crédulité

La crédulité produit en pleine lumière la vérité de la croyance, à savoir qu'elle s'institue (comme tout phénomène de langage) du défaut du signifiant primordial (S_2), le « représentant de la représentation », que l'on identifiera, tour à tour, selon les registres considérés : comme signifiant du Nom-du-Père dans la production du sujet du langage ; comme signifiant de l'idéal du moi (« trait unaire ») dans l'instauration du système identificatoire, qui va constituer, à terme, le moi imaginaire (moi idéal) ; comme signifiant de la cause dans la mise en place de la réalité. En découvrant le fonctionnement du *mécanisme pervers*, la crédulité rend ainsi manifeste la fonction, pour l'ordinaire latente, de ce signifiant primordial.

En fait, chaque homme traverse, dans le cours de son enfance, le stade de la crédulité, où il apparaît complètement pris dans les signifiants de l'adulte, qui se révèle, à ce moment, doué d'un savoir absolu à son endroit : le cercle du sens de la mère recouvre alors

1. Freud, *Totem et Tabou*, *GW*, t. IX, p. 180.
2. Freud, *Totem et Tabou*, Paris, Payot, 1965, p. 169.

entièrement le cercle de l'être de l'enfant. C'est ce dont témoigne l'Homme aux rats, lorsque, à l'âge de six ans, il va se plaindre de la souffrance que lui causaient ses érections auprès de sa mère, supposée détentrice du savoir sur l'émergence de ce désir, inconnu et douloureux[1].

Mais, avec les années, l'enfant parvient normalement à se dégager de cette emprise, et l'Autre cesse de savoir. Le sujet se constitue alors autour de ce qui va le fonder comme intime sur fond de non-savoir de l'Autre. Certaines mères supportent mal cette mutation et tentent de maintenir à leur profit la situation initiale, en jouant du *mécanisme pervers*, dans la menace insidieuse : « Mon petit doigt me l'a dit. » Si le sujet tombe dans le piège, l'Autre va s'établir à demeure comme tout-savoir, introduisant sa « victime », soit au monde d'une dépendance absolue vis-à-vis du savoir de l'Autre, soit à un univers délirant, où le paranoïaque est exposé en permanence à la persécution des signes que l'Autre ne cesse de lui adresser[2]. Que la frontière soit parfois ténue entre ces deux destinées, c'est ce que la clinique permet de vérifier.

Ingrid, Solange, Javotte et les autres

Le film de George Cukor, *Hantise* (*Gaslight*, 1944), met en scène l'entreprise machiavélique conduite par un escroc (Charles Boyer) pour réduire à sa merci la femme qu'il a épousée (Ingrid Bergman),

1. Freud, « L'Homme aux rats », *Cinq Psychanalyses*, *op. cit.*, p. 203. Cette figure sera plus tard incarnée par le capitaine tchèque, détenteur du savoir sur la jouissance et sur la dette originaire du sujet (*ibid.*, p. 206-208) avant d'être, dans la cure, « transférée » à Freud, ainsi que le vérifie l'appellation « mon capitaine » que lui adresse le patient (*ibid.*, p. 209).

2. C'est ainsi qu'un père passait ses journées à observer son fils avec des jumelles, depuis les fenêtres de la tour où il résidait et qui dominait le collège où celui-ci était demi-pensionnaire. Puis le soir, quand l'enfant rentrait, il lui donnait par le menu le détail de ses activités de la journée, ce qui produisait les effets de désarroi qu'on devine. « Vous voyez que je ne le quittais pas des yeux », confirmera-t-il plus tard, avec la conscience du devoir accompli, au soignant qui le reçut après l'hospitalisation de l'enfant.

à seule fin de s'introduire dans la maison dont celle-ci a hérité et qu'il suppute, à juste titre, receler une fortune cachée. Dans ce but, ce personnage va mettre en œuvre une stratégie calculée visant à faire basculer sa victime dans la folie, en s'instituant comme maître de son *principe de réalité*. Une séquence est, de ce point de vue, éclairante : une broche, présentée comme un bijou de famille de valeur, est offerte par lui à la jeune femme avec la recommandation expresse d'y veiller comme à la prunelle de ses yeux. Sur quoi, celle-ci prend toutes les dispositions requises pour ne pas perdre l'objet précieux qu'il parvient toutefois à lui dérober, la conclusion étant alors tirée que décidément elle est incapable d'assurer la moindre responsabilité dans le monde, constat auquel, s'en remettant totalement à lui, elle souscrit alors sans restriction ni défense. La fiction de Cukor retrace une machination, qui est assurément perverse dans sa forme et dans son efficacité, mais pas dans son fond, puisqu'il s'agit ici d'une supercherie montée par une canaille à de pures fins scélérates. L'entreprise perverse élaborée par Matthieu à l'endroit de Solange s'avère d'une autre nature.

Ce jour-là, Matthieu et Solange avaient prévu d'aller faire des courses en ville et Matthieu avait confié à sa compagne ses papiers d'identité et son chéquier, que celle-ci avait soigneusement rangés dans son sac, avant de partir. Telle est la mise en place d'un dispositif qui va fonctionner, au moment où, à la caisse d'un magasin, Matthieu réclame ses papiers et son chéquier que Solange va chercher vainement avec désespoir, avant d'en être réduite à régler la facture avec son propre chéquier. Jusque-là, l'aventure de Solange reproduit le schéma de la machination dont avait été victime Ingrid Bergman dans le film de Cukor. Mais ce serait assurément une lecture simpliste que de supposer que Matthieu avait construit cette petite comédie à seule fin de faire régler ses achats par l'autre, ainsi que le dénouement de l'affaire va d'ailleurs le démontrer.

Se rendre maître de l'aliénation de l'autre

Quelques mois plus tard, Solange trouva un soir, en évidence sur le buffet où Matthieu, avant l'incident que nous venons de rapporter, avait l'habitude de les ranger, les papiers d'identité et le chéquier à côté des clefs de l'appartement, qui, elles, n'avaient jamais été perdues. Découverte qui eut pour résultat immédiat de produire chez elle, non plus le renoncement et l'abandon à l'autre constatés chez l'héroïne de Cukor, mais un effet de vacillation qui affecta durant plusieurs jours chez Solange la réalité du monde et la conscience de son être même.

La mise en parallèle de ces deux séquences met en lumière l'originalité du mécanisme pervers. Nous ne sommes plus ici en présence d'un escroc, réduisant à merci une femme sous influence à des fins crapuleuses. Cette fois, le petit détournement réalisé au passage peut être considéré comme négligeable. La stratégie trouve sa finalité dans sa réussite même : à savoir la vacillation provoquée chez la « victime » au moment où elle se trouve placée dans un univers contradictoire, dans lequel se télescopent deux chaînes de causalité qui s'excluent ; car dans le moment où elle est mise en présence des objets perdus, Solange est prise dans une impasse logique : ou bien toute cette histoire de magasin n'est qu'un mauvais rêve ou bien (« Mais non : ce n'est pas possible ! ») les papiers et le chéquier ne sont pas là. Et pourtant, ils sont là, à leur place, à côté des clefs. Ainsi le pervers, en produisant, par sa manœuvre, le désarroi de l'autre, entreprend de se rendre proprement le maître de son principe de réalité, en se faisant, par une opération dont il va nous falloir maintenant préciser les modalités, le détenteur du signifiant de la Cause qui est au fondement de la réalité. Une mésaventure survenue à Casanova va nous permettre d'avancer un peu dans l'intelligence de ce procès.

L'apprenti sorcier

Il y a quelques années, dans un article qui fit date[1], O. Mannoni rapporta la comédie ourdie par Casanova aux dépens d'une certaine Javotte, pauvre paysanne à moitié idiote, entraînée par lui dans un univers magique où le séducteur tenait la place du Maître de tous les éléments naturels. Or voilà qu'au beau milieu de la mise en scène fantasmagorique imaginée par notre apprenti sorcier un violent orage déchaîna la foudre et les éclairs, produisant la déroute instantanée de l'ordonnateur de tous ces enchantements. Ce petit épisode démontre comment se trouve pris à son propre jeu celui qui avait entrepris de se faire le maître de la causalité.

Jouant de la crédulité assez remarquable de sa compagne, Casanova avait organisé en effet un monde magique sur lequel il exerçait une maîtrise absolue. Mais bientôt son entreprise se retourne contre lui, lorsque son simulacre se réalise et que sa fiction prend corps : au moment où les éléments déchaînés répondent à la convocation qu'il leur avait lancée, le mystificateur est pris à son propre jeu. Il s'était fait le maître de la Cause, constituant un Autre non barré, et voilà que cet Autre, répondant à son injonction, retourne la situation contre lui. Car le jeu n'est jeu que si le joueur reste maître du jeu. Or ce qu'éprouve Casanova, c'est qu'à susciter *dans le réel* l'Autre non barré, le sujet à son tour tombe sous le coup d'une pétrification qui le laisse objet face à la jouissance de l'Autre, avec tous les effets de panique comique que la relation de cette historiette dans les *Mémoires* a conservés.

1. Octave Mannoni, « Je sais bien, mais quand même », *Clefs pour l'imaginaire*, Paris, Le Seuil, 1969, p. 1-33.

II. Une aliénation « absolue » au langage

Le maître de l'aliénation

La mise en série des trois entreprises de l'escroc de *Hantise*, de Matthieu et de Casanova découvre le ressort de la crédulité pour celui qui l'organise à ses fins : toujours, d'une façon ou d'une autre, détourner à son profit le principe de réalité de l'autre, en se faisant le maître du signifiant perdu (S_2), qui se trouve au fondement de la réalité. Or ce signifiant, c'est précisément celui qui, par sa perte, autorise la mise en place de la chaîne signifiante, dont le déroulement peut être saisi sur le couplage élémentaire de deux signifiants $S_1 > S_2$[1], qui traduit le principe fondamental de l'aliénation, en vertu duquel aucun signifiant ne peut signifier le sujet, principe illustré par Freud de façon *princeps* dans le jeu du *fort/da*. D'où il ressort qu'en confisquant le signifiant de la Cause (S_2), le pervers[2] se fait, par voie de conséquence, le maître de l'aliénation de l'autre, le maître de son signifiant *aphanisique*, le maître de son apparition/disparition *(fort/da)* : vérité que traduisent la remise d'elle-même entre les mains du maître de l'héroïne de Cukor, la vacillation de Solange et, dans l'effet de retour que nous avons analysé, la panique de Casanova.

Ainsi, jouant de la crédulité d'un petit autre, indispensable à son entreprise, le pervers détourne pour lui-même le signifiant de la Cause, que le phobique plus généreusement restitue à l'Autre du langage, ainsi que le découvrent les charrettes tirées par les chevaux d'angoisse du Petit Hans, dans laquelle Freud, notant l'insis-

1. Rappelons que, dans cette écriture, la notation S_2 est, dans son principe, indépendante du sigle S_2 qui inscrit l'advenue du « représentant de la représentation ».

2. Que, dans notre série, Matthieu est, en réalité, seul à incarner, pris qu'il est entre un escroc et un mystificateur.

tance de l'enfant, démasque le *wegen* (« à cause de ») voilé sous les *Wägen* (« charrettes »)[1]. Ce détournement permet de comprendre la phénoménologie de la crédulité, en révélant que la parole du sujet, ayant usurpé le statut du signifiant S_2, intervient au point phallique qui ordinairement constitue la réalité pour créer chez l'autre une réalité pleine, sans défaut ni manque, une réalité *réelisée*, qui ne laisse plus de place au doute et à laquelle la « victime » ne peut plus échapper[2]. Mais il est un autre caractère du phénomène dont il nous faut rendre compte : la vacillation du sujet, vécue, cette fois, au niveau de sa présence dans le monde.

Anticipant ici sur des développements que nous conduirons plus loin, nous indiquerons seulement que ce signifiant S_2, qui est le signifiant de la Cause, est en même temps celui qui écrit le « trait unaire » de l'idéal du moi, qui a pour fonction d'être le point d'arrimage de toutes les identifications secondaires du sujet constitutives du moi idéal. Qu'un autre se soit emparé de ce « trait » explique ainsi que le sujet perde, à ce moment, le sentiment de lui-même en même temps que celui de la réalité. La réalité s'effondre et, de façon solidaire, le sujet vacille, parce que le même trait symbolique qui se trouve au fondement du système de causalité et du système des identifications a été confisqué.

Tels sont, considérés sur le versant de la victime, les effets du mécanisme pervers. Il nous faut à présent changer de côté et envisager la finalité poursuivie par celui qui met en œuvre cette étonnante machinerie, que nous distinguerons avec soin d'une quelconque machination, qui renverrait les enjeux qui s'y jouent dans un registre imaginaire où ils n'ont rien à faire[3].

1. Freud, « Le Petit Hans », *Cinq Psychanalyses, op. cit.*, p. 133, et *Studienausgabe (SA)*, t. VIII, p. 54.

2. C'est sous le chef du même principe que nous rangerons les phénomènes de fascination collective que démontrent les foules nazies. La parole du *führer* (S_1) suscite, en effet, pour le groupe une réalité « folle » et impartageable, par défaut précisément de ce signifiant du manque (S_2).

3. Ce que nous avons déjà indiqué, en distinguant la partie jouée par Matthieu de l'escroquerie du personnage de Cukor et de la mystification de Casanova.

D'un autre à l'Autre

Quand il éprouve la crédulité du petit autre, le pervers démontre qu'au-delà du scénario qu'il organise aux dépens de sa victime, il joue, en vérité, la partie essentielle avec l'Autre du langage, l'erreur étant ici de croire à une sorte de malignité gratuite, vite qualifiée de perverse et sommairement identifiée avec le jeu du chat et de la souris, alors que l'enjeu est d'une nature ontologique et que la malignité, si malignité il y a, n'est là que de surcroît. Afin de déterminer la singularité de ce choix destinal, qui confronte le sujet pervers (ne perdons pas de vue le personnage de Don Juan qui reste notre point de mire) à l'Autre du langage en tant que tel, celui que Lacan a nommé grand Autre, il nous faut faire machine arrière, en précisant certains principes qui déterminent la structure du langage.

La crédulité se présente comme un cas particulier de croyance dans lequel le sujet remet sa foi entre les mains de l'Autre sans limitation ni réserve. A rebours, la croyance normale, qui est simplement le langage en acte (c'est un principe que nous vérifierons dans le détail), se définit du point de manque qui la constitue. Si bien que la réalité et la croyance à la réalité sont une seule et même chose, avec ce corrélat que la réalité, c'est ce que l'autre partage avec nous comme réalité. D'où il ressort qu'il n'est de croyance (et de réalité) que du lieu de l'Autre, entendons de tous les petits autres qui constituent ma croyance et ma réalité, et qui sont tous, les uns après les autres, le support du grand Autre, qui, ne l'oublions pas, n'existe pas. Tout change dans le phénomène de la crédulité du fait que l'Autre justement se met à exister. Du coup, la réalité et la croyance ne sont plus affectées par l'arbitraire du signe, mais se trouvent soumises à celui qui s'est fait le maître du langage.

Le maître du symbolique

Reprenant dans une vue d'ensemble nos conclusions antérieures, nous sommes à présent en mesure de comprendre comment la crédulité révèle, par sa dérive même, la structure de la croyance et, au-delà, celle de tous les phénomènes de langage. En vertu de la structure essentielle du langage qui fait coïncider le signifiant fondateur du système signifiant (S_2) avec le signifiant S_2 du couple binaire $S_1 > S_2$, le sujet du discours est pris dans le jeu du *fort/da* indéfiniment répété, où il n'apparaît que pour disparaître et où s'accomplit et s'actualise en permanence le refoulement originaire. Le mécanisme pervers, jouant de la crédulité de l'autre, est une entreprise de contrôle de cette vacillation, une prise de pouvoir de l'aliénation originelle qui le soumet au *fort/da*.

Il convient ici de ne pas manquer le point essentiel de la stratégie qui se déploie ainsi sous nos yeux : que la femme de chair et de peur qui se trouve appelée à tenir cette place dans la machinerie n'est là qu'à titre d'objet (dans le fond indifférent) de l'expérience qui s'y démontre. La manipulation par le pervers de la crédulité de sa victime vise en réalité à vérifier sa maîtrise sur le grand Autre du langage et à s'assurer du contrôle de la barre qui le marque. Sa prise de pouvoir sur la vacillation du petit autre, opérée *au niveau du discours*, fait de lui le maître de l'apparition/disparition (S_2) de sa victime, pour lui garantir, *au niveau du langage*, la détention du signifiant originaire du sujet (où le S_2 écrit, cette fois, le « représentant de la représentation »). Son projet terminal est donc de faire main basse sur le symbole Φ qui fonde par son défaut même la structure du symbolique.

La réalisation de Φ

La mise en évidence des enjeux profonds de la stratégie conduite par le pervers, qui nous le montre manipulant la crédulité du petit autre, dégage ainsi la partie qui se joue du registre imaginaire où nous pourrions être tentés de la cantonner. En vérité, si le pervers met à l'épreuve l'angoisse du petit autre, c'est afin de vérifier qu'il est en son pouvoir de susciter l'angoisse (et tout aussi bien la jouissance) du grand Autre. C'est-à-dire, au bout du compte, de vérifier la structure du langage[1].

En fait, le pervers ne se limite pas à cet objectif : il entreprend de s'emparer des leviers qui commandent le dispositif. Et pour parvenir à ses fins, il ne projette pas seulement de mettre à l'épreuve la crédulité de sa victime. Tous nos exemples montrent au contraire qu'il produit lui-même cette crédulité, en fabriquant une croyance paradoxale, supportée par un sujet soumis à un *fort/da contrôlé*, et qui s'avère soustraite à la fonction phallique ($-\phi$), qui constitue ordinairement la croyance. Ainsi le montage ourdi par le pervers tend-il à constituer sa parole comme réalisation du signifiant primordial de sa victime et incarnation dans le monde du symbole **Φ**.

Par là, le pervers s'assure le contrôle du refoulement originaire du sujet, comme le vérifie le constat clinique que, dans les couples pervers, si le maître de la croyance vient à se retirer, la victime s'effondre et peut rester prostrée, durant un temps indéterminé, dans un état quasi mélancolique. Ce qui laisse souvent les proches interdits (« Avec tout ce qu'il lui a fait passer... »), alors qu'ils devraient plutôt se demander non pas ce qui la retenait, mais ce qui la tenait. A quoi nous sommes, à présent, en mesure de

1. On sait ce qu'il advient de lui *a contrario* quand cette maîtrise lui échappe et que l'Autre se manifeste intempestivement dans le réel, ainsi qu'il advint à Casanova. Ajoutons encore que si la « victime » vient, par un caprice de la fortune ou par un sursaut de volonté, à manquer à sa place, c'est alors le maître qui s'effondre comme un pantin brisé.

répondre : lorsqu'un homme (ou une femme) a incarné pour un sujet le signifiant primordial de son être (celui que Freud situe à la « source » de la pulsion et qui alimente le réseau des identifications imaginaires), si cette figure vient à se retirer, la pompe du désir, touchée dans son principe, s'arrête, et la construction moïque, privée de sa clef de voûte, s'effondre comme un château de cartes : jusque-là, l'esclave avait pu soutenir son peu d'existence, au prix de l'angoisse et de la peur, soumise à une vacillation réglée par la baguette du maître. Mais voilà que maintenant le maître se retire et la vacillation s'arrête, le *fort/da* se pétrifie et l'esclave reste figé sur le *da*, réduit, pour le coup, à son être-là, dans une réalité désinvestie, elle-même réduite à des fantômes.

Ainsi, dans un paradoxe qui n'est que d'apparence, c'est au moment où il abandonne sa victime à elle-même que le pervers fait la démonstration la plus éclatante de sa maîtrise, tandis que se découvre la défaillance essentielle qui frappe le sujet de la crédulité : dans le moment où il est là, figé, prostré comme une chose, il avoue qu'il est incapable de disparaître, de s'évanouir à l'Autre. L'échec patent de la seconde opération, désignée par Lacan comme « séparation », vérifie que celle-ci est indispensable à l'effectuation de la croyance.

III. Fonction de la séparation

Déposséder l'autre de sa propre mort

Chacune des trois vignettes cliniques que nous avons présentées découvre une femme entièrement « prise » par l'Autre – il vaudrait mieux dire : *dans l'Autre*, qui s'est rendu maître de sa croyance jusqu'à lui faire perdre le sens de la réalité. Nous donnerons son contenu métapsychologique à cette appréciation, en disant que chaque fois l'escroc, le mystificateur, le pervers, s'est fait le maître de la vacillation essentielle qui constitue l'homme comme sujet du langage *(fort/da)*, en usurpant la fonction du signifiant primordial de son être et en incarnant *réellement* le trait symbolique de l'idéal du moi. Or ce signifiant assure la symbolisation du sujet. Il l'évoque sans le *dé-signer* et fait qu'il *ek-siste* à son être, aucun signifiant ne pouvant détenir et recouvrir l'être du sujet, phénomène d'éclipse auquel nous devons de n'être pas fou.

Or, le spectacle de Solange prostrée, pétrifiée dans son être-là, le jour où Matthieu l'abandonna, nous apprend que le sujet de la crédulité n'a pas les moyens de disparaître, dépossédé qu'il est du signifiant de sa disparition, de son *aphanisis*. De même, Ingrid et Javotte démontrent qu'elles sont, elles aussi, prises dans les signifiants de l'Autre, comme un poisson dans un filet, comme le petit enfant dans le savoir de sa mère. Ainsi aucune de ces femmes n'a été en mesure d'interroger un maître qui était posé comme détenteur d'un savoir absolu. Cette incapacité à se soustraire à l'Autre tient à ce qu'elles étaient dépossédées depuis toujours de leur point d'intime, de ce « noyau de l'être » dont parle Freud qui, confisqué et livré aux signifiants de l'Autre, a eu pour conséquence d'amputer chacune d'elles de la mort virtuelle, qui soutient la liberté du sujet du langage.

Car les mots que nous traversons, dit le poète[1], ne sont pas seulement le meurtre de la chose, mais l'expérience permanente de notre propre mort. La mort est, en effet, le support de la vie. C'est elle qui a été refusée au psychotique et qui fait également défaut à Solange et à ses compagnes. C'est grâce à elle, en sens inverse, que le sujet, se libérant de la toute-puissance du langage – se « séparant » de l'Autre –, est en mesure d'échapper à la folie.

Le principe logique de cet acte fondateur, c'est que, en récupérant cet intime qui le constitue, le sujet va renvoyer sur l'Autre, en torsion, dit Lacan, et, en rétorsion, ajouterons-nous, que la même barre les frappe tous les deux. Par là, il lui signifie que ce point

1. « J'oublie les mots que je traverse, quand je les inscris… » (André Du Bouchet, « Hercules Segers », *L'Incohérence*, Paris, Hachette, 1979).

échappera à tout jamais à sa saisie. Le sujet prend ainsi sur lui la loi du langage, au lieu d'être simplement soumis à ses effets : il se constitue comme inconscient à partir de ses objets perdus (objets *a*, selon Lacan), c'est-à-dire, en fait, à partir du signifiant phallique (Φ), qui les subsume et que sa perte originaire met hors prise des signifiants de l'Autre. Le succès de l'opération est accompli quand le sujet fait la démonstration qu'il est en mesure de susciter, à son tour, l'angoisse de l'Autre, ainsi que l'illustre au registre du mythe le destin d'Empédocle.

Empédocle dans l'Etna

Dans sa *Vie des philosophes illustres*, Diogène Laërce rapporte que la réputation d'Empédocle était devenue telle auprès de ses contemporains que les dieux en étaient tombés jaloux et que le Philosophe s'était jeté dans l'Etna pour s'égaler à son nom, soit au signifiant de sa disparition (S_2). La mort mythique d'Empédocle exprime la nature essentielle du nom d'être un pur signifiant sans signification, qui ne désigne l'être du sujet que négativé et qui est donc dans son fond le signifiant de sa mort[1].

En se jetant dans l'Etna, le Philosophe répond à l'essence du nom : il accomplit le signifiant de sa perte et réalise la structure pure du langage, qui fait le fond de sa théorie de la métempsycose. Cette théorie illustre en effet la tension entre φιλία et νεῖκος, au nom de laquelle chaque apparition (« ce que nous appelons : naissance », dit-il), solidaire de la disparition qu'elle implique (« ce que nous appelons : mort »), reproduit la dialectique du *fort/da*, soit l'*aliénation* qui sera consacrée, plus tard, par la *séparation* volontaire du sujet. Empédocle effectue ainsi le cycle des transformations de la nature : sa volonté « sainte » d'accomplir le symbolique est à l'opposé de ce que serait une volonté impie de jouissance conjointe à l'anéantissement du sujet, ce que confirme ce détail du

1. Lacan, « Position de l'inconscient », *Écrits*, *op. cit.*, p. 843.

mythe qui rapporte que le volcan recracha la sandale de bronze du Philosophe, désignant ici l'objet *a* (« ce qui reste en travers de la gorge du signifiant[1] ») et démontrant du même coup que le sage, dans le moment où il accomplit la loi du langage, est soumis à cette loi et laisse un reste après lui[2].

La mort mythique d'Empédocle, conservée par le récit de Diogène Laërce, démontre encore que le nom comme signifiant de la perte du sujet ne se perd pas toutefois avec lui, ne disparaît pas avec la disparition. Tout au contraire, par son acte, Empédocle s'égale à son nom pour l'éternité. Transposée au registre de l'imaginaire, dans lequel, comme sujets du discours, nous sommes appelés à jouer notre existence, la leçon du mythe nous apprend enfin qu'il est donné à chaque homme d'immortaliser le signifiant qui le désigne – non pas, certes, par un acte, comme Empédocle, mais par une série d'actions. Ce que le sens commun appelle : « se faire un nom ».

se faire un nom

L'ultime retournement : l'introduction à l'espace des représentations

Parce qu'elle marque la sortie de l'*aliénation*, la *séparation* consacre le refoulement originaire et accomplit le procès de la croyance : en s'identifiant au signifiant de sa perte, le sujet se trouve, pour la première fois, introduit à l'espace du langage représentatif, et c'est cette introduction, qui, instaurant la mise en place de la chaîne métaphorique, va lui permettre de combler *dans le semblant* cette part d'être perdue du fait de son *aliénation* première.

1. Lacan, *Séminaire XI*, *Les quatre concepts fondamentaux*..., *op. cit.*, p. 243.

2. Sur la scène du monde, le jeu de cache-cache permet à l'enfant d'éprouver la nature essentielle du nom. Au moment où ceux qui le cherchent l'appellent, l'enfant vérifie qu'il est représenté, au lieu de l'Autre, par le signifiant de sa disparition, ce qui lui permet de s'identifier à ce signifiant qui le désigne comme absent. L'enfant découvre ainsi, au-delà de l'autre réel à qui s'adresse son leurre, qu'il lui est permis d'échapper à l'Autre du langage et que désormais toute désignation le concernant ne l'évoquera jamais que sur fond d'une métaphore primordiale.

Ainsi le refoulement originaire est bien cette pompe aspirante et refoulante dont nous parlions, qui alimente en permanence la noria emportée par la chaîne du discours, dont la fonction est de donner l'illusion, à chaque représentation appelée dans la chaîne, qu'elle comble indéfiniment une faille impossible à combler. C'est à la production de ces substituts imparfaits de la Chose et à l'exécution de ces actions qui viennent à la place de l'acte du Philosophe, que l'homme, pour l'ordinaire, dévoue son existence. Ce qui lui permet alors de se faire, à l'occasion, ce nom, dont les livres plus tard conserveront la mémoire. L'on aurait tort de sourire de cet avatar ultime du nom qu'est le renom, car il découvre, en fait, le point où se boucle la condition humaine et que Sganarelle désigne d'entrée, à l'ouverture de *Dom Juan*, par son éloge du tabac.

Cette vérité énonce que, si l'homme est marqué originairement d'une négativité redoublée qui l'introduit au symbolique, ce n'est pas toutefois dans ce registre qu'il aura, dans le cours de son existence, à jouer sa partie. Son introduction au symbolique lui ouvre seulement l'espace imaginaire où va se déployer son existence. C'est en vertu de ce procès terminal que le tabac advient comme figure de la Cause et que le sujet, se fondant du signifiant qui est le signifiant de sa mort, est en mesure de « se faire un nom » dans l'existence.

Le phénomène de la croyance, que Sganarelle met au principe de l'homme, découvre ainsi qu'il est l'espace élu où s'accomplit, bon an mal an, tant bien que mal, avec plus ou moins de bonheur, ce « retournement » à partir duquel le sujet humain est introduit au partage, à l'échange, au monde de la civilité et des bonnes mœurs que Sganarelle réfère à l'usage du tabac. C'est ce procès qu'il nous faut à présent reconstituer, en considérant les divers destins offerts à l'effectuation de la croyance, afin de parvenir à déterminer la singularité de l'incroyance affichée par Don Juan.

IV. La croyance obsessionnelle : la nostalgie de la Cause

La crédulité comme premier avatar (paranoïaque) de la croyance

En articulant, dans la scène d'ouverture de *Dom Juan*, l'éloge du tabac et le phénomène de la croyance, si essentiel à la nature humaine que son défaut est tenu pour une « monstruosité », Sganarelle livre la clef du système des échanges qui fonde l'ordre de la culture et de la morale civilisée. Mais l'étude de la crédulité nous a montré que la question de la croyance n'est pas aussi simple que Sganarelle, de bonne foi, semble le penser. C'est tout juste, d'ailleurs, si l'on peut encore parler, dans ce cas, de croyance, car ce qui porte le crédule, c'est une certitude absolue qui fonde pour lui un univers paranoïaque, dans lequel la question du sens ne se pose pas[1].

En ce point, la crédulité donne la clef de toutes les croyances « intégristes ». La référence à un Autre absolu est en effet ce qui donne au « fanatique » (qui ne se distingue pas ici structuralement du « crédule ») l'accès à une vérité qui échappe à la fonction phallique, à une vérité « toute », que rien qui soit de l'ordre du signifiant ne vient écorner et qui est le revers de cette croyance, elle-même inentamée et inentamable – « intègre ».

L'histoire enseigne de fait que, chaque fois que l'on propose aux hommes une parole fondatrice susceptible de les libérer du poids de leur liberté, ils sont presque toujours prêts à céder à la fascination de la Cause, pour peu que l'on fasse miroiter à leurs yeux

1. Ce que Freud ne manque pas, en référant l'univers paranoïaque à l'incroyance *(Unglauben)*.

devenus de pierre le voile de leur élection sur fond du sacrifice de l'autre. Sur la faillite du signifiant, le croyant, le militant ou le nazi deviennent alors les agents acharnés de la volonté des « dieux obscurs[1] ».

La croyance religieuse comme révélation de la structure du langage

La croyance religieuse traditionnelle (chrétienne) semble, en revanche, respecter la fonction phallique qui constitue la structure de la croyance. Mais cette observance s'accomplit en fait selon un principe double. Dans l'espace religieux, le sujet n'a accès qu'à un Autre barré : le dit premier n'est jamais délivré, la cause originelle n'est jamais dévoilée. Aussi la croyance est-elle supportée par un certain nombre de « mystères » (Incarnation, Trinité), qui ont pour fonction de désigner le point où la Cause est perdue. Toutefois, l'on découvre bientôt, en sens inverse, que la Cause refusée au fidèle est supposée détenue au lieu de l'Autre, si bien que la croyance dans l'Autre barré est, en réalité, nouée à la croyance dans l'Autre non barré, conçu comme savoir absolu, ce que confirme le crime primordial de l'homme d'avoir voulu rivaliser avec la science de Dieu[2].

Ainsi le fidèle n'a accès à l'Autre non barré qu'à travers l'Autre barré, ce que figure le thème de la mort de Dieu, incarné dans le « mystère » de la Croix. La croyance religieuse se constitue donc de la contradiction qui la soutient : elle renvoie dans un monde de ténèbres à un Dieu de vérité, elle maintient l'homme, au milieu des injustices et des misères, dans l'espérance qu'au jour de la révélation, la raison de tout ce désordre lui sera donnée. Ce faisant, elle reproduit la structure du langage, qui témoigne, chaque fois que nous parlons, de la même croyance dans l'Autre barré et dans

1. Lacan, *Séminaire XI, Les quatre concepts fondamentaux…*, *op. cit.*, p. 247.
2. *La Genèse* III, 2-6.

l'Autre non barré. Car toute parole dans son fond s'adresse à l'Autre barré qui seul peut donner sens à notre adresse, en la recevant du lieu de son manque, ce que traduit la conviction que Dieu a besoin des hommes. Mais, dans le même temps, nous attendons de ce même Autre qu'il réponde, non pas seulement à notre demande, mais à notre désir, qu'il satisfasse notre désir en termes de jouissance.

La croyance religieuse,
« névrose universelle de l'humanité »

Ainsi la croyance religieuse, comme *Credo*, se caractérise-t-elle de ce que le sujet fait *crédit* à l'Autre du signifiant de la Cause, ce qui définit le procès du refoulement originaire fondateur du langage. Mais, à ce moment, elle avoue sa parenté avec la névrose, qui présente le même caractère de révéler la structure symbolique du langage en l'imaginarisant – cette homologie établie par Freud étant fondée sur le constat que les deux phénomènes trahissent la même nostalgie de la Cause.

Le jour où l'Homme aux rats, enfant, engagé sous les jupes de sa gouvernante, découvrit à tâtons son sexe comme « curieux », il revint de son exploration marqué à vie par une « curiosité », au nom de laquelle il allait vouer son existence à la poursuite de la Chose. A ce moment, sous la grimace de la contrainte qui la caractérise, la quête obsessionnelle se donne pour ce qu'elle est : la révélation caricaturale de la structure du désir[1]. Force est alors de reconnaître que la croyance religieuse n'échappe pas toujours à ce reproche, quand elle suscite avec un peu trop d'ostentation le fantôme de la Cause.

Assurément, cette forme de croyance se définit de l'oubli de la Cause, quand elle renvoie la révélation de cette Cause au jour de l'Apocalypse. C'est pourquoi nous avons avancé qu'elle répond au

1. Cf. Rey-Flaud, *Comment Freud inventa le fétichisme...*, *op. cit.*, p. 182-184.

principe du refoulement originaire. En fait, il nous faut à présent corriger cette première conclusion, car le refoulement originaire n'est pas simplement oubli (tel est son destin *dans la névrose*), mais proprement redoublement de l'oubli (selon le principe de la double négativité), *oubli de l'oubli*. Et c'est ce redoublement qui fait ordinairement défaut dans la croyance religieuse, quand elle est ordonnée selon l'institution imaginaire : l'Église.

Sganarelle met en lumière ce phénomène, quand il soutient à Don Juan qu'« il faut croire quelque chose dans le monde », proposant au choix de son maître divers représentants de la Cause. L'énumération qu'il présente alors – Ciel, diable, enfer et Moine bourru – révèle alors la dérive à laquelle la croyance religieuse est toujours exposée : virer à la superstition (que l'on pourrait définir comme une « hantise de la cause »), lorsqu'elle inaugure un monde dans lequel le « croyant » est, à chaque instant, prisonnier, comme dans un filet, de réseaux de causalités de plus en plus contraignants, si bien qu'à la fin le moindre de ses actes se découvre susceptible de déclencher en chaîne les conséquences les plus effroyables pour lui et pour les autres. L'univers du superstitieux présente alors la même structure que l'univers de l'obsessionnel qui, lui aussi, vit dans la hantise de la cause jusqu'à ne plus oser bouger[1].

Ainsi la croyance religieuse reste-t-elle habitée, en son fond, par la question du sens du sens. Elle se présente rarement, de fait, sous les traits de cet *amor intellectus Dei*, défendu par Spinoza. Le croyant, par sa pratique, cherche toujours à donner un sens à sa vie. Certes, sauf à changer de registre, il n'est pas soumis à la certitude aveugle du fanatique. Mais sa croyance (aussi bien religieuse que politique, syndicale, philosophique) lui délivre une vision cohérente du monde, qui l'allège, au moins en partie, du fardeau de sa liberté.

1. A la fin de « L'Homme aux rats », Freud signale que la superstition est un trait caractéristique de l'obsessionnel, qui trouve son explication dans le fait que le désir inconscient interdit a, de proche en proche, contaminé tout l'univers du discours (« L'Homme aux rats », *Cinq Psychanalyses*, *op. cit.*, p. 248-250).

Fonction du rite et du sacrement : la « fabrication du sens »

Mais le croyant fait plus que s'en remettre, comme l'enfant, au tout-savoir de l'Autre qui lui garantit en retour le sens de son action et de son destin. Les rites et les sacrements lui permettent de « fabriquer » cette Cause, dont la perte est pourtant posée au principe de sa croyance. Car le sacrement est « opératoire et magique[1] ». Par là, la religion confirme sa parenté avec la névrose obsessionnelle, dominée, elle aussi, par un mode de pensée magique[2] : le sacrement religieux et le rituel névrotique ne sont pas seulement la commémoration de l'acte fondateur ou de la première jouissance, accomplis *in illo tempore*. Selon un principe dont le miracle produit par les reliques des saints fournit un autre exemple[3], le sacrement et le rituel traduisent la volonté de restaurer la chaîne des causalités dans son principe, en produisant la cause première. Le prêtre et le névrosé témoignent ainsi de la volonté de refonder magiquement la structure du langage. La question se pose alors de savoir si la croyance religieuse est condamnée, à l'instar de la névrose, à porter comme un boulet le fantôme de la Cause, soit que cette Cause soit déférée à l'Autre sur le mode paranoïaque par le fanatique, ou produite, sur le mode obsessionnel, par l'officiant pour la communauté des fidèles. La foi atteste qu'il est une autre voie possible pour conjurer ce fantôme, quand l'oubli de l'oubli consacre la perte de la Cause et que le fidèle ne demande pas quittance à l'Autre du signifiant qu'il lui a déféré.

1. Lacan, *Séminaire XI, Les quatre concepts fondamentaux...*, *op. cit.*
2. Freud, « L'Homme aux rats », *Cinq Psychanalyses, op. cit.*, et *Totem et Tabou, op. cit.*
3. Cf. Guy Le Gaufey, « Le lieu-dit », *Littoral*, n° 1, 1981, p. 50.

V. La croyance « pure » : le deuil de la Cause

Le monde selon Sganarelle : l'obsession de la Cause

Jusqu'à l'orée de la modernité qui pourrait être datée de l'avènement de Don Juan, le monde n'était pensable que soumis à un principe de causalité, dont le signifiant fondateur était remis au lieu de l'Autre, désigné par la formule « le Ciel » dans l'œuvre de Molière. C'est-à-dire que l'univers était alors pensé comme raisonnable, sur la base de la conviction que la raison dernière qui serait un jour donnée délivrerait le sens du sens. C'est cette position que soutient Sganarelle, quand il dévide devant Don Juan la série des causes qui constituent l'ordonnancement du monde : « Pouvez-vous voir toutes les inventions dont la machine de l'homme est composée sans admirer de quelle façon cela est agencé l'un dans l'autre ? Ces nerfs, ces os, ces veines, ces artères, ces..., ce poumon, ce cœur, ce foie, et tous ces autres ingrédients qui sont là et qui... [...] Mon raisonnement est qu'il y a quelque chose d'admirable dans l'homme, quoi que vous puissiez dire, que tous les savants ne sauraient expliquer. Cela n'est-il pas merveilleux que me voilà ici, et que j'aie quelque chose dans la tête qui pense cent choses différentes en un moment, et fait de mon corps tout ce qu'elle veut ? Je veux frapper des mains, hausser le bras, lever les yeux au ciel, baisser la tête, remuer les pieds, aller à droite, gauche, en avant, en arrière, tourner... » (III, 2). Que le raisonnement de Sganarelle à ce moment se casse le nez, entraînant l'apologiste dans sa chute, cache sous la bouffonnerie qui l'exprime le point où la chaîne des causes se rompt et où le signifiant fondateur se perd. Moment décisif dans l'histoire de notre culture, car il marque la naissance de la pensée scientifique, qui, en « éludant » et en « élidant » la question de la cause[1], renvoyée, une fois pour toutes, à l'impossible du réel, fonde la réalité en tant que telle. Cette rupture s'accomplit *ipso facto* sous la forme d'une mutation de la croyance, qui traduit une véritable subversion des modes de pensée traditionnels.

Dans l'univers de Sganarelle, la question de la croyance ne se pose pas : il faut croire quelque chose (Ciel, diable, enfer, etc.) – la réalité, comme monde organisé selon la raison, ne subsistant que de la croyance dans l'un de ces substituts de la Cause. Cette croyance, partagée par un certain nombre qui vont s'accorder sur le Ciel, le diable, ou l'enfer, *constitue la réalité pour une communauté donnée*. La conclusion s'impose alors : l'incroyant est un fou ou un « monstre », comme on voudra, mais, en tout cas, il est seul.

La révolution de la modernité : l'élision de la Cause

L'élision de la Cause, introduite par la modernité, inaugure pour l'homme un autre rapport à la croyance et à la réalité. A partir du moment où la réalité se constitue d'un point de manque essentiel, un autre mode de croyance devient concevable, fondé, *à l'envers de la croyance affichée par Sganarelle dans le Ciel, l'enfer, etc.*, sur le défaut de la Cause, croyance qui se pose alors comme étant l'expression de la structure du langage et l'assomption de l'arbitraire du signe. En vertu du principe de l'aliénation qui veut qu'aucun signifiant ne soit adéquat à sa signification, Lacan déduit, en effet, qu'aucune croyance ne sera plus jamais, *dans son principe*, « pleine et entière, [car désormais] il ne sera plus de croyance qui ne suppose en son fond que la dimension dernière qu'elle a à révéler est strictement corrélative du moment où son sens va s'évanouir[2] » : formule qui fait de la croyance, saisie dans sa forme

1. Lacan, *Séminaire XI, Les quatre concepts fondamentaux*..., *op. cit.*, p. 238.
2. *Ibid.*, p. 215.

« pure », le support, l'étoffe, pourrait-on dire, de la vacillation du sujet, et qui vérifie que le langage ne donne pas la vérité de ce qu'il représente.

Cette dernière forme de croyance s'oppose ainsi aussi bien à la crédulité de Solange et à la conviction du fanatique, arrimées l'une et l'autre à un signe de la certitude (S_1), qu'à la croyance « hystérique » de Sganarelle, accrochée à un fantôme de la Cause (Ciel, enfer...) : constat qui va entraîner, à terme, une subversion du statut de l'incroyance, définie comme rejet de cette croyance « pure » fondée sur le défaut de la Cause.

Mais avant d'en venir à ce point essentiel pour l'intelligence du personnage de Don Juan, nous noterons que l'émergence, à l'orée de la modernité, de ce nouveau mode de croyance que nous tentons de cerner, a d'abord pour conséquence de mettre en évidence l'irréalité de la réalité. En effet, désormais il va devenir clair que l'accord des sujets sur la réalité ne se constitue pas de ce qu'ils se référeraient ensemble à une même objectalité qui serait posée, on ne sait trop comment, avant eux, en dehors d'eux, au-dessus d'eux[1]. Ayant accédé à la croyance « pure », les hommes partagent la même réalité, en s'entendant sur le point ineffable qui promet la révélation du sens de la réalité et qui est en même temps le point où cette réalité voit son sens s'évanouir et se perdre. La croyance partagée dans la réalité n'est ainsi que l'accord inconscient[2] sur le point de manque essentiel qui constitue la réalité. Et c'est cette croyance, que nous venons de déterminer comme croyance au manque, qui fait défaut dans la paranoïa, quand se dresse la certitude du sujet, fondée sur sa conviction de détenir la Cause[3].

La croyance religieuse peut cependant relever, elle aussi, du champ de la croyance « pure », lorsqu'elle s'exprime en termes de foi, comme

1. Condition qui, en revanche, s'avère propre à déterminer les formes de délire collectif révélées par les sectes et dont le nazisme a produit le paradigme infernal.

2. Au sens de : originairement inconscient.

3. Indiquons ici que le fétichiste, qui produit avec son objet le signifiant de la Cause, démontre qu'il a, lui aussi, au moins un pied dans la croyance paranoïaque.

en témoigne la référence au sacrement, quand on le dépouille de sa charge « opératoire magique » – ainsi pour l'Eucharistie.

La fonction symbolique du sacrement : l'évocation de la Cause

Le dogme enseigne en effet que lorsque le célébrant élève au-dessus de lui l'hostie pour la montrer aux fidèles, il produit assurément, à ce moment, la « présence réelle » du corps du Christ dans l'enceinte consacrée où il officie[1], ce qui, au champ de la croyance, peut être entendu comme traduisant l'intrusion d'une causalité magique dans l'ordre du monde. Mais, au registre de la foi, le geste du prêtre redouble son sens quand on découvre que cette « présence » maintient l'absence essentielle qu'elle « dément ». Au moment de l'élévation, le cercle blanc de l'hostie figure alors le point aveugle du langage qui noue le sujet à la réalité et scelle la communauté des fidèles.

La foi mérite, à ce titre, le nom d'« indifférence », dans la mesure où, pour le fidèle, comme pour « l'indifférent en matière de religion », la question de la Cause ne se pose pas et où celle du sens du sens du sens est évacuée. Mais cette « indifférence » n'a plus grand-chose, en vérité, à voir avec ce que nous mettons d'ordinaire sous ce terme, et un tel consentement au manque paraît, de fait, plus proche d'une introduction à la sagesse. Ce qui permet de penser que l'espace de sérénité, supposé instauré par la levée des illusions en fin de cure, constitue une visée plus « idéale » que clinique, confirmant que la condition ordinaire de l'homme reste assignée à l'espace de la Caverne platonicienne dans laquelle Sganarelle fait circuler le tabac.

1. Notons que le mystère ne tient que l'instant de la célébration et qu'après l'office les hosties, désacralisées, redeviennent des friandises que les enfants de chœur se partagent à la sacristie.

VI. Le dernier accomplissement de la croyance : le tabac comme semblant

Pourquoi Don Juan ne croyait pas au tabac

Au terme de cette déclinaison de la croyance, nous découvrons que l'opposition avérée entre la croyance de Sganarelle et l'incroyance de Don Juan, accomplie sur les objets manifestes énumérés par le valet à son maître – Ciel, diable, enfer ou Moine bourru –, en cache une autre beaucoup plus fondamentale qui a pour enjeu le tabac. Le caractère essentiel de Don Juan, celui qui détermine la singularité énigmatique et fascinante du personnage, c'est en effet que Don Juan *ne croit pas au tabac*.

Cette conclusion surprendra peut-être ceux qui, comme Sganarelle, ne considèrent comme croyances que celles qui se pensent elles-mêmes comme telles, et excluent ainsi l'athéisme de ce champ, alors qu'il en relève à l'évidence, puisqu'il est un mode d'organisation du monde selon un système de causalité particulier, ce qui est la définition même de la croyance. Force est donc de concevoir une croyance *impensée*, à distinguer de la croyance pure (ou vide) du sage – soit une croyance dans laquelle la question de la croyance ne se pose pas et où n'importe quel objet peut venir à la place de la Cause, croyance dont on découvre alors qu'elle est la plus banale du monde, puisque c'est celle que Sganarelle nous démontre, non plus dans l'ostentation du Ciel ou de l'enfer, mais dans son éloge du tabac : « Ne voyez-vous pas bien, dès qu'on en prend, de quelle manière obligeante on en use avec tout le monde, et comme on est ravi d'en donner à droite et à gauche, partout où l'on se trouve ? On n'attend pas même qu'on en demande, et l'on court au-devant du souhait des gens : tant il est vrai que le tabac inspire des sentiments d'honneur et de vertu à tous ceux qui en prennent » (I, 1).

Le tabac, véritable objet de la croyance de Sganarelle

L'apologie du tabac faite par Sganarelle expose au seuil de la comédie de Molière le principe qui régit la culture et la morale civilisée : celui d'une croyance impensée, qui révèle la structure du langage. La *croyance au tabac* fournit en effet l'illustration du temps terminal où se boucle le procès introductif du sujet au langage, quand dans une ultime opération un signifiant (en lui-même indifférent) est appelé à la place du signifiant primordial (*id est*, comme substitut du symbole **Φ**), pour donner un contenu (n'importe lequel) à la place laissée vide dans la croyance pure (celle du sage), c'est-à-dire quand un objet est élu comme semblant de la Chose. Au terme de ce procès, la réalité se présente alors comme ce « grand édifice » évoqué par Nietzsche, qui « montre la rigide régularité d'un columbarium romain », mais qui a cependant le mérite – au prix du deuil de la vérité – de protéger l'homme de l'angoisse et de la mort : « Ce n'est que par la croyance invincible que *ce* soleil, *cette* fenêtre, *cette* table, est une vérité en soi, bref ce n'est que par le fait que l'homme s'oublie en tant que sujet, qu'il vit avec quelque repos, quelque sécurité et quelque conséquence[1]. »

Qu'il s'agisse bien là de croyance, c'est ce que le langage commun exprime tous les jours, quand nous disons d'une personne engagée dans son activité professionnelle, politique, syndicale ou même parfois seulement ludique, « qu'elle y croit ». Ainsi cette opération offre-t-elle, à la fois, une alternative à la crédulité, à la folie et à la sagesse. En donnant un objet à la Cause perdue, elle permet de croire à la réalité du monde (alors qu'à rebours pour Schreber le monde se vide de toute consistance et que l'humanité lui paraît peuplée de fantômes bâclés à la six-quatre-deux). Ce qui confirme

1. Nietzsche, *Le Livre du philosophe, Études théorétiques*, traduction, introduction et notes par Angèle K. Marietti, Paris, Aubier-Flammarion, 1969, p. 185-188.

le principe déjà énoncé que la réalité et la croyance à la réalité ne sont qu'une seule et même chose.

Sens de la croyance hystérique

Mais la leçon de Sganarelle vérifie encore un autre principe connu : la réalité comme croyance nous revient d'abord du lieu de l'Autre que supportent tous les petits autres qui partagent avec nous la croyance dans une réalité donnée. Caractère qui permet de définir les croyances du semblant, dont le tabac fournit le paradigme, comme croyances de l'Autre à ranger pour cela sous le chef de l'hystérie.

Du coup nous est donnée la réponse à la question laissée en souffrance par l'analyse sociologique quand elle s'interrogeait sur l'identité mystérieuse du tabac : *cette croyance du semblant constitue le principe fondateur du partage et de l'échange*. Si Sganarelle n'est pas fou, c'est que l'objet-tabac qu'il a élu, il le partage avec d'autres et que cet objet n'a même pas d'autre fonction que d'être partagé, la conséquence étant qu'on échange du tabac ou qu'on va à la messe, au meeting ou à la pêche avec d'autres, sans savoir que la rencontre s'accomplit chaque fois autour d'un objet élu pour tenir lieu de ce « rien » qui est chargé de « représenter » dans le monde le symbole **Φ**.

Puisque la croyance de Sganarelle trouve son objet véritable dans le tabac, la croyance dans le Moine bourru qu'il met en avant présente donc le redoublement de l'impensé au pensé de cette croyance première, redoublement effectué sur le mode névrotique, ainsi qu'il advient chaque fois que le langage se prend lui-même pour objet. Le corollaire de ce principe est alors que l'incroyance majeure de Don Juan est à entendre, elle aussi, comme étant une « indifférence en matière de tabac », laquelle rend compte de l'exclusion radicale du sujet de tout partage ainsi que de son incapacité à être pris dans le système des échanges. Ce constat nous oblige, en bout de chaîne, à faire un dernier pas et à situer ce personnage dans l'éventail des croyances que nous avons déterminé.

Sens de l'incroyance de Don Juan

Le premier type de croyance, l'intégrisme, est accompli au registre paranoïaque, quand le sujet fonde sa certitude sur la détention de la Cause. Le deuxième type, que nous avons qualifié d'obsessionnel, se définit par la nostalgie de la Cause, conjointe au projet inavoué de corriger magiquement son défaut. Le troisième type – la croyance « pure » – est celui de la sagesse, quand le sujet, identifié au signifiant manquant, se retire du monde du semblant. Le dernier avatar enfin nous est offert par la croyance *impensée* « hystérique », en vertu de laquelle les sujets, au quotidien, se rencontrent avec d'autres pour partager le n'importe quoi et le presque rien. Une fois tracée cette rose des vents de la croyance, la question se pose donc d'y inscrire *en négatif* l'incroyance de Don Juan. Si cette tâche est encore prématurée au moment où nous sommes, nous pouvons dès à présent dissiper certaines illusions produites par le bon sens trompeur et qui pourraient embarrasser notre route à venir.

Se trouve en effet désormais déterminée la pertinence de l'aphorisme de Sganarelle selon lequel « il faut croire quelque chose dans le monde » : nous savons ainsi que la croyance, qu'il réfère au Ciel et dont le Moine bourru figure l'équivalent burlesque, n'est que la réitération (de l'impensé au pensé) de la croyance *essentielle* dans le tabac, où l'objet *insignifiant* (le tabac) est advenu comme représentant du signifiant primordial (S_2) pour consacrer l'introduction du sujet au langage.

Dès lors, il n'est plus possible d'appréhender l'incroyance de Don Juan au registre imaginaire de l'incroyance religieuse, comme l'ont fait les contemporains de Molière[1]. L'incroyance de Don Juan

1. Ainsi qu'en témoigne un pamphlet d'époque : « Qui peut supporter la hardiesse d'un farceur qui fait plaisanterie de la religion [...] et qui rend la majesté de Dieu le jouet [...] d'un athée [et d'un hypocrite] qui s'en rit ? [...] L'athée se met au-dessus de toutes choses et ne croit point de Dieu ; l'hypo-

n'est pas à inscrire au pôle opposé à celui où nous avons placé la croyance « obsessionnelle », incarnée dans la croyance religieuse. Cette incroyance traduit clairement un refus déclaré de la croyance dans le tabac, refus qui rend compte de l'exclusion du personnage du système général de l'échange et du partage que l'analyse sociologique avait déjà perçue. Nous avons nous-même validé, un moment, cette lecture. Mais celle-ci ne donne la raison que de la position subjective du personnage dans le monde. Il nous faut faire à présent un pas de plus et montrer que le mépris affiché par le héros à l'égard des objets du semblant recouvre, en fait, un déni plus fondamental, ontologique, pourrait-on dire, qui met en cause le signifiant primordial lui-même.

La perversion de la sagesse ou la volonté de confrontation avec l'Autre

Le refus de Don Juan de croire au tabac en recouvre en effet un autre qui donne la véritable clef de son incroyance. Son refus n'est pas refus de la croyance obsessionnelle (Ciel, enfer, Moine bourru), ni de la croyance « hystérique » (le tabac), *mais, de façon plus profonde, refus de la croyance « pure »*, telle que nous l'avons définie : *consentement absolu au manque et identification du sujet au symbole* $\mathbf{\Phi}$. Ainsi, si Don Juan ne croit pas aux signifiants imaginaires, S_3, S_4, S_n (le tabac et ses avatars), c'est parce que, au fondement de son être, il n'accepte pas de faire crédit à l'Autre du signifiant primordial (S_2). Don Juan refuse le précepte énoncé par le *Cannocchiale aristotelico* de Tesauro (1652), pratiquement contemporain de la comédie de Molière (1665), selon lequel le « divin parleur communique aux hommes et aux anges ses idées transcendantes uniquement par *imprese* symboliques et par sym-

---

crite garde les apparences et au fond il ne croit rien » (*Observations sur une comédie de Molière intitulée : le Festin de Pierre*, par B. A. [Barbier d'Aucour] Sr. de R. [ochemont], Paris, 1665, cité dans Georges Mongrédien, *Molière, Recueil de textes et de documents du XVIIe siècle*, Paris, CNRS, 1965, p. 236-237).

boles figurés, [si bien que] le Ciel [auquel le héros s'adresse tout au long de la pièce] n'est qu'un vaste écu céruléen, où l'inventive nature dessine ce qu'elle médite, en formant des *imprese* héroïques et des symboles mystérieux et subtils de ses secrets[1] ». L'incroyance du personnage traduit donc le rejet du défaut qui constitue la structure du langage. A ce titre, elle se présente finalement comme l'envers de la croyance du sage, comme la *perversion* de ce choix[2].

Ainsi, dans la bouche du héros, le mot « Ciel » n'a-t-il pas le même sens que pour Sganarelle : le Ciel désigne pour lui le lieu, insupportable par son silence, qui refuse implacablement de délivrer à l'homme la cause des causes du monde. Et l'incroyance – le refus de la « créance » – est le refus *retourné* de faire crédit au Ciel du signifiant de la Cause. Alors qu'un « créancier » ordinaire se contente de toucher les dividendes de son dépôt sous la forme des divers « biens » vantés par Sganarelle, Don Juan vient demander des comptes directement au Ciel : « C'est une affaire entre le Ciel et moi », tranche-t-il lapidairement en réponse aux mises en garde de son valet.

L'incroyance de Don Juan arrache dès lors le personnage à la scène comique[3]. L'acte auquel elle porte le héros – forcer, au prix de sa mort, la manifestation de l'Autre – l'exhausse au registre d'un destin sublime consacré par le déni de la loi qui, dans le monde de Sganarelle, ordonne la morale, le don et l'échange.

1. E. Tesauro, *Cannocchiale aristotelico*..., Turin, 1652, cité par G. Agamben, *op. cit.*, p. 239.

2. On prend du coup la mesure de la platitude de la lecture qui tendrait à faire du héros de Molière un homme de plaisir, une sorte de dandy déchu d'Épicure, un dilettante cynique et nonchalant.

3. Contrairement à ce que conclut l'analyse sociologique qui ne prend en compte que la phénoménologie du texte : « Ouvrez maintenant l'"Essai sur le don", vous ne manquerez pas d'être déçu. Vous y trouverez partie et contre-partie, l'aumône et le banquet, la loi suprême qui dicte la circulation des biens de même façon que celle des femmes et des promesses, des festins, rites, danses et cérémonies, des représentations injures et plaisanteries ; vous y trouverez le droit et la religion, l'esthétique et l'économie, la magie et la mort, la foire et le marché, la *comédie* enfin » (M. Serres, *op. cit.*, p. 244).

CHAPITRE TROIS

Nouvel essai sur le don

I. Principe de l'échange

La subversion du don au champ de la psychanalyse

A l'origine de la science anthropologique moderne, l'« Essai sur le don » de Marcel Mauss a déterminé la loi selon laquelle la vie communautaire culturalisée se fonde d'un système universel et contraignant d'échanges régi par le principe du don et du contre-don apporté en réponse. Si bien que le lien social avoue sa nature *agonistique*, puisque l'échange est accompli sur une scène imaginaire, où le don peut viser à l'occasion le meurtre de l'autre, comme il se voit dans les pratiques de *potlatch*, attestées dans notre civilisation médiévale[1], lorsque la joute ostentatoire des rivaux en générosité s'achève, à travers le sacrifice d'étoffes précieuses, d'épices, de cire et de victuailles, par la ruine des dona-

1. Le chroniqueur limousin, Geoffroi de Vigeois, a consigné le souvenir d'un *potlatch* médiéval, célébré par le troubadour Ebles de Ventadour en l'honneur de son confrère et seigneur le comte de Poitiers, au cours duquel furent éventrés des tonneaux, d'où tombèrent quantité de cierges de la cire la plus fine. Le même auteur a encore relaté une autre « singulière compétition de gaspillage dont fut un jour le théâtre une grande "cour" tenue en Limousin [et au cours de laquelle] un chevalier fit semer de piécettes d'argent un terrain préalablement labouré et un autre pour sa cuisine brûler des cierges ; un troisième "par jactance" ordonnant de brûler vifs tous ses chevaux » (cité par Marc Bloch, *La Société féodale*, *op. cit.*, p. 432-433).

teurs antagonistes. En fait, ce principe, dégagé par les sciences sociologiques, pose d'entrée les bases de la subversion que la psychanalyse va apporter au statut de l'objet.

Des thèses de Mauss il ressort en effet que le don n'a pas une fonction de complaisance *réelle* : il est assez clair qu'il n'apporte pas, au nom du principe de plaisir, à celui auquel il s'adresse une satisfaction qui appellerait de sa part, au nom du même principe, une satisfaction égale en retour. L'agressivité mise en évidence, au cours du processus du don et du contre-don, par la surenchère *agonistique*, désigne au contraire, de façon détournée, la finalité cachée du phénomène : le don a pour fonction de susciter, et non pas de combler, le manque de l'autre, pour appeler en retour la même évocation chez le sujet. Ce n'est donc que par une illusion phénoménologique que l'on a pu penser qu'un lien social heureux serait obtenu, le jour où, par le jeu ininterrompu d'une bénéfique navette des échanges, libérée de l'agressivité, se trouverait maintenue dans la cité idéale inspirée des Iles sous le Vent de Bougainville, l'homéostase universelle. C'est ce rêve de bonheur que la psychanalyse est venue définitivement dissiper, en formalisant, pour son compte, les principes impliqués dans la lecture sociologique.

La psychanalyse a établi que le don a pour fonction de maintenir le manque et de perpétuer l'échange. Dans le don, nous dit-elle, l'objet n'est pas destiné à réparer une défaillance « réelle » : pour saisir sa nature, il suffit d'entendre celui qui s'est ruiné pour vous offrir ce somptueux cadeau parfaitement inutile et qui, lorsqu'il vous dit : « C'est trois fois rien », énonce, sans ambages, que ce « rien », deux fois réitéré (la raison de ce comptage sera donnée au chapitre suivant), est la seule figure propre à soutenir dans l'imaginaire l'évocation du symbole **Φ**, impossible à représenter. Si bien que dans l'échange du « rien » (le tabac), les sujets se transmettent simplement l'ombre du signifiant phallique et maintiennent, ce faisant, la cohésion symbolique de la communauté. La reprise opérée par la psychanalyse des thèses de l'anthropologie structurale, qui prolongent et complètent les travaux de Mauss, met ce principe en lumière.

L'illusion de l'ethnologue

La mise en évidence des structures élémentaires de la parenté a permis de dégager les deux principes qui régissent l'échange des femmes : l'interdit et la préférence, soit le respect du manque (**Φ**), et l'institution de combinatoires, qui gèrent la distribution des femmes, c'est-à-dire assurent la circulation du signifiant phallique, dont l'anthropologue reconstitue les schèmes structuraux. Ainsi ces sociétés, dans lesquelles la place des individus se trouve déterminée, parfois plusieurs générations avant leur naissance, démontreraient-elles l'efficacité impeccable d'une contrainte « symbolique » paradoxale. En effet, les systèmes qui articulent entre eux les différents réseaux d'alliance semblent présenter la structure d'un langage « élémentaire », qui serait soustrait à la fonction phallique dans la mesure où ces systèmes apparaissent soumis à un *automaton* sans défaut qui exclut, par principe, tout effet de *tuché*, susceptible d'exprimer la liberté d'un choix.

L'on serait alors tenté de conclure que les individus courent dans la chaîne, en ayant pour fonction d'être les supports d'un symbole **Φ** « pétrifié » et pour seul destin la mort que Freud dans « Au-delà du principe de plaisir » assigne au sujet du symbolique. Et, de fait, dans les schémas qui nous sont présentés, la « lettre », qui inscrit les places à l'avance, semble plutôt avoir le statut d'un signe que celui d'un signifiant – signe qui, décrétant l'*assignation* du sujet, le frapperait de mort avant même sa naissance. Ainsi l'ordre qui nous est découvert – marqué par l'exclusion du manque – se présente-t-il comme l'envers de celui qui supporte la chaîne du désir. Mais peut-être sommes-nous ici victime d'une illusion et convient-il de réviser notre lecture des phénomènes.

Comment la psychanalyse négativise le système de l'ethnologue

Notre erreur a été d'avoir pris la position de l'ethnologue, qui, à travers les reconstitutions qu'il nous propose, présente les systèmes d'échanges et d'alliances comme *achevés*. Ces constructions, accomplies dans l'après-coup, ont pour conséquence d'exclure, par principe, le sujet de l'inconscient constitué autour d'un point de non-savoir radical, désigné par le symbole **Φ**. Or la prise en compte de cet élément subjectif individuel subvertit l'interprétation du phénomène. La combinatoire reconstituée par l'ethnologue fait courir dans la chaîne qui la déploie le sujet *en tant que manque*. Elle reproduit donc, en réalité, la structure du langage, selon laquelle la pulsation du symbolique entraîne assurément chaque sujet vers la mort, mais du seul fait que le sujet est supporté d'un originaire « Il ne savait pas » concernant cette mort, cet élan, au moment où il s'accomplit, se confond avec la vie elle-même.

Ainsi l'ethnologue reconstitue le système en comptant comme 1 l'indigène qu'il introduit dans la combinatoire, alors qu'il est, en tant que sujet de l'inconscient, deux fois négativé, ce qui manque à la chaîne : – – 1.

La circulation des femmes, mise en lumière par l'anthropologie structurale, vérifie alors le principe universel de l'échange, en montrant que les objets permutés sont appelés dans le système comme support du manque et incarnation de **Φ**[1]. Loin de produire

1. La fonction de support du manque dévolue à la femme dans le système des échanges est mise en évidence par certaines observations, telles que celles que C. Waglay a établies chez les Indiens Tapirapés. Il peut arriver que, dans ces ethnies, un individu se voie attribuer comme épouse une femme-nourrisson. Les Mohavés ont alors conscience du caractère cocasse de la situation, ainsi qu'en témoignent les quolibets qu'ils adressent à l'intéressé, quand ils le voient passer portant sa petite femme sur son dos : « Est-ce là ta fille ? », lui demandent-ils. Au-delà de leur caractère pittoresque, ces cas « cliniques » singuliers, qui dépouillent la femme de toute valeur « d'usage » (ménager ou sexuel), mettent en évidence la fonction symbolique à laquelle

un ordre automatique de l'assignation, l'échange des femmes, régi par la structure du langage, vérifie la contrainte symbolique, qui, en faisant circuler le manque, assure, du côté du sujet, la relance du désir et, du côté de la communauté, le maintien du lien social.

Chasser ensemble pour continuer à ne pas savoir que l'on va mourir

Cette conclusion nous rappelle alors le corrélat du principe établi par Sganarelle : l'ensemble des échanges est accompli au registre hystérique de manque à manque, de manque du sujet au manque de l'Autre – ici incarné dans le petit autre avec qui j'échange sœur contre sœur. Sans doute, l'indigène, comme l'ethnologue, méconnaissent-ils principe et corrélat, lorsqu'ils rabattent l'exigence essentielle de l'échange sur la nécessité vitale du lien social : « Et avec qui irais-je à la chasse, si je n'avais pas de beau-frère ? » demande ingénument le bon sauvage à l'enquêteur qui reste presque muet devant tant de sagesse[1]. En fait, les deux beaux-frères communient dans l'ignorance qu'au-delà de l'utilité pragmatique de la chasse, au nom de laquelle ils vont tuer ensemble la bête, face à laquelle chacun, isolé, serait impuissant, la poursuite du gibier remplit une fonction beaucoup plus fondamentale.

Derrière la croyance manifeste, qui lui fait dire qu'il a épousé sa femme pour trouver un compagnon de chasse, l'indigène méconnaît en effet qu'il va à la chasse avec son beau-frère, pour que l'un et l'autre puissent continuer à ne pas savoir ensemble qu'ils vont mourir[2]. La chasse découvre alors qu'elle est, pour eux, comme

---

elle est ici réduite. Ce que confirme l'observation complémentaire qu'il n'est pas rare de voir ces maris devenir fous, s'ils viennent à perdre leur petite compagne. Témoignage rapporté par Claude Lévi-Strauss dans *Les Structures élémentaires de la parenté*, Paris, Mouton, 1967, p. 559).

1. Margaret Mead, *Sex and Temperament in Three Primitive Societies*, New York, W. Morrow and Company, 1935, p. 84.

2. Que les sujets soient affectés d'une ignorance radicale *(Urverdrängung)* quant au procès symbolique dans lequel ils sont pris est, de fait, la condition

pour nous, *selon le principe de la croyance hystérique*, l'un de ces substituts qui sont la monnaie *métonymique* du signifiant phallique (Φ), dont la sœur soutient l'incarnation *métaphorique*. La chasse est ainsi une figure métonymique du manque partagé.

Le langage, lorsqu'il trouve son effectuation au niveau du discours (la chasse est un produit de ce discours), a donc pour fonction, dans le partage, de réaliser la complétude du sujet au niveau du sens (l'indigène l'atteste, qui explique que son mariage a donné un sens à sa vie) et de maintenir son incomplétude au niveau de l'être. A sauvegarder la place de son manque, il relance la chaîne métonymique : après la chasse, les beaux-frères iront ripailler ensemble, ou semer, ou réparer leur hutte.

C'est le même principe qui détermine le troisième type d'identification, qualifiée par Freud d'hystérique, ce qui confirme que c'est bien dans ce registre subjectif que s'accomplit la condition humaine, telle que l'incarne Sganarelle.

---

essentielle à son accomplissement, le moindre soupçon sur la fonction de la femme comme support de Φ ayant pour conséquence le déclenchement de l'angoisse (cf. Lacan, Séminaire X, « L'angoisse », séance du 9 janvier 1963, p. 95). En vérité, ce principe régit tous les phénomènes de discours qui donnent corps à la structure du langage et dans lesquels les figures représentatives qui se trouvent, tour à tour, appelées dans la chaîne, ont pour fonction de faire courir le manque et, en même temps, de le recouvrir, afin que soit épargnée aux sujets une révélation qui leur signifierait *ipso acto* leur finitude et leur mort. D'où la fonction essentielle de la chasse justement identifiée par Pascal comme figure du semblant et dénoncée comme « divertissement », puisqu'elle écarte l'homme de la confrontation insoutenable avec l'absence du signifiant primordial, soit avec la vérité de sa mort (section II, pensée 139).

II. L'identification hystérique

Principe du troisième temps logique de la causation du sujet

Au chapitre VII de son étude consacrée à la psychologie des foules et à l'analyse du moi[1], Freud, en 1921, retrace l'effectuation logique, advenue en trois temps, du procès identificatoire, qui présente le verso du procès de double négativité qui scande l'introduction du sujet au langage. Pour reconstituer le déroulement de cette opération, la voie la plus commode est de reprendre le processus à l'envers, en considérant d'abord son dénouement, quand le troisième mode d'identification, jouée sur la scène de la névrose hystérique, démontre qu'il répond au troisième temps conclusif du procès de négativisation, celui de la « fausse positivation » accomplie par le semblant. Cette scansion ternaire est en effet repérable dans tous les registres où s'effectue la causation du sujet, ainsi que nous l'avons vérifié pour la croyance, en mettant en évidence l'identité du tabac, et pour le jeu des alliances, en déterminant la fonction de la chasse. L'analyse du mode d'identification hystérique par le symptôme, qui intervient, elle aussi, à ce troisième temps, va nous permettre de préciser la nature et les enjeux de cette ponctuation.

Vol au-dessus d'un nid de colombes

Freud introduit ce troisième mode d'identification en retenant « l'exemple d'une jeune fille, qui, dans un pensionnat, a reçu une lettre d'un bien-aimé qu'elle gardait secret *(vom geheim Gelieb-*

1. Freud, « Psychologie des foules et analyse du moi », *Essais de psychanalyse, op. cit.*, p. 167-174.

ten)». On relèvera le caractère de secret, qui marque ici l'objet aimé, le terme *geheim* ne pouvant manquer d'évoquer son envers l'*Unheimliche*, dans lequel l'affect d'angoisse traduit la levée, advenue à l'improviste du «secret» primordial – soit la levée de l'*Urverdrängung*. Freud indique que la réception de cette lettre avait suscité la jalousie de la jeune fille, bientôt suivie, en réaction, d'une crise hystérique. «C'est alors, poursuit-il, que quelques-unes de ses amies, informées de la chose, vont reprendre à leur compte cette crise, empruntant la voie de ce que nous pourrions appeler une sorte de contagion psychique *[psychische Infektion]*.» Tandis que nous sommes encore sous le coup de cette image qui nous fait soupçonner l'action de quelque virus sournois à l'origine de cette contagion, Freud, sans transition, nous expose la logique du procès: «Le mécanisme en jeu, dit-il en substance, est celui de l'identification, accompli sur la base de la capacité ou de la volonté démontrées par ces jeunes filles de se mettre dans la situation de l'héroïne du jour[1].» Introduction que la suite va, peu à peu, éclairer.

«Les autres jeunes filles souhaiteraient avoir, elles aussi, une relation amoureuse secrète *[ein geheimes Liebesverhältnis]* et, pour cela, elles sont prêtes sous l'influence de la conscience de culpabilité [attachée au caractère secret, donc illicite, de cette relation] à accepter la souffrance liée à la réalisation de ce souhait.» Ainsi se trouve souligné une seconde fois le caractère secret de l'objet, la conscience de culpabilité trahissant ici la répugnance du moi à prendre en charge ce désir venu de l'inconscient, d'un inconscient radical, marqué par le refoulement originaire, la souffrance *(Leid)*, qui est au champ de l'hystérie le substitut de l'angoisse méconnue, intervenant comme poinçon pour désigner le conflit entre le moi et le désir originaire.

En ce point Freud nous met en garde: «N'allez pas croire que l'appropriation du symptôme démontrée par ces jeunes filles soit ici l'effet d'un sentiment de compassion *[Mitgefühl]* à l'égard de

1. «*Der Mechanismus ist der der Identifizierung auf Grund des sich in dieselbe Lage Versetzenkönnens oder Versetzenwollens*» (*GW*, t. XIII, p. 117-118).

leur camarade. Pas du tout : la compassion n'est qu'une conséquence de l'identification. Et la preuve en est, poursuit-il, que ces phénomènes d'infection ou d'imitation se produisent dans des cas où force est de constater que les liens de sympathie entre les deux parties [la partie imitante et la partie imitée] sont plus faibles encore que ceux que l'on trouve ordinairement entre des camarades de pensionnat. » Cette indication précise le sens du précepte introductif de Freud : « Ce type d'identification s'accomplit sans aucun rapport objectal *[dass die Identifizierung vom Objektverhältnis zur kopierten Person ganz absieht],* [c'est-à-dire sans aucun lien affectif] entre le sujet et la personne copiée. » Elle va, de fait, s'avérer déterminante au moment où sera délivrée la clef de l'énigme.

Le ressort caché de l'identification hystérique

« L'un des *Ich* [il convient de traduire ce terme par sujet et non par *moi* comme on le fait d'ordinaire] a perçu chez l'autre une analogie significative *[bedeutsam]* sur un point – dans notre exemple, dans la même disponibilité affective *[Gefühlsbereitschaft].* Il construit là-dessus une identification en ce point et, sous l'influence de la situation pathogène, cette identification se déplace et prend la forme du symptôme que le premier *Ich* a produit. » Donnée sous cette forme laconique, cette formulation présente assurément une superbe opacité. D'abord l'« analogie », évoquée pour rendre compte de l'opération, apparaît comme une notion vague et usée et ce n'est pas la référence à une « disponibilité affective », plus imprécise encore, appelée pour lui donner corps, qui peut lui apporter plus de consistance. Freud trace ainsi sa voie dans les ténèbres, jusqu'à ce que la sentence finale vienne éclairer tout le processus : « L'identification par le symptôme est à prendre comme l'indice *[Anzeichen]* d'une “coïncidence” *[Deckungsstelle],* commune aux deux *Ich,* qui doit être tenue refoulée *[die verdrängt gehalten werden soll].* » Cet aphorisme terminal isole, pour ainsi dire, *in vitro* la nature du « rien » qui se trouve au fondement du partage.

La référence finale à la *Deckungsstelle* appelle un mot de commentaire. La traduction courante par « coïncidence » est, sans doute, lexicalement correcte, car ce terme appartient bien à la langue de la géométrie : *die Figuren decken sich*, « les figures sont superposables ». Mais d'un autre côté, en langage militaire, *Deckung* signifie le « couvert » (*Schutzdeckung* = abri). Ce qui renvoie au *Deckerinnerung*, « souvenir de couverture », et fait entendre que la partie ne se joue pas ici au niveau de la banale « coïncidence », mais met en cause, d'une façon qui reste à éclairer, un « abri », un « gîte », que Freud postule commun aux deux *Ich* pour rendre compte du phénomène de la crise collective d'hystérie. Telle est l'interprétation que nous proposons pour relire sous un jour nouveau la célèbre saynète du pensionnat[1].

C'est quand on ne les a pas lues
que les lettres ont le plus de sens,
pour quoi les poètes les gardent sans les ouvrir

L'idylle de l'héroïne principale est d'emblée présentée comme « secrète ». Ce détail donne la clef du drame au moment où intervient la péripétie qui va nouer l'action : la réception de la lettre. Le ressort déterminant de l'épisode est en effet que cette lettre, à l'instar de ce qui se passe dans la célèbre nouvelle de Poe, n'a été lue par aucune de celles qui vont reprendre la crise d'hystérie à leur compte. Ainsi le nouage de l'action dramatique s'accomplit-il quand le caractère *caché* de la relation amoureuse s'incarne dans

1. L'analyse de Freud ne doit pas faire méconnaître la dimension « clinique » de la scène du pensionnat, dont la matrice structurelle est déterminée, vingt-cinq ans plus tôt dans « L'esquisse » (*La Naissance de la psychanalyse, op. cit.*), qui établit la fonction de la « valeur d'imitation » et de la « valeur de compassion » (p. 339), avant que la mise en place du système signifiant ne permette au sujet de faire l'économie de la décharge motrice. Le phénomène de contagion collective trahit donc une régression à un mode archaïque de relation à l'Autre, quand le sujet prend un rôle pour s'approprier l'intimité de l'Autre afin de fonder sa propre intimité.

une lettre *cachetée*, par où celle-ci se réalise comme signifiant.

De fait, une lettre, saisie en tant que message, se trouve vite réduite à la bêtise de son énoncé. Mais les choses sont différentes tant que la lettre n'est pas ouverte, car le cachet qui la scelle la maintient dans le registre virtuel de l'énonciation. Préservée de la chute plate dans le réseau des significations, la Lettre (qui gagne alors son droit à la majuscule) démontre sa puissance à détenir la possibilité de tous les sens et incarne à ce moment le symbole phallique **Φ**, advenu au site du « représentant de la représentation ». C'est ce caractère essentiel de la Lettre, perdu aussitôt qu'elle se trouve ravalée au message qu'elle détient, que traduit une confidence de Rilke à Lou Andreas-Salomé.

Le poète, ayant reçu une lettre de sa maîtresse, lui répond sans la décacheter : « Les postes italiennes ont beaucoup de retard : j'attendais ta lettre avec impatience. Je la reçois aujourd'hui. Et pour te répondre, je ne l'ouvre pas. » Le choix de Rilke démontre que lorsqu'on répond à une lettre qu'on n'a pas lue, on s'adresse à la liberté absolue de l'aimée, au point de virtualité où elle se constitue comme désir pur, c'est-à-dire au point d'être où la femme se fonde de la perte du signifiant primordial originairement oublié pour fixer la pulsion. Le poète, à ce moment, en s'adressant à sa maîtresse en tant que pur désirant, l'arrache au champ de l'imaginaire, où s'enlisent tôt ou tard les amours ordinaires, pour l'installer à la place où se tient l'Autre du langage, qui, au nom de la barre qui le frappe, propose au sujet humain les virtualités offertes par le trésor des signifiants. C'est ce statut de la Lettre qui donne la raison de l'identification hystérique par le symptôme.

Au moment où les jeunes filles, toujours à l'affût d'une idylle secrète chez une camarade, surprennent la réception de la lettre, celle-ci advient, on le comprend à présent, pour incarner le signifiant du désir caché de l'héroïne, c'est-à-dire le signifiant **Φ**, signifiant de la virtualité de tous les signifiants. Cette fonction particulière rend compte du phénomène de contagion qui resterait, sans cela, énigmatique.

Où l'on apprend à distinguer le signe et l'insigne

En effet, que le symptôme, récupéré par les camarades de l'héroïne puisse être tenu pour l'indice *(Anzeichen)*, qui désigne un « lieu de couverture », une « cachette » commune aux divers *Ich*, implique que l'identification ici ne s'effectue pas selon le mode ordinaire de l'identification hystérique par le « trait unaire » *(Einziger Zug)*, dont l'exemple de Dora copiant la toux de son père constitue le paradigme. Dans ce dernier cas, la jeune fille prélève sur l'objet aimé un trait qui est un signe imaginaire facile à circonscrire pour l'analyste et qu'elle s'approprie, en conséquence de quoi elle *est* le père. Sur le même modèle, dans un pensionnat, *une* jeune fille, jalouse d'une camarade qui aurait une relation amoureuse avec un homme pour lequel elle aurait elle-même de l'attirance, pourrait lui « piquer » un trait (sa façon de se coiffer ou tel geste machinal très « chic » qui lui serait propre) qu'elle élèverait à la fonction de *chiffre de séduction*, c'est-à-dire de talisman supposé donner le pouvoir sur le désir de l'homme, fin ultime de l'opération. L'identification dans la crise d'hystérie collective est d'une autre nature.

Dans ce cas, le désir de l'homme en jeu dans l'affaire (l'amoureux secret, auteur de la lettre) compte royalement pour rien. Les jeunes filles du pensionnat ne récupèrent pas, comme dans le cas précédent, un signe *(Zeichen)*, mais un insigne *(Anzeichen)*, ayant valeur d'*indice* et ne valant que par ce qu'il *dé-signe*. Et ce qu'il désigne est impossible à signifier. En effet, apprendre de la bouche de Freud qu'il est de la nature de ce *dé-signé* d'être maintenu refoulé nous confirme qu'il s'agit du signifiant primordial, perdu au lieu de couverture inviolable *(Deckung)* du refoulement originaire et dont le symptôme a pour fonction d'évoquer l'absence. Dans le mode d'identification du troisième type par le symptôme, les jeunes filles visent ainsi, à travers la pantomime qu'elles donnent à voir, ce point imprenable au miroir (Φ).

L'identification par le symptôme révèle le principe de l'échange

S'éclaire alors la nature de cette « disponibilité affective », cette *Gefühlsbereitschaft*, que Freud pose comme condition nécessaire du phénomène. Chez ces adolescentes qu'il nous invite à supposer vierges de toute expérience amoureuse, cette disponibilité n'est que la virtualité pure du désir, celle que va précisément venir faire flamber la lettre, en tant que figure imaginaire du signifiant de toutes les virtualités du sujet, embrasement qui se propage à travers la série des jeunes filles, comme un feu de buisson en buisson, mais qui laisse ignorer que ce qui nourrit l'incendie en surface, c'est un filon de soufre souterrain qui, caché, traverse le champ des divers *Ich*. Dans l'identification hystérique par le symptôme, les jeunes filles du pensionnat ne visent pas l'objet du désir de l'autre, mais tendent à s'approprier la structure même du désir, le désirant dans l'autre.

Ce principe rend compte de tous les phénomènes de contagion hystérique dont la vie sociale donne chaque jour des témoignages pittoresques, dérisoires ou inquiétants (déchaînement lors de certaines manifestations sportives, jeunesse en transe devant ses idoles, mimétisme des individus à telle grande messe politique), qui révèlent, sous le masque ou la caricature, que la loi des échanges s'accomplit toujours autour d'un « rien » qui recouvre le signifiant phallique.

Cette conclusion permet de montrer que le procès de la double négativité trouve son accomplissement, au cours des trois identifications distinguées par Freud, comme temps logiques de la genèse du sujet.

Identifications et double négativité

A l'origine du sujet, Freud situe un premier type d'identification au père, qualifiée d'« exquisement virile », qu'il définit d'une formule simple : « L'enfant prend le père pour son idéal. » Cette identification est en fait l'incorporation de l'image « choisie » du père, ce que nous éclairerons d'une page de Baudelaire : « Un de mes amis me disait un jour qu'étant fort petit, il assistait à la toilette de son père, et qu'alors il contemplait, avec une stupeur mêlée de délices, les muscles de ses bras, les dégradations de couleurs de la peau nuancée de rose et de jaune, et le réseau bleuâtre des veines. [...] Ai-je besoin de dire que cet enfant est aujourd'hui un peintre célèbre[1]. » L'enfant est ici placé devant un monde de pures formes, de pures sensations, qui lui restitue les « délices[2] » du narcissisme primordial, l'image du père lui offrant la *réelisation* de son idéal, dans une jouissance esthétique qui renvoie le sujet à un temps où la question de la coupure ne se posait pas. Vision d'avant tout refoulement qui complète l'enfant totalement, ce que seul le Beau, plus tard, pourra évoquer[3]. Cette identification à un *Urbild*[4] du père est à rapporter à un temps où le sujet se constitue comme Idéal et Un dans le registre d'un narcissisme absolu et d'une jouissance inentamée, affirmant sa volonté de maintenir son *Real Ich*, sous la forme d'un *Lust Ich* que rien ne viendrait écorner[5]. Nous avons posé ce temps du réel à l'origine du sujet, comme condition de la mise en place de l'opération de la double négativité.

1. Baudelaire, *Le Peintre de la vie moderne*, III, *L'Artiste, homme du monde, hommes des foules et enfant* (Paris, Livre de poche, 1992, p. 377).
2. Ce terme renvoyant, bien entendu, à l'« exquisité » dont parle Freud.
3. Pour quoi Baudelaire dans le même texte cite la sentence de Stendhal : « Le Beau n'est que la promesse du bonheur. »
4. C'est le terme employé par Freud, lorsqu'il décrit cette opération, à travers son précipité clinique, révélé par la cure de l'Homme aux loups (Freud, « Extrait de l'histoire d'une névrose infantile », *Cinq Psychanalyses*, *op. cit.*, p. 333, 341).
5. Cette lecture de la première identification freudienne sera reprise et complétée dans la troisième partie (cf. chap. II, p. 227-228).

La deuxième identification par le « trait unaire » montre comment, sur fond de ce narcissisme parfait, le sujet est introduit au symbolique, en prélevant un trait sur l'objet au lieu de l'incorporer tout entier sur le mode cannibalique. Au terme d'un procès de double négativité dont nous reconstituerons l'effectuation en étudiant le destin d'Alceste, l'unicité *(Einzigkeit)* advient à la place de l'unité *(Einheit)*[1], et le trait de l'idéal du moi se substitue à l'Idéal, consacrant par sa réitération la forclusion originaire du sujet. Mais cette opération ne boucle pas la causation du sujet ni ne suffit à l'introduire au monde du partage et de l'échange.

Il ressort en effet de l'analyse par Freud du troisième mode d'identification qu'un troisième temps logique est nécessaire pour que le sujet soit introduit à la communauté des hommes, fût-ce sous la forme, à première vue déconcertante, d'une crise d'hystérie collective advenue dans un pensionnat de jeunes filles.

Si l'identification par le trait unaire marque l'introduction du sujet au symbolique et le conduit au point de virtualité « pure » du désir où gîte le signifiant phallique (**Φ**), il reste à celui-ci une étape à accomplir pour advenir à l'espace du partage : celle où un objet du monde, n'importe lequel, est appelé comme figure de **Φ**, pour soutenir dans le semblant le système des échanges. A partir de quoi, il pourra aller avec d'autres à la messe, au meeting, à la chasse ou au foot.

Mais quelle est donc la nature du semblant, convoqué dans l'opération, auquel le symptôme donne forme dans la crise du pensionnat ?

1. Lacan, Séminaire IX, « L'identification », séance du 21 février 1962 (inédit).

III. Le « pur » symbolique

Le théâtre nô et la comédie de l'hystérique

Les témoins de scènes de contagion hystérique sont restés longtemps interdits devant elles. Le célèbre cas des possédées de Loudun garde peut-être aujourd'hui encore après nos explications une part de son mystère. Il convient donc de mieux préciser la nature du spectacle que les jeunes filles du pensionnat donnent à voir, dont la théâtralité paraît si factice à un tiers qu'il n'y voit souvent qu'une forme d'expression de sentiments parodique ou caricaturale.

Cette dramatisation rejoint celle du théâtre japonais, où la scansion des gestes, la suspension du mouvement, la pétrification intermittente des personnages, la gutturalité des intonations déroutent de la même façon si souvent les Occidentaux instruits, depuis Boileau, à ne pas quitter la nature d'un pas et pour lesquels la référence au symbolique est à peu près perdue. Cette dramaturgie permet de comprendre que les modes d'expression affective démontrés par les jeunes filles, qui nous paraissent si conventionnels, si dépourvus de contenu et de signification, sont précisément à prendre comme des formes vides, de purs signifiants chargés de *dé-signer* le point asubjectif de l'autre (Φ), impossible à signifier, et qui est le but visé par le procès identificatoire. L'on reconsidérera donc le jugement que l'on serait tenté de porter sur la prétendue comédie de l'hystérique, comme s'il ne convenait pas de prendre au sérieux ses singeries.

En réalité, la « comédie » hystérique, en produisant une mimique vide de toute signification, découvre le sens à donner à sa facticité manifeste : la pantomime est accomplie, comme l'indique Freud, au point où ces jeunes pensionnaires se réduisent à une « disponibilité affective » *(Gefühlsbereitschaft)*, établie en court-circuit de leur inconscient, sans toucher à l'économie du moi. Ce que confirme ce détail qui ajoute encore au désarroi du spectateur : la crise passée, ces demoiselles retournent à leurs occupations ordinaires sans paraître affectées. D'où cette conclusion inattendue : que la crise hystérique, démontrée par la formation collective du symptôme, présente l'émergence d'un sujet pur, entièrement pris dans l'Autre, advenu dans un espace parfaitement symbolique. D'autres phénomènes de culture permettent de le vérifier.

Pourquoi certaines femmes pleurent à tous les enterrements qui passent

Nous avons tous rencontré de ces femmes qui, à chaque enterrement manifestent les signes de la douleur la plus poignante jusqu'à être prises pour un proche du disparu et recevoir, à ce titre, les marques de sympathie des participants, alors qu'elles vous confieront, l'instant d'après, en s'essuyant les yeux, qu'indifférentes au défunt elles ne comprennent rien à leur émotion, dite alors « nerveuse ». Exaltation dramatique des affects, atonie du sujet, retour au cours normal des choses après la crise : ces signes caractérisent le phénomène de l'identification hystérique comme « réponse » à la *pure perte de l'autre* et éclairent le rite des pleureuses dans certaines cultures.

Ces professionnelles de la douleur ont pour fonction de prendre en charge, sous forme de démonstrations ostentatoires, les manifestations dramatiques fixées par la convention qui doivent sanctionner la disparition d'un être cher. Paraphrasant La Rochefoucauld, l'on avancera que bien des hommes n'auraient jamais connu *les formes* du deuil s'ils n'en avaient pas entendu parler : lorsqu'on perd un être cher, l'on ne sait jamais ce que l'on perd ni à quel titre le disparu occupait pour vous la place vide de la Chose, et, en conséquence, on ne sait comment représenter cette perte. En virant au compte de la communauté (dans nos sociétés, les amis et la famille sont tout à fait aptes à tenir le rôle des pleureuses traditionnelles) les manifestations représentatives de la douleur, le sujet du deuil se trouve, dans une certaine mesure, déchargé du pathos imaginaire attaché à la perte qu'il a subie et peut alors concentrer son énergie sur le travail métapsychologique du deuil qui consiste à défaire, un à un, tous les traits qui constituaient autour de son point d'intimité le disparu comme manque (Φ) pour le sujet.

Ainsi le rituel des pleureuses témoigne-t-il que, si le deuil est impartageable, la communauté peut partager la forme pure de la douleur, la virtualité de la souffrance, désignée, comme la virtualité du désir, par le signifiant du manque (Φ). Le cérémonial japonais des combats de samouraïs dont certains films nous ont conservé le souvenir nous le confirme encore.

Rashomon *ou la célébration du signifiant*

A la fin du séminaire qu'il consacra à l'identification, Lacan faisait état de ce cérémonial, tel que le présente le film *Rashomon* de Kurosawa (1950), en évoquant « ces étranges intermèdes qui soudain suspendent les combattants, qui vont, chacun séparément, faire sur eux-mêmes trois petits tours, faire à je ne sais quel point inconnu de l'espace une paradoxale révérence[1] ». Cette pantomime bien propre à nous dérouter, elle aussi, est un hommage au symbolique.

Pour en comprendre le sens, il convient de prendre en compte que la mort dans la culture orientale ne se confond pas avec la mort imaginaire, telle qu'elle se donne dans nos sociétés – c'est-à-dire avec la mort « idéalisée », exaltée comme représentation, à travers diverses formes de mascarade ou de ritualisation. Ce que présentent les combats des guerriers japonais, ce n'est pas un rituel, mais un cérémonial qui vise hors représentation (et c'est ça qui nous déroute) la mort symbolique. Au moment où le samouraï est confronté à la virtualité de sa mort, ce qui se présente à lui, ce n'est pas de passer en revue les divers objets imaginaires qu'il va peut-

1. Lacan, Séminaire IX, « L'identification », séance du 27 juin 1962 (inédit).

être perdre dans un instant, en sortant de son portefeuille, comme un GI de cinéma, les photos de sa femme, de ses enfants et de son chien, avant d'écraser une larme et de ranger son attirail. L'affrontement avec la mort marque pour le guerrier japonais la minute de vérité, l'instant qui le dépouille soudain (et nous sommes à l'extrême opposé de la scène qui nous présente le GI dans sa tranchée occupé à compulser ses souvenirs) de tous les accidents fortuits de son histoire, pour l'installer au point **Φ**, fondateur de cette histoire, où le signifiant détenteur de toutes ses virtualités avoue qu'il est aussi le signifiant de sa mort. Voilà pourquoi, au moment où la mort réelle convoque son être-pour-la-mort symbolique, le sujet célèbre cet étrange cérémonial par lequel il évoque le signifiant **Φ**, impossible à représenter, à travers cette danse solitaire faite de figures pures, de formes vides, qui, divisant l'espace et scandant le temps, sont seules propres à susciter la présence « eidétique » du signifiant en tant que tel.

Seule peut-être la corrida, dernière évocation du sacrifice, a su conserver, dans nos cultures, le sens de cette adresse au symbolique.

IV. Le dernier sacrifice : la corrida

Corrida et sublimation

La corrida peut être saisie à trois niveaux[1]. Le premier est le niveau où la reçoit le profane, celui qui reste en dehors du *templum* sacré *(pro fanum)* de l'arène. Ce registre est celui du réel imbécile où le spectacle est perçu comme une boucherie. Au deuxième registre, la corrida est appréhendée comme rituel religieux : elle

1. L'inspiration de ce développement sur la corrida est née d'un échange avec B. Salignon.

devient alors la mise en scène, pour la communauté assemblée dans le cercle magique, du meurtre de la bête archaïque, dont la mise à mort depuis le massacre des Centaures est célébrée dans toute l'aire indo-européenne[1]. La corrida se présente alors comme l'incarnation exemplaire du sacrifice fondateur, décrit par Freud dans *Totem et Tabou*, qui signe la « limitation » du père, la barre mise sur sa jouissance et l'instauration de la Loi[2]. A ce moment, la corrida bascule du réel dans l'imaginaire. C'est dans ce registre que s'inscrivent les appréciations des *aficionados*, sensibles à la maîtrise technique des matadors, savante et discrète, imperceptible aux non-initiés.

Le passage de l'imaginaire au symbolique, que nous avons déjà rencontré à propos de l'Eucharistie, peut être repéré au moment où la technique du matador échappe au simple savoir-faire, à la prouesse, à l'exploit[3] et tourne le dos à ce qui relève d'un domptage de la bête et qui ne serait que spectacle hystérisé du sacrifice. La corrida échappe alors à la maîtrise académique et s'élève au rang d'un art, d'une poétique des corps, désignant par là son rapport à la sublimation dont témoigne le matador Luis Francisco Espla, quand il se demande « s'il sera capable [le lendemain dans l'arène] de rééditer le miracle de créer de l'art avec un taureau » – ce qu'il éclaire en comparant sa pratique avec celle du sculpteur : « Mes sentiments envers le taureau sont ceux que je porterais

1. Cf. Georges Dumézil, *Le Problème des Centaures, Étude de mythologie comparée indo-européenne*, Paris, 1929, p. 203-219, et H. Rey-Flaud, *Le Charivari*, Paris, Payot, 1985, p. 22-23.

2. Au fil de l'histoire, la christianisation a greffé ses propres emblèmes sur le rite primitif : les passes inaugurales, effectuées avec une large cape et dites « véroniques », rappellent un moment pathétique de la montée au Golgotha, tandis que les piques portées à la bête commémorent, au titre d'élaboration secondaire, le coup de lance de Longin.

3. Nous écarterons donc ici les conduites de mascarade (tourner ostentatoirement le dos à la bête, poser la main entre ses cornes) qui font certainement partie de la fête tauromachique, mais qui sont étrangères à l'essence du cérémonial. Ce que confirme le fait que quelques puristes aient pu taxer El Cordobes de sacrilège, l'accusant d'avoir par sa pratique « théâtrale » pris parfois la place du taureau, en imaginarisant le statut symbolique de la bête (remarque de B. Salignon).

à n'importe quel support de l'art plastique. Notre relation, de fait, est celle qui unit l'artiste et sa matière. Tu vas comprendre mon attitude en piste. Je ne me trouve jamais en position d'affrontement direct avec le taureau. [...] Ma relation se développe sur le mode de la symbiose. Lui, il est la vigueur, l'énergie, la violence, l'insolence. Moi, je dois donner forme à tout ceci, lui prêter de l'harmonie, de la cadence, rendre, en somme, un sens esthétique aux forces brutes de l'animal[1]. »

L'hommage à das Ding

En fait, si l'art du matador se présente dans notre culture comme un exemple privilégié de sublimation (sur quoi les plus grands artistes ne se sont pas trompés), c'est qu'il nous donne à voir comment s'accomplit le nouage de la pulsion autour du point vide de *das Ding*, dont le matador soutient la figure invisible. Pour quoi, le plus bel éloge qu'il puisse recevoir est de s'entendre dire : « Ce jour-là, il a été sublime : on ne l'a pas vu », car, dans cet instant magique, le matador s'efface, il assure la « présence » de la Chose au moment où il se fait absence pure, pour incarner le point de vide central – tout à la fois, trou noir et foyer incandescent de lumière – qui focalise le monde et que circonscrit, comme un stylet, la corne du taureau[2]. Toutes les passes du matador ont ainsi pour visée de resserrer de plus en plus le nouage sacré entre l'homme et la bête jusqu'à ce que la force vitale de l'animal vienne se diluer et se fondre au point où s'abolissent toutes les virtualités du semblant[3].

1. Extrait de la « Correspondance entre Jacques Duran et Luis Francisco Espla », recueillie dans *Toro*, Paris, Marval Édition, 1994.

2. Le sentiment d'horreur qui s'empare de l'assistance, lorsque le matador est touché par la corne marque, à rebours, le surgissement de la Chose dans le réel.

3. Ce procès de sublimation est reproduit à un second degré dans l'œuvre de Picasso, dont la série consacrée aux corridas tend de plus en plus vers l'épure, jusqu'à ce que la bête ne soit plus finalement figurée que par un trait – *unaire*.

L'art du matador consiste donc à canaliser, à rassembler, à réduire le taureau au point ombilical de *das Ding* où il se tient immobile, pour accomplir ce prodige que le cyclone se résorbe dans l'*oculum* qui lui a donné naissance. Ce qu'il obtient dans les moments de grâce pure, en atteignant une passivité absolue quand il laisse son menton retomber sur sa poitrine comme les *piétà* consentantes à leur douleur[1], quand son bras exténué s'affaisse, s'efface le long de son corps et que la *muleta* tombe à terre comme une voile exsangue. A ce moment, la bête ne rencontre plus que le vide dans lequel elle se perd et s'abolit, tandis que le spectateur est aspiré par le foyer noir de la Chose[2].

La corrida se situe ainsi à l'extrême opposé d'un combat entre l'homme et la bête, d'un domptage d'une violence déchaînée par une force plus grande. C'est pourquoi la mise à mort finale qui vient accomplir le « mistère[3] » doit être dégagée de l'ambiguïté qui pourrait peser sur elle.

La minute de vérité : sens de la mort

Dans cet instant le sens symbolique du cérémonial trouve sa consécration, accomplie dans un retournement imprévu du rituel imaginaire qui commémore, rappelons-le, le meurtre de la bête archaïque et l'instauration de la Loi : en effet, au moment où s'effectue l'ultime figure du ballet tragique exécuté par l'homme et l'animal, celui-ci, capté par le vide, advient lui-même comme incarnation hors semblant de la Chose. D'où il ressort que le « maestro[4] »

1. Notation de Bernard Salignon.
2. En quoi la corrida se définit comme étant une hypnose sans objet (cf. Lacan, *Séminaire XI, Les quatre concepts fondamentaux...*, *op. cit.*, p. 245).
3. Au sens où ce terme désigne dans la dramaturgie médiévale un « ministère » sacré.
4. Ce terme, qui est à référer au maître zen, est le seul dont usent les *aficionados*, à l'exclusion du médiatique « matador » qui est une invitation au contresens sur la corrida (*matar* = tuer).

n'est pas un tueur : au moment où la bête dévitalisée, anéantie, est identifiée à *das Ding*, la mise à mort n'est que la ponctuation qui sanctionne sa transmutation et marque la libération des virtualités de la vie impliquée dans toute mort symbolique.

L'expression « minute de vérité » qui désigne cet instant de transfiguration du taureau découvre alors qu'elle est marquée de la même ambiguïté que la mort à laquelle elle est attachée. Car cette vérité n'est pas celle qui ressort de l'affrontement hégélien ni celle que produit la révélation qui donne, en termes de verdict, le sens dernier d'une histoire. Au contraire, à cette « minute », la communauté rassemblée dans la boucle sacrée est ramenée *in illo tempore*, aux temps primordiaux où le premier signifiant (S_2) est venu marquer, sur le meurtre de la Chose, la seule vérité offerte à l'homme en ce monde, celle des virtualités ouvertes dans le champ du langage, non pour clôturer mais inaugurer l'histoire. La corrida maintient, dans nos sociétés, un des derniers asiles symboliques où se perpétue encore le sacrifice, en péril toutefois d'être réduit par la bêtise du réel ou dévalué par la banalisation de l'imaginaire.

En fait, ce gauchissement du cérémonial s'inscrit dans la faillite du sens du symbolique de notre modernité que traduit, dans la clinique, la crise du pensionnat de jeunes filles rapportée par Freud. En effet, si celle-ci, au niveau de la structure, s'apparente au cérémonial des guerriers japonais, le signifiant phallique s'abîme ici au moment où il est évoqué, renvoyant ces jeunes personnes, après la crise, à leur leçon de piano ou de sciences naturelles. Ainsi, dans notre culture, toujours un « représentant » (le tabac ou la femme) est appelé à la place vide de la Cause, pour introduire la série des « objets » qui vont venir se substituer à l'objet du désir, exprimant une volonté de retour au narcissisme primitif.

V. Le symbolique et le réel

La troisième identification permet un retour à la première

Si la voie de la sagesse (essentiellement orientale) se définit par l'identification au trait symbolique de l'idéal du moi, qui constitue le sujet comme pure négativité, à l'opposé, le troisième mode d'identification répond à la loi selon laquelle les phénomènes de langage expriment une volonté de restaurer le narcissisme perdu : il opère en effet une « positivation par le semblant » en donnant un contenu au trait unaire de l'idéal du moi – et restaure comme *fiction* le temps archaïque *(Urzeit)*, qui était placé sous le signe de la jouissance absolue du Père[1], ainsi que le confirment les effets de « horde », dont la crise des jeunes filles du pensionnat fournit la caricature et qui deviennent patents quand ils prennent corps dans les débordements de certaines manifestations sportives. Au-delà de la variété de ces phénomènes, un caractère reste constant et commun à tous : ils sont produits dans un espace imaginaire, au registre du signifiant.

Ainsi la volonté de refonder la horde primitive ne doit pas faire méconnaître qu'elle s'effectue sous le chef de l'idéal du moi, même si elle suppose une levée de la castration accomplie sur un mode ludique que l'on retrouve dans de nombreuses fêtes carnavalesques ou charivariques qui mettent en scène pêle-mêle la négation de la différence des sexes, la confusion des langues et l'inversion de la Loi[2]. Ce qui démontre que la fonction de sem-

1. Sous la réserve d'indiquer, dès à présent, un point sur lequel nous reviendrons : que cette restauration est le produit d'une bascule *diabolique* qui transmue le père « exquis » de la première identification en père « illimité » de la horde primitive.

2. Cf. Roger Caillois, « Le sacré et la transgression », *L'Homme et le Sacré*, Paris, Gallimard, 1963, p. 152-153.

blant déférée à l'objet du partage (qu'il s'agisse du symptôme des jeunes filles ou de la finale de la Coupe de France) n'est pas remise en cause et que le refoulement originaire reste donc maintenu : la Chose demeure perdue et la fête n'est célébrée qu'en l'honneur de son substitut. Finalement, la jouissance de la fête retombe et chacun, le temps du mirage passé, revient paisiblement à ses occupations et à ses peines après le partage de l'illusion d'un retour aux temps édéniques du premier narcissisme et d'un triomphe sur la mort (« On a gagné ! On a gagné ! »). Fugitif, le phénomène est soumis à l'usure inhérente à tout effet de métaphore et s'inscrit donc bien au champ de l'hystérie.

L'aventure nazie : l'émergence de Φ dans le réel

Mais tout change si l'objet de partage, appelé au lieu de l'idéal du moi (Φ), se pétrifie dans un effet de réel, bloquant le procès métaphorique et faisant surgir hors refoulement la figure *incarnée* du signifiant phallique. Le nazisme présente ainsi la version psychotique de la crise du pensionnat. Il démontre ce qu'il advient lorsque le signifiant phallique (Φ) sort du lieu d'abri *(Deckungsstelle)*, où le refoulement originaire l'avait assigné et fait irruption sur la scène du monde : un objet réel est advenu au point vide de la structure du langage. Les sujets ne sont plus placés sous le chef d'un signifiant qui advient comme « trait unaire » (la deuxième identification) : l'incarnation réelle de Φ dans un objet marque le retour de la première identification, où le Père archaïque incarne l'Idéal.

La division du sujet qui reste maintenue dans l'hypnose et dans la crédulité est abolie, si bien qu'il faut parler ici de fusion dans un objet réel de l'Idéal archaïque ressuscité. Le nazisme avoue alors ce qui le sépare de la saynète produite par les jeunes filles du pensionnat : le cérémonial et le théâtre sont devenus réels.

Cet espace s'oppose crûment à l'univers de pastorale des jeunes filles du pensionnat : le symbolique s'est *réelisé*, si bien que dans ce monde de pierre personne ne copie plus personne. Dans leur volonté de se mettre à la place de leur camarade, les jeunes filles du pensionnat montrent qu'elles veulent être *comme* leur camarade : parce qu'elles s'approprient toutes le même objet (perdu), elles sont toutes *les mêmes*. A l'opposé, dans une foule nazie, il n'y a pas de semblables : les individus sont tous *identiques*. La dimension du « comme », qui supporte les effets de métaphore, a disparu. Les jeunes filles du pensionnat étaient toutes « comme une ». Dans la horde nazie, tout change : il n'y a plus que de l'*Un* et des *communs*.

Partager le partage

La leçon la plus simple de la scène du pensionnat, c'est finalement qu'il ne s'y passe rien : une jeune fille réagit à la lettre de son amoureux par une crise d'hystérie ; instantanément, certaines de ses camarades reproduisent la même crise, sans rien savoir de l'histoire de l'héroïne et du contenu de la lettre. L'identification par le symptôme donne le principe du partage qui fonde les communautés : l'objet du partage n'est « rien » (même si, pour l'ordinaire, il prend le masque de quelque chose), mais ce « rien » n'est pas rien, car il désigne *(anzeichen)* le retrait de la Chose. Par lui le procès du partage s'inscrit dans le champ d'une métaphore primordiale.

La troisième identification donne ainsi la raison de la sagesse hystérique de Sganarelle, moins sublime que celle du maître zen, mais plus économique : appeler *avec d'autres* un objet à la place vide de la Chose et faire courir cet objet comme au jeu du furet. La psychanalyse nous apprend alors que certains hommes sont exclus des terres bienheureuses où Sganarelle fait circuler le tabac. Don Juan, son maître, ne prise pas un pet la prise de ce pétun, juste bon à faire le délice des communs. Alceste, à rebours, enrage de n'avoir point de part au partage et son retrait au désert, qui lève l'énigme de son destin, consacre la faillite du signifiant.

DEUXIÈME PARTIE

L'obsessionnel dans sa cage

CHAPITRE PREMIER

Le « cas » Alceste

I. L'atrabilaire amoureux

L'énigme du « misanthrope »

« L'Alceste de Molière, écrivait Lacan dans un des premiers textes des *Écrits*, n'a cessé d'être un problème pour nos beaux esprits nourris d'"humanités"[1]. » Ce portrait de misanthrope est en effet de nature à dérouter une critique habituée à traiter de personnages plus traditionnels : le ladre, l'hypocrite ou le parvenu. Au premier abord, cette figure pouvait pourtant sembler un bon sujet de comédie, si l'on croit Furetière qui nous apprend que « misanthrope signifie quelquefois simplement bourru, avare, qui ne veut voir personne[2] ».

Mais voilà que bientôt le même Furetière lève inopinément un lièvre inattendu, bien fait pour nous embarrasser, en rapportant une note de Saint-Évremond, selon laquelle « les amitiés violentes qu'on vante si fort [seraient] formées par une *mélancolie noire* qui fait les misanthropes ». Cette apostille nous rappelle le sous-titre

1. Lacan, « Propos sur la causalité psychique », *Écrits*, *op. cit*, p. 173. Cet avis maintenu, treize ans plus tard, dans Séminaire VI, « Le désir et son interprétation » (séance du 18 février 1959), consignera que *Le Misanthrope* présente le même type d'énigme qu'*Hamlet*.

2. Avant d'ajouter : « On appelait misanthropes de petites chaises [...] si étroites qu'il n'y saurait tenir qu'une personne pour dire que le maître est un bourru qui ne veut mener personne avec lui. »

original de la comédie, *L'Atrabilaire amoureux*[1], qui exprime l'intention déclarée de Molière de placer son héros sous le chef de la bile noire, « une des quatre humeurs du corps, la plus pesante et la plus incommode[2] ». Se trouve ainsi restituée au champ de la clinique la « misanthropie » d'un personnage qui proclame haut et fort son « effroyable haine » envers toute l'humanité :

> … Elle est générale et je hais tous les hommes :
> Les uns parce qu'ils sont méchants et malfaisants,
> Les autres pour être aux méchants complaisants
> Et n'avoir pas pour eux ces haines vigoureuses
> Que doit donner le vice aux âmes vertueuses (v. 118-122).

Ces accents répondent assez directement aux manifestations de la « haine mélancolique » dont Cureau de la Chambre trace le tableau clinique dans son traité *Les Caractères des passions* : « On l'a nommée ainsi parce qu'elle procède de cette sorte de mélancolie qui s'appelle atrabile, et qui n'est autre chose que le marc des humeurs naturelles qui se sont brûlées. [...] Elle charge, elle irrite, elle étonne toute la nature et l'âme qui la voit et qui sent continuellement ses désordres, tombe en un chagrin si profond et si opiniâtre qu'il n'y a plus rien qui lui puisse plaire. [...] Tous les hommes lui apparaissent comme autant d'ennemis qu'elle fuit et qu'elle voudrait voir périr ; enfin elle se hait elle-même, et, se dégoûtant de la vie, elle se laisse consumer peu à peu par la tristesse[3]. »

Du coup, chez Alceste, la *noirceur* de l'« humeur », des « accès »

1. Spécifié dans le privilège obtenu le 21 juin 1666.
2. « Des quatre humeurs du corps humain dont un aphorisme du *Regimen sanitatis* de l'École de Salerne résume la série en trois vers : « *Quatuor humores in humano corpore constant :/Sanguis cum cholera, phlegma, melancholia./Terra melancolia, aqua phlegma, aer sanguis, cholera ignis* », la mélancolie ou bile noire (μέλαινα χολη) est celle dont le désordre peut entraîner les conséquences les plus néfastes » (Giorgio Agamben, *Stanze*, *op. cit.*, p. 34).
3. Cureau de la Chambre, *Les Caractères des passions*, deuxième partie, t. III (1659), p. 97, cité par René Jasinski, *Molière et le Misanthrope*, Paris, Nizet, 1971, p. 127-128.

(v. 98), du « chagrin[1] » (v. 1584), et la « bile [à tout propos] assemblée en son cœur[2] » (v. 449) apparaissent comme autant de symptômes de cette « maladie » qu'évoque Philinte au début de la pièce (v. 105) et qui semble faire du vertueux héros un cas pathologique. Après l'Alceste janséniste et l'Alceste romantique, voici l'Alceste mélancolique de René Jasinski, qui retrace l'itinéraire douloureux d'un caractère neurasthénique sombrant progressivement dans un délire paranoïaque : « De là [c'est-à-dire de ce fond mélancolique], il n'est pas loin au délire de la persécution : Alceste paraît près de franchir le pas[3]. »

Le « cas » Alceste

Ces diagnostics de salon pourraient prêter à sourire, s'ils n'avaient, a-t-on cru, reçu, à un moment, la caution de Lacan[4] qui écrit : « Alceste est fou et Molière le montre comme tel – très justement en ceci que dans sa belle âme il ne reconnaît pas qu'il concourt lui-même au désordre contre lequel il s'insurge[5]. » La violence universelle que le personnage déchaîne contre le monde confirme que « ce n'est rien d'autre que le *kakon* de son propre être que l'aliéné cherche à atteindre dans l'objet qu'il frappe ». Ainsi, dans la scène du sonnet, où « les propos de furieux qu'il

1. *Chagrin* : « inquiétude, ennui, mélancolie », commente Furetière, qui ajoute : « Un esprit chagrin et mélancolique se forme d'ordinaire des idées tristes et affreuses de ses devoirs. » Ce terme, qui a donc une coloration clinique marquée, revient constamment tout au long de la pièce, tour à tour, « brusque » (v. 6), « profond » (v. 91), « sauvage » (v. 97), « noir » (v. 1584), « bourru » (v. 1690). Cf. encore v. 685, 688, 1094, 1186, 1521.

2. La bile, « échauffée » (v. 90), « assemblée » (v. 449), opposée au flegme (v. 166), est une autre référence importante de la complexion du « misanthrope ».

3. Jasinski (*op. cit.*, p. 130) fonde son opinion sur cette remarque anodine de Philinte : « Et votre esprit jaloux prend parfois des chimères » (v. 1233).

4. Fin connaisseur du *Misanthrope*, ainsi que l'atteste, en dehors des références déjà citées, la pénétrante analyse de la tirade d'Eliante présentée dans Séminaire IX, « L'identification », séance du 28 mars 1962 (inédit).

5. Lacan, *Écrits, op. cit.*, p. 173.

tient alors [contre Oronte] trahissent manifestement qu'il cherche à se frapper lui-même ». Et Lacan de conclure : « Aussi bien chaque fois qu'un de [ces] contrecoups lui montrera qu'il y est parvenu, il en subira l'effet avec délices [1]. »

Cette page de Lacan s'éclaire d'un jour nouveau quand on la confronte à un texte, postérieur de quelques années, puisqu'il s'agit du *Séminaire II*, qui reprend la question de la *folie paranoïaque*, en la référant, cette fois, à la structure obsessionnelle. Réfutant la thèse qui imagine que « l'abîme perpétuellement côtoyé dans la cure de la névrose obsessionnelle, c'est la psychose », Lacan interroge : « Mettons les points sur les *i* – qu'est-ce que ce fou ? [il s'agit donc de l'obsessionnel]. » A quoi il répond : « C'est un fou qui se maintient à distance de sa folie, c'est-à-dire de la plus grande perturbation imaginaire qui soit [2]. » Soyons plus clair encore : l'obsessionnel est un fou qui n'est pas psychotique. Lacan ne dit pas : « C'est un fou qui se maintient à distance de *la* folie », ce qui eût pu laisser entendre que l'obsession était une défense contre *la folie*, c'est-à-dire la psychose. Le possessif donne son sens au diagnostic final pour rendre compte de ses conduites *délirantes* [3] : « C'est un fou paranoïaque », c'est-à-dire un personnage, emporté par une « folie paranoïaque », qui ne relève pas de *la psychose paranoïaque* [4]. Lacan récuse ainsi la thèse d'une menace

1. Lacan, *Écrits, op. cit.*, p. 175. On rapprochera ce jugement de « l'âpre satisfaction de voir réalisées ses prévisions pessimistes », dont fait état Jasinski (*op. cit.*, p. 130).

2. Lacan, *Séminaire II, Le moi dans la théorie de Freud et dans la technique de la psychanalyse*, Paris, Le Seuil, « Champ freudien », 1978, p. 283.

3. A prendre au sens de l'allemand *Wahnsinn* – terme par lequel Freud qualifie la comédie délirante du remboursement postal de l'Homme aux rats.

4. Ce que ratifie la phrase suivante : « Dire que la folie est la plus grande perturbation imaginaire comme telle ne définit pas toutes les formes de folie – je parle du délire et de la paranoïa. » Pour préciser la nuance entre « phénomène » et « structure », nous citerons encore ce passage de Lacan, référé à l'hallucination du doigt coupé de l'Homme aux loups enfant : « Le sujet n'est pas du tout psychotique ; il a seulement une hallucination. Il pourra être psychotique plus tard. [...] A ce moment de son enfance, rien ne permet de le classer comme un schizophrène, mais il s'agit bien d'un phénomène de psychose » (Lacan, *Séminaire I, Les écrits techniques de Freud*, Paris, Le Seuil, « Champ freudien », 1975, p. 70).

de « désintégration imaginaire du moi » derrière les résistances du névrosé, en soulignant que tout démontre « la solidité de l'équilibre » d'un sujet « plus difficile à culbuter » qu'aucun autre. Cette page précise donc celle des *Écrits* et en donne la clef[1].

Sans doute, Alceste est-il fou, « [car] c'est une folie à nulle autre seconde/de vouloir se mêler de corriger le monde » (v. 157-158)[2]. Il ne prétend pas toutefois comme le paranoïaque fonder un monde nouveau sur la ruine de l'ancien, peuplé d'« ombres d'hommes bâclés à la six-quatre-deux[3] ». Il est un restaurateur qui entend rétablir une loi à ses yeux dégradée, au nom d'un passé mythique qu'il entretient comme un rêve. Au nom des « vieux âges », il se déchaîne contre les « mœurs du temps » (v. 145, 154). Alceste, pour subvertir une société à laquelle il appartient, avoue ainsi qu'il a été bel et bien introduit à la loi phallique qu'il conteste. Ce qui l'inscrit sans ambages au registre de la névrose et plus précisément au registre de la névrose obsessionnelle, comme Lacan nous invite à le faire.

Mais ce résultat à peine enregistré, nous limiterons aussitôt sa portée, en indiquant qu'il n'a de pertinence que référé à un « malade » que nous qualifierons d'« imaginaire », puisque son existence est de pure fiction. Si bien que notre diagnostic ne détermine,

1. A l'appui de quoi, nous apporterons encore comme confirmation complémentaire cet *abstract* d'une intervention faite par Lacan à la Société psychanalytique de Paris, le 18 février 1935, au cours de la discussion d'un cas présenté par le Dr. Schiff : « [Le Dr. Lacan] croit aussi à la valeur déclenchante de l'incident apparemment absurde [la patiente avait causé la mort de sa tante à la suite d'une fausse manœuvre dans l'utilisation d'un stylo lacrymogène qu'elle lui avait offert]. Tel était bien le cas dans le crime des deux sœurs Papin, qui avaient massacré leur patronne à propos d'une petite panne d'électricité. Cette coïncidence d'un événement objectif avec la tension pulsionnelle a une grande valeur. » Et Lacan de poursuivre : « Peut-on, dès lors, dire que la crise est incompréhensible ? Elle l'est pour une idée conventionnelle qu'on s'en fait. Il y a des cas où la réalisation du "kakon" est incompréhensible, d'autres où elle se comprend. Il s'agit donc bien d'une *névrose paranoïaque* [c'est nous qui soulignons], non d'une psychose où l'agression prend la signification d'un effort pour rompre le cercle magique, l'oppression du monde extérieur » (propos recueillis dans *La Revue française de psychanalyse*, t. 8, n° 4, 1935, p. 690).

2. Remarques qui s'adressent à toutes les lectures psychiatro-critiques qui, sous le couvert de l'érudition, font aujourd'hui *florès*.

3. Cf. la célèbre défense d'Alceste présentée dans la *Lettre à M. d'Alembert*.

en réalité, qu'une structure de discours, au sens où ce terme désigne un mathème qui fixe le rapport du sujet à l'Autre. Ce principe préliminaire, méconnu par la « psychanalyse appliquée », rappelle que le texte littéraire n'a jamais pour projet la peinture d'un cas, mais désigne ce qu'il y a d'essentielle *malé-diction* dans la nature de l'homme[1]. Ce qui interdit de confondre Alceste et Rousseau[2].

La « folie » littéraire

Quand Rousseau, en ouverture des *Confessions*, énonce la maxime qui fonde son projet d'écriture : « Je veux montrer à mes semblables un homme dans toute la vérité de la nature », et poursuit à l'adresse de l'Être éternel : « J'ai dévoilé mon intérieur tel que tu l'as vu toi-même », il découvre, comme symptôme, les indices de la paranoïa dans laquelle il allait s'enfoncer. En revanche, lorsque Alceste, au début de la comédie, érige en règle universelle l'exigence imposée à chacun de « ne jamais trahir son âme » (v. 26), soit l'obligation d'une sincérité absolue qui édicte qu'« en toute rencontre le fond de notre cœur dans nos discours se montre » (v. 69-70), il incarne une « figure » de la condition humaine, en posant un *principe d'action* presque aussitôt démenti – d'abord par l'aveu de sa passion pour Célimène qui est, comme Philinte ne manque pas de le lui faire remarquer[3], la négation même de ce principe, ensuite dans la série de ses reculades devant un fat venu étaler son bel esprit[4]. Ainsi *Le Misanthrope* ne nous présente pas le naufrage d'un

1. « Le monde par vos soins ne se changera pas », dira encore Philinte à son ami (v. 103).

2. *Flüchtig hingemachte Männer*, terme emprunté à la « langue fondamentale » du président Schreber (cf. Freud, *Cinq Psychanalyses*, *op. cit.*, p. 272).

3. Je m'étonne, pour moi, qu'étant, comme il le semble,
Vous et le genre humain si fort brouillés ensemble,
Malgré tout ce qui peut vous le rendre odieux,
Vous ayez pris chez lui ce qui charme vos yeux… (v. 209-212).

4. En fait, cet épisode réitère, en abyme, la contradiction *princeps*, puisqu'il s'agit, comme on sait, d'apprécier la qualité d'un sonnet qui renvoie en miroir

sujet dans le délire[1] (Alceste n'est pas Don Quichotte). Il met en scène la fiction d'un personnage *divisé* entre sa haine du monde et l'incapacité radicale dans laquelle il se trouve de se déprendre de ce monde, entre les idéaux qu'il professe et les faiblesses dont il est pétri. Contradiction que Célimène dénonce avec esprit :

> Et ne faut-il pas bien que Monsieur contredise?
> A la commune voix veut-on qu'il se réduise,
> Et qu'il ne fasse pas éclater en tous lieux
> L'esprit contrariant qu'il a reçu des cieux?
> [...] L'honneur de contredire a pour lui tant de charmes
> Qu'il prend contre lui-même assez souvent les armes ;
> Et ses vrais sentiments sont combattus par lui,
> Aussitôt qu'il le voit dans la bouche d'autrui (v. 669-680).

Cette contradiction fait le fond du personnage et, prenant l'atrabilaire au piège, suscite la montée *crescendo* de sa fureur, en proportion de la mise en évidence de sa division de plus en plus patente au fil de l'action[2]. Ce constat ne saurait rendre compte toutefois de la dimension pathétique qui attribue à Alceste, à côté de Don Juan, une place à part dans le théâtre de Molière et lui confère, au-delà du ridicule, une noblesse[3], dont la nature reste encore voilée. Cette difficulté nous invite à conclure que la contradiction, tournée en dérision par Célimène, en recouvre peut-être une autre plus *essentielle* qui constituerait le drame intime, la tragédie d'Alceste et, au-delà, celle du sujet humain.

à Alceste sa position devant Célimène : « On désespère, alors qu'on espère toujours. »

1. Même dans *Le Malade imaginaire*, où Molière s'avance le plus avant dans cette voie, la destinée tragique d'Argan est, au moment du dénouement, voilée dans le tourbillon de la mascarade charivarique qui l'emporte.

2. Par exemple, après avoir déclaré à Célimène qu'il lui est impossible de rester chez elle en présence des petits marquis et avoir refusé de céder à ses prières, il reçoit d'elle son congé, qui déclenche sa volte-face instantanée et sa demeure.

3. Ainsi que le souligne Eliante :

> Et la sincérité dont son âme se pique
> A quelque chose en soi de noble et d'héroïque... (v. 1165-1166).

La mélancolie à l'époque classique

Nous aurons fait un pas dans la solution de cette énigme en replaçant la « mélancolie », par laquelle Molière définit son héros, dans la tradition classique, qui appréhende, sous ce terme, au-delà d'une entité clinique codifiée, une figure fondamentale de la condition humaine, décrite depuis le Moyen Age pour désigner la relation en impasse qui rattache le sujet à l'objet de son désir.

A l'orée des temps modernes, la gravure célèbre de Dürer, *Melancholia*, représentant un ange noir perdu dans ses rêveries taciturnes, a fixé pour la postérité la figure de cet étrange mal qui, durant des siècles, avait frappé plus durement que la peste les hommes de l'Occident médiéval. A cette maladie de l'âme, particulièrement virulente dans les *claustra* des monastères où elle décimait des générations de clercs, les Pères de l'Église avaient donné le nom d'*acedia*. Les écrits patristiques nous présentent l'*acédie* comme une affection de nature diabolique, qui perturbait les facultés désirantes du patient, lequel tombait abattu dans une morne langueur, ou se trouvait, au contraire, emporté dans des accès de manie érotique qui se déchaînaient quand le soleil brillait à son zénith sous le chef du *démon de midi*. Devant ces hommes devenus fous, égarés dans la quête d'un objet impossible, l'Église avait reconnu la marque du Séducteur, acharné à poursuivre son entreprise originelle de perdition. De fait, « le *recessus* [retrait de tout élan vital qui frappait les moines atteints par le mal] traduisait moins une éclipse du désir que la mise hors d'atteinte de son objet », démontrant que l'*acédie* est « une perversion de la volonté qui veut l'objet, mais non la voie qui y conduit, et qui tout à la fois désire et barre la route à son propre désir[1] ».

1. Notre connaissance de l'*acedia* est largement redevable aux analyses de Giorgio Agamben qui ont mis en lumière l'importance de la mélancolie à l'époque classique, sans faire référence toutefois à l'atrabilaire de Molière (cf. G. Agamben, *Stanze*, *op. cit.*, p. 26).

L'on aura perçu la modernité d'un tableau clinique qui anticipe la découverte freudienne, ainsi que le confirme l'auteur à qui nous empruntons ces lignes : « La psychanalyse paraît rejoindre ici des conclusions fort semblables à celles qu'avait dégagées l'intuition psychologique des Pères de l'Église, dans la mesure où ils concevaient l'*acedia* comme retrait devant un bien qui n'avait pas été perdu, et le désespoir – le plus terrible des enfants d'*acedia* – comme une anticipation de l'inaccomplissement et de la damnation[1]. » Sans doute, la théorie psychanalytique définit-elle aujourd'hui les figures de l'humaine condition en d'autres termes. La cure de l'Homme aux rats a ainsi permis à Freud de ranger sous le chef de la névrose obsessionnelle ce désir en impasse que les Pères de l'Église référaient à l'acédie[2] et que Molière attribue à l'effet de la bile noire. Cette remarque, loin de porter atteinte aux intuitions anciennes, nous invite, au contraire, à les compléter, en déterminant les fondements métapsychologiques des tableaux cliniques de la psychologie classique.

II. La logique de l'obsessionnel

La défaillance du procès de l'idéalisation

La comédie de Molière s'ouvre sur un réquisitoire déchaîné d'Alceste contre les « mœurs du temps » : « Je ne trouve partout que lâche flatterie,/Qu'injustice, intérêt, trahison, fourberie » (v. 93-94), produit, sans doute, sur le mode paranoïaque, mais qui traduit, en réalité, non pas une *Verwerfung* du signifiant phallique, mais, à

1. *Ibid.*, p. 26.
2. « Ainsi s'explique pourquoi Dante *(Purgatoire XVII)* présente l'*acedia* comme une forme singulière d'amour "qui court au bien de façon corrompue" » (G. Agamben, *op. cit.*, p. 32).

rebours, un appel éperdu au Père Idéal[1], lequel exprime logiquement, à son tour, une défaillance de l'idéalisation.

L'idéalisation est un procès métaphorique, soumis à l'effectuation du refoulement originaire, en vertu duquel un objet est élu comme substitut de la Chose, parce qu'un trait de cet objet a reçu « le privilège absurde[2] » de représenter *(vertreten)* le signifiant phallique. La tirade d'Eliante donne la clef de l'échec qui suscite la fureur d'Alceste[3], en rappelant que l'idéalisation advient comme effet du battement de la pulsion qui, faisant tourner la noria du désir, appelle, l'un après l'autre, les objets du semblant susceptibles de soutenir, quelques instants sur la scène du monde, la figure de la Chose. L'idéalisation suppose que le sujet, selon les conventions du théâtre, accepte d'être leurré par les jeux du semblant. Si, au moment de l'assaut, comme le dit Freud dans *Deuil et Mélancolie*, le soldat prend brusquement conscience que l'étendard qu'il brandit est un morceau d'étoffe bariolé, attaché au bout d'un bâton, la mort qui l'attend peut-être lui apparaîtra soudain absurde.

L'idéalisation n'est pas une opération au terme de laquelle un objet ou une valeur pourrait prétendre rivaliser avec la Chose, comme Lacan le rappelle : une voiture idéale, « ce n'est pas un idéal de voiture, ni le rêve de la voiture quand elle est toute seule au garage, c'est [simplement] une vraiment bonne et solide voiture[4] ». Laquelle fera pendant quelque temps, ajouterons-nous, en vertu des pouvoirs de la métaphore, la joie et la fierté de son

1. Lacan, « Subversion du sujet et dialectique du désir », *Écrits*, *op. cit.*, p. 824. Sans équivoque est sur ce point la référence faite par Alceste au « bon roi Henri », figure emblématique du temps où les « pères tous grossiers » savaient goûter la saveur des choses et cultiver les vraies valeurs (v. 390).

2. Expression par laquelle Lacan éclaire la tirade d'Eliante : « Nul privilège dans l'objet, sinon dans cette valeur absurde donnée à chaque trait d'être un privilège » (Séminaire IX, « L'identification », 28 mars 1962, inédit).

3. La pâle est aux jasmins en blancheur comparable ;
La noire à faire peur une brune adorable ;
La maigre a de la taille et de la liberté… (v. 717-730).

4. Lacan, *Séminaire VIII, Le transfert*, Paris, Le Seuil, « Champ freudien », 1991, p. 389.

propriétaire. A rebours, la tristesse éprouvée devant la précarité des objets de ce monde, qu'exprimait à Freud un jeune poète au cours d'une promenade, traduit toujours un refus de la castration et une nostalgie de la Chose, c'est-à-dire l'échec du signifiant à assurer la relance du désir sur le deuil de la première jouissance. Vérité que Freud oppose au poète : « La valeur d'éphémère est au regard du temps une valeur de rareté. La limitation dans la possibilité de la jouissance augmente le prix de celle-ci[1]. »

La méconnaissance de ce principe rend compte de la position subjective d'Alceste telle qu'elle se manifeste sur fond de fureur permanente à travers ses deux traits de caractère dominants : sa passion de la contradiction et sa hantise de la trahison.

La passion de la contradiction et la hantise de la trahison

Le premier trait est mis d'emblée en évidence par Célimène :

> Et ne faut-il pas bien que Monsieur contredise ?
> A la commune voix veut-on qu'il se réduise,
> Et qu'il ne fasse pas éclater en tous lieux
> L'esprit contrariant qu'il a reçu des cieux ? (V. 669-672.)

Mais quel est donc le sens de ce don empoisonné des cieux fait à Alceste ? Simplement ceci : quel que soit le signifiant appelé dans la chaîne, celui-ci se trouve immédiatement disqualifié dans sa prétention à venir « représenter » le signifiant phallique, si bien que tout « dit » (A) suscite automatiquement son « contredit » (A'), découvrant ainsi l'impasse fondamentale de l'obsessionnel qui est d'être renvoyé, comme une balle de ping-pong, entre A et A'. En vertu de la même loi, tout objet qui est proposé au héros se voit immédiatement écarté comme impropre à soutenir la figure indi-

1. Cf. Freud, « L'éphémère destinée », *Résultats, Idées, Problèmes*, I, Paris, PUF, 1984, p. 234.

cible de la Chose ; le mieux qu'il puisse faire est alors de choisir un objet « impossible » qui maintiendra, durant un temps, son désir en asymptote, sauvant ainsi un moment l'espérance de la Chose et retardant le constat de la faillite qui l'attend.

Voilà pourquoi « l'étrange choix » où paraît s'engager le cœur d'Alceste en élisant Célimène (v. 214) répond à la logique d'un caractère marqué du sceau de l'impossible et qui, pour cette raison, n'a rien à faire de la « sincère Eliante », ni de la « prude Arsinoé », pas plus d'ailleurs que de la frivole, le jour où elle lui dira enfin : oui. Le fond de la revendication exorbitante d'Alceste est de demander toujours autre chose, parce que son exigence est celle de la Chose. En quoi il est toujours déçu, ce qui rend compte du second trait de sa personnalité : sa hantise de la trahison.

La trahison est l'obsession qu'Alceste répercute sur tous les objets du monde[1], et d'abord sur la société dans laquelle il n'aperçoit qu'« injustice, intérêt, trahison, fourberie » (v. 94) et où l'honnête homme doit s'attendre à être « trahi de toutes parts » (v. 1803), aussi bien par les traîtres déclarés (v. 125, 1493, 1495) que par son ami ou son valet (v. 169, 1456, 1463). Mais le champ d'excellence de la trahison est celui où le misanthrope a engagé sa foi, puisque la femme choisie n'a été retenue que pour remplir cette fonction, ainsi que le héros l'énonce clairement : « Je veux voir jusqu'au bout quel sera votre cœur/Et si de me trahir il aura la noirceur » (1420)[2]. Et comment ne se sentirait-il pas trahi, celui qui fut un jour l'*élu* qui reçut la promesse de la Chose en regard de laquelle toutes les compensations offertes par le signifiant apparaîtront comme autant d'insultes à ses privilèges ?

Ainsi l'amertume du misanthrope est-elle celle d'un prince en exil. Constat qui se redouble et se ferme, quand on découvre que

1. Vingt occurrences scandent cette obsession au long de la pièce : l'appellation de « traître » est par lui généreusement attribuée sans distinction aux hommes, à son valet Dubois, à sa maîtresse.

2. Ainsi la relation d'Alceste à Célimène décline-t-elle les diverses variations de la trahison à partir du qualificatif qu'il donne à sa belle (v. 1415, 1747), à ses charmes (v. 1320), à toute sa conduite (v. 1228, 1235, 1250, 1288, 1306).

c'est d'abord par sa propre image qu'il est, en permanence, désapproprié de ses objets.

L'atrabilaire et son double

Que l'image narcissique soit, chez Alceste, « le déversoir de la plus intime agressivité[1] », c'est bien ce que désigne la pointe de Célimène, déjà citée, « qu'il prend contre lui-même assez souvent les armes » (v. 678). La relation de l'atrabilaire à son moi est la même que celle qu'entretient Sosie à son double[2] et « la fondamentale agressivité que [l'obsessionnel] disperse et réfracte sur le monde et qui structure toutes ses relations objectales[3] » n'est que la monnaie de la haine primordiale qu'il voue à cet imposteur, car, dans son cas, « la destruction de l'Autre est exactement la même chose que la destruction de lui-même[4] ». De fait, insiste Lacan, le sujet « est toujours [ici] frustré de tout par avance. [Car] plus il s'accorde de choses, plus c'est à l'autre, à ce mort [qu'est son moi] qu'il les accorde, et il se retrouve éternellement privé de toute jouissance de la chose[5] ». Ainsi, chez Alceste, l'« effroyable haine » qu'il projette sur tout l'univers[6] n'est que le retournement de l'*invidia* qu'il éprouve à l'endroit de cet intrus venu *in principio* lui ravir ses premiers biens[7].

1. Lacan, « Subversion du sujet et dialectique du désir », *Écrits, op. cit.*, p. 809.
2. « Sosie, c'est le moi [...] La première fois que le moi apparaît, il rencontre moi. Et qui moi ? Moi, qui te fous dehors. [...] Le sort du moi, de par sa nature même, est de trouver toujours en face de lui son reflet qui le dépossède de tout ce qu'il veut atteindre. Cette sorte d'ombre, qui est à la fois rival, maître, esclave à l'occasion, le sépare essentiellement de ce dont il s'agit, à savoir la reconnaissance de son désir » (Lacan, *Séminaire II, Le moi dans la théorie de Freud..., op. cit.*, p. 306-308).
3. *Ibid.*, p. 311.
4. *Ibid.*
5. *Ibid.*, p. 253.
6. Faut-il rappeler que *misanthrope* signifie « qui hait les hommes » ?
7. En ceci le *kakon* qu'il projette sur le monde est bien, sans doute, en dernière analyse le point d'*Unlust* qui fonde chez chacun le « noyau de l'être ». Reste que la haine d'Alceste, adressée à l'Autre, s'avère toutefois justifiée, puisqu'elle impute à cet Autre l'impuissance où il se trouve d'assurer, par le truchement du signifiant, la relève et la métabolisation de ce « mal ».

Mais la difficulté se redouble lorsque la relation au miroir qui rend compte de sa haine découvre qu'elle est également ce qui détermine le choix de son objet d'amour.

« Je ne l'aimerais pas, si je ne croyais l'être » (v. 237) : cette sentence qui pourrait servir de devise au choix narcissique d'objet est ce qui lui a fait retenir une « coquette » comme reflet de ce roi de basse-cour qu'il campe fièrement sous ses rubans verts, en méprisant les adorateurs qui caquettent autour de la belle. La nature narcissique de l'élection se trouve ici vérifiée par ce cri où l'amour, paré des feux de la haine, avoue à découvert qu'il n'est que le renversement sur l'autre de la passion ambiguë que le sujet porte à sa propre image.

> Je voudrais [...] que le Ciel ne vous eût donné rien,
> Que vous n'eussiez ni rang, ni naissance, ni bien,
> Afin que de mon cœur l'éclatant sacrifice
> Vous pût d'un pareil sort réparer l'injustice,
> Et que j'eusse la joie et la gloire en ce jour,
> De vous voir tenir tout des mains de mon amour
> (v. 1425-1432).

Ainsi cette danse devant le miroir, à quoi se réduit sa relation à la femme, a-t-elle pour fin dernière de saisir le signifiant qui fait précisément défaut au miroir, dévoilant, du même coup, la prétention la plus secrète d'Alceste, celle qui met au jour le véritable objet de sa passion : rivaliser avec le phallus.

« Pour la beauté du fait, avoir perdu sa cause »

L'on n'a pas suffisamment dégagé jusqu'ici l'importance du procès d'Alceste, éclipsé par ses démêlés avec Célimène[1]. Il s'agit pourtant d'un élément que le débat inaugural avec Philinte pré-

1. Qui se trouve, comme par hasard, elle-même avec un procès sur les bras (v. 491-492).

sente, à juste titre, comme capital, car, en retraçant la conduite du personnage à l'égard des tribunaux, il détermine le rapport à la Loi d'un sujet qui avoue par sa conduite qu'il a enfilé à l'envers la défroque du paranoïaque dans laquelle il se drape.

L'intention apparente d'Alceste, lorsqu'il refuse, en dépit des recommandations de Philinte, de « visiter les juges » (v. 188), semble en effet de dénoncer au nom de la Justice l'iniquité du système des « lois ». En réalité, à travers ce projet, il soutient la fiction qu'il est donné à l'homme d'accomplir parfaitement la Loi, ce qui n'est que le corrélat du principe qui fonde son rapport au monde : l'adéquation entre le mot et la chose, qu'il manifeste, d'entrée, dans son exigence de sincérité. Mais la duplicité de sa position se redouble encore, quand on découvre que le défi qu'il lance à la méchanceté humaine[1] de « lui faire injustice aux yeux de l'univers » est à entendre comme une dénégation de cette Loi qu'il appelle. Ce que confirme son souhait sarcastique de perdre son procès, « lui en coûtât-il grand-chose » (v. 201) : bien loin d'exprimer, comme on l'a cru[2], la délectation morose procurée par la jouissance de l'échec, ce souhait traduit le prix imaginaire que le héros est prêt à payer pour sa jouissance – soit pour solde de tout compte :

> Ce sont vingt mille francs qu'il m'en pourra coûter,
> Mais pour vingt mille francs, j'aurais droit de pester
> Contre l'iniquité de la nature humaine (v. 1547-1549).

Ainsi, les emblèmes de la Loi dont il se pare (« la raison, son bon droit, l'équité », v. 187) soulignent-ils ce qu'il en est chez lui de faillite de la loi phallique et de dette en souffrance. Que le sujet ici soit disposé à payer pour n'avoir pas à payer résume la relation de l'obsessionnel à la castration de l'Autre qui n'est écrite dans aucun livre. S'il dénonce les lois au nom de la Justice, c'est pour masquer

1. « Je verrai si les hommes seront assez méchants, scélérats et pervers... » (v. 199-200).

2. « Il se plaît aux plus sinistres prévisions, applaudit avec une âpre jouissance à tout ce qui vient l'accabler » (Jasinski, *op. cit.*, p. 135).

sa méconnaissance d'une « loi » à laquelle (et c'est bien là son drame et la raison de sa fureur) il est tout de même assujetti. Il offre ainsi une variante burlesque du paradoxe de saint Christophe[1] : en dénonçant la loi du signifiant à laquelle il est soumis, il essaye de soulever le rocher sur lequel il est assis. « Ceux qui rient de leurs chaînes n'en sont pas plus libres pour autant », rappelait Freud, citant Lessing[2]. Alceste, on le sait, ne rit jamais : la chaîne signifiante qui entrave ses pas déchaîne, au contraire, sa rage, et ses hymnes à la liberté (v. 1806) prennent leur saveur d'être énoncés avec superbe « tandis qu'en ses liens Célimène l'amuse » (v. 218).

En conclusion, le « drame pathétique et dérisoire[3] » d'Alceste illustre comment l'échec de l'introduction manquée au langage représentatif *(Urverdrängung)* réduit l'homme à la condition d'une marionnette furieuse et impuissante, agitée au gré des caprices du signifiant – soit, transposé au registre de la vie amoureuse, *la femme et le pantin*.

III. Le principe du *Misanthrope*

La faiblesse de Narcisse

Le principe de toutes les comédies de Molière est de présenter un « caractère » (au sens que La Bruyère donne à ce terme : un personnage réduit à un trait – l'avarice, l'hypocrisie, la vanité) que l'amour vient, à un moment, faire flamber ou mettre en défaut[4].

1. « Christophe portait le Christ/Le Christ portait le monde entier,/Dis-moi où Christophe/A ce moment-là a mis le pied? » (Freud, « Psychologie des foules et analyse du moi », *Essais de psychanalyse, op. cit.*, 1984, p. 149).

2. Lessing, *Nathan le Sage* (IV, 4), cité par Freud dans *Le Mot d'esprit et ses rapports avec l'inconscient*, Paris, Gallimard, 1970, p. 180.

3. Lacan, « La chose freudienne », *Écrits, op. cit.*, p. 434.

4. Arnolphe, Tartuffe, Monsieur Jourdain, Harpagon, Argan – Don Juan lui-même, un bref instant (IV, 7). Seule la comédie de *George Dandin*, marginale à tant d'égards, fait exception à cette règle.

La singularité du *Misanthrope* tient alors à ceci : le héros ici est un mélancolique, c'est-à-dire un personnage atteint dans ses capacités d'aimer, si bien que l'amour est introduit sur fond de maladie d'amour. Aporie que le sous-titre inscrit d'entrée au fronton de la pièce, *L'atrabilaire amoureux*, à entendre encore : *L'amant de la vérité pris au leurre du semblant*.

La passion d'Alceste pour Célimène n'est pas simplement un accident de parcours intervenu dans le travers du projet essentiel du personnage (comme c'est le cas, par exemple, pour Tartuffe épris d'Elmire). Cet amour signe l'échec du système misanthropique, défendu par le héros, en révélant le point de défaillance phallique qui suffit, à lui seul, à ruiner la certitude paranoïaque que le héros, au début de la pièce, prétend étendre à sa passion elle-même. Ainsi, à la question de Philinte : « Vous croyez être donc aimé d'elle ? », il répond d'abord avec une superbe conviction : « Oui, parbleu, je ne l'aimerais pas, si je ne croyais l'être », mais c'est pour reconnaître presque aussitôt que son « amour pour cette jeune veuve » constitue, en vérité, son « faible[1] » à comprendre ici comme *faible de l'Autre*[2], point de fuite où la Cause s'est perdue, où l'objet agalmatique, imperceptible et fascinant, miroite, lové dans la coupure entre deux signifiants.

« Les doutes sont fâcheux plus que tout autre chose »

Ainsi la confiance ostentatoire d'Alceste couvre-t-elle mal l'angoisse qu'elle réprime, prête à sourdre au premier signal : par exemple, quand une bonne âme vient éveiller ses soupçons sur la fidélité de sa belle et que, bien loin de rejeter l'accusation, il avoue

1. C'est le terme récurrent par lequel tout au long de la pièce il va désigner sa passion : « Je confesse mon faible » (v. 232), « Mon faible est étrange pour vous » (v. 1415). Et encore : « Ah ! que vous savez bien ici contre moi-même,/Perfide vous servir de ma faiblesse extrême » (v. 1381-1382), « Et je vous fais tous deux témoins de ma faiblesse » (v. 1752).

2. Ce que Lacan écrit S (Ⱥ).

son désarroi d'être livré aux « doutes » (v. 1122). Mais le comble, c'est que, la trahison une fois avérée, lui, l'adversaire acharné du semblant, il s'en va supplier Célimène de sauver sa croyance, en le payant de faux-semblants : « Efforcez-vous ici de *paraître* fidèle/Et je m'efforcerai, moi, de vous *croire* telle » (v. 1389-1390). Encore, à ce moment, n'aura-t-il pas touché au terme de sa « passion ». Reste, en effet, à l'homme trahi d'être humilié publiquement, quand sa maîtresse démasquée se voit frappée d'indignité et abandonnée par la bande de ses courtisans et que le héros demeure seul pour tenter, dans un dernier geste dérisoire, de jeter le voile de l'excuse sur cet objet qui, en dépit de l'abjection qui le frappe, conserve toujours pour lui les charmes de la merveille [1].

Pour ces raisons, bien loin de faire montre de la certitude du paranoïaque, ou de trahir, en sens inverse, la complaisance morbide du mélancolique abîmé dans sa déchéance [2], Alceste découvre simplement, à ce moment, comment la femme reçoit dans l'amour la fonction d'enrober l'indignité de l'objet sous les oripeaux du signifiant – en quoi elle excelle, lorsque les jeux de la mascarade laissent transparaître, sous les charmes de la parade, la promesse d'ignominie, toujours attachée à la passion pour l'objet *a* [3].

Ainsi mise en lumière par l'objet qui la focalise, la contradiction essentielle qui constitue le personnage d'Alceste éclaire alors, par

1. Oui, je veux bien, perfide, oublier vos forfaits,
J'en saurai dans mon âme excuser tous les traits,
Et me les *couvrirai* du nom d'une faiblesse
Où le vice du temps porte votre jeunesse… (v. 1757-1760).

2. Sur l'attitude d'Alceste au dénouement face à Philinte et à Eliante : « Vous voyez ce que peut une indigne tendresse/Et je vous fais tous deux témoins de ma faiblesse… » (v. 1751-1756), Jasinski produit ce commentaire déroutant : « Aveu profond, terrible. Alceste ravale son orgueil, mais non par contrition. Perdant tout contrôle, il se laisse aller à une confession publique, ostentatoire, avec la joie trouble de s'abaisser devant les autres, une âpre jouissance à produire sa honte au grand jour ; mieux : à s'ériger en incarnation et symbole de toute la vilenie humaine, à nier et bafouer en lui la prétendue vertu des sages. » Et de conclure en évoquant « le sentiment, l'accent même, dignes d'un héros de Dostoïevski » (*Molière et le Misanthrope*, *op. cit.*, p. 160).

3. Où le génie de Molière anticipe sur les intuitions de Proust, Louÿs, Buñuel, Losey.

contrecoup, le projet qu'il affiche dès le début de la comédie de « fuir dans un désert l'approche des humains » (v. 144)[1].

D'un désert à l'autre

Nous ne croirons pas, en effet, le héros sur parole quand il prétendra justifier son dessein en termes de raison :

> La raison, pour mon bien, veut que je me retire :
> Je n'ai pas sur ma langue un assez grand empire,
> De ce que je dirai je ne répondrai pas,
> Et je me jetterai cent choses sur les bras (v. 1574-1576).

Toute l'action nous a révélé un personnage plus soucieux de sa jouissance que de ses intérêts mondains. Aussi sa volonté de « se tirer du commerce des hommes » (v. 1486) est-elle plutôt à prendre comme effet secondaire de l'ostracisme dont le frappe son exclusion première des jeux du signifiant. Le projet du misanthrope n'est pas celui de l'anachorète. Sa retraite ne traduit pas une volonté de retrait des mirages de la mondanité, sublimés, en son temps, par la Galerie des Glaces. Elle consacre au contraire son enfermement dans la cage de verre de son narcissisme, comme le confirme l'exigence finale qu'il présente à Célimène de s'y retirer avec lui, exigence dont on découvre bientôt qu'elle était, en fait, posée depuis le début, dans le vœu primordial qu'il a toujours nourri à son endroit : à savoir que, réduite à rien, elle lui procure « la joie et la gloire en ce jour/De lui voir tenir tout des mains de son amour » (v. 1434-1432).

Du vœu à la requête se boucle le projet fondamental d'Alceste concernant Célimène, à savoir que son histoire commence et finisse avec lui, tandis que se vérifie la fonction de la femme pour le héros :

1. « Désert, rapporte Furetière, se dit d'une maison, d'une terre en désordre qu'on a négligé d'entretenir en bon état... On le dit en contresens d'un homme qui, aimant la solitude, a fait bâtir quelque jolie maison hors des grands chemins et éloignée du commerce du monde, pour s'y tenir. »

supporter au miroir sa propre image idéalisée. C'est bien l'accomplissement de ce face à face mortifère qui consacre le destin de l'obsessionnel et fait de la retraite où Alceste veut finir ses jours le paradigme de ces espaces mornes, désertés par le signifiant, où le lieutenant Drogo, quatre siècles plus tard, attendra vainement l'arrivée des Tartares[1].

1. Cf. Dino Buzzati, *Le Désert des Tartares*, Livre de poche.

CHAPITRE DEUX

Histoire du singe qui ne savait dire que « A A »

I. Robinson ou la naissance du signifiant

Les embarras du refoulement

En 1924, Freud, embrassant dans une vue cavalière les divers destins échus à la condition humaine, déterminait les trois structures subjectives fondamentales, qui allaient fixer la théorie psychanalytique pour plus d'un demi-siècle : la névrose où le moi « paye tribut » au symptôme, la psychose où il est « marqué par une crevasse » *(zerklüftet)*, la perversion où il est « fendu en deux » *(zerteilt)*, trois destins placés respectivement sous le signe du refoulement, de la forclusion et du déni[1]. Nous sommes aujourd'hui sans doute en mesure de remettre en cause cette trinité canonique et d'interroger plus précisément la nature de ce « paiement au symptôme », corrélé à un échec du refoulement (nous pouvons préciser à présent : originaire) et postulé à l'origine de la névrose.

La mise en évidence du procès de la double négativité, établi par Freud, sous sa forme définitive, un an après le texte que nous venons de citer, dans l'essai sur la dénégation[2], permet d'affirmer

1. Freud, « Névrose et psychose », *Névrose, Psychose et Perversion*, Paris, PUF, 1973, p. 286.
2. Freud, « La négation », *Résultats, Idées, Problèmes*, II, Paris, PUF, 1985, p. 135-139.

que la névrose trouve son origine dans une défaillance de la seconde négativité normalement accomplie dans la perte « originaire » du signifiant primordial (S_2). La détermination opérée par Lacan des deux opérations de l'*aliénation* et de la *séparation* donne les moyens de préciser cette conclusion, quand elle montre, à partir de la clinique de l'obsessionnel, un sujet manifestement introduit au signifiant, c'est-à-dire soumis aux effets de l'aliénation, mais incapable de se déprendre – de *se séparer* – de l'Autre et qui, en conséquence, se présente comme une proie offerte au langage.

Telle est l'hypothèse que nous nous proposons de vérifier au cours de cette deuxième partie et qui présente l'originalité d'arracher l'obsession au champ de la symptomatologie phénoménologique où on la situe ordinairement pour la circonscrire à partir de la structure de langage qui la supporte. A cette fin, pour jalonner notre route, nous présenterons les principes qui président à l'échec de la séparation, soit l'incapacité pour le sujet d'accomplir l'oubli redoublé du signifiant primordial, en quoi consiste l'*Urverdrängung*, en nous référant à deux apologues propres à illustrer le destin singulier advenu dans l'obsession au signifiant S_2.

Robinson revisité

Le premier de ces exemples nous est fourni par Lacan, qui l'introduit dans son séminaire sur l'identification pour illustrer la naissance du signifiant[1]. Il s'agit d'une page des *Aventures de Robinson Crusoé* de Daniel De Foe, qui rapporte la découverte faite par Robinson d'une trace de pas sur le sable de la plage : « Un jour que j'allais à mon canot, je découvris très distinctement sur le sable les marques d'un pied nu d'homme. Je n'eus jamais une plus grande frayeur ; je m'arrêtai tout court, comme frappé de la foudre ou comme si j'eusse eu quelque apparition. Je montais sur une petite éminence pour étendre ma vue, j'en descendis et me dirigeai vers

1. Lacan, Séminaire IX, « L'identification », séance du 24 janvier 1962 (inédit).

le rivage, mais je n'aperçus rien de nouveau, aucun autre vestige d'homme que celui dont j'ai parlé. J'y retournais dans l'espérance que ma crainte n'était peut-être qu'une imagination sans fondement ; mais je revis les mêmes marques d'un pied nu, les orteils, le talon et tous les autres indices d'un pied : je ne savais qu'en conjecturer[1]. »

Sans doute, Lacan avait-il conservé de ses lectures de jeunesse le souvenir d'un héros plus serein[2]. C'est du moins ce qui ressort de la séquence apocryphe qu'il rajoute à l'épisode original, en nous montrant un Robinson attentif à la trace laissée sur la plage et qui, dans cette version inédite, était en train de s'effacer. Pour quoi, se saisissant d'un bâtonnet (ou peut-être simplement tendant la pointe de son index (le remanieur n'est pas très clair sur ce point), le naufragé jusqu'ici solitaire entoura d'un cerne la trace de pas, qui, par la même occasion et pour faire bonne mesure, se trouva attribuée au pied de Vendredi.

On a marché sur la plage

Nous récupérerons à nos fins propres le produit de cette collaboration littéraire improvisée, afin d'illustrer l'opération de la double négativité et de montrer comment la seconde négativité peut, dans certaines circonstances, être mise en échec, quand une défaillance affecte le second temps de son effectuation (la séparation).

Nous lèverons d'abord une ambiguïté préalable, en indiquant que la petite scène, dont nous venons de retracer la genèse, figure assurément la naissance du signifiant, comme l'écrit Lacan, à condition d'entendre : naissance du signifiant primordial, S_2. Et encore convient-il de préciser qu'au moment où se clôture la saynète,

1. Daniel De Foe, *Les Aventures de Robinson Crusoé*, chap. XI.

2. Mais pas plus calme pour autant : « Un pas, une trace, le pas de Vendredi dans l'île de Robinson : émotion, le cœur battant devant cette trace. Tout ceci ne nous apprend rien, même si de ce cœur battant devant cette trace, il résulte tout un piétinement autour de la trace » (Lacan, Séminaire IX, « L'identification », séance du 24 janvier 1962, inédit).

quand Robinson trace son cercle sur le sable, cette venue au monde n'est qu'à moitié accomplie. En effet, pour donner à cette parabole sa conclusion logique attendue, il nous faudra, à notre tour, apporter notre touche personnelle en ajoutant une troisième séquence : une fois son cerne marqué, Robinson s'éloigne, ignorant que la marée montante va effacer derrière lui le cercle qu'il a tracé ; ce n'est en effet que par ce nouvel effacement que le repère qu'il a laissé sur le sable va advenir à la dignité de signifiant, S_2. Se trouverait alors véritablement figurée l'introduction du sujet au symbolique, c'est-à-dire posée la condition logique d'accès à la représentation consacré par le procès de la double négativité.

Ainsi complétée, la parabole du *Robinson* permet de mettre en lumière l'échec particulier de la séparation dans le cas de l'obsessionnel, en montrant que fait ici défaut le temps où s'accomplit l'effacement du cerne.

La première négativité :
une trace de pas en train de s'effacer

Le récit de De Foe pose d'abord l'effectuation de la *première négativité*, lorsqu'il décrit la trace laissée sur le sable par un sujet, en tant que tel exclu (forclos, selon Lacan[1]) de la scène imaginaire du monde : de Vendredi comme réel, il ne saurait être question. Seul reste de ce sujet comme impossible une trace, un signe – un « signe de perception » *(Wahrnehmungszeichen)*, nous dit Freud, qui inscrit comme S_1, l'absence originelle du sujet compté comme – 1. C'est le temps du jugement d'attribution, où ces premiers marquages accomplissent une première symbolisation du sujet en contrepartie des découpes primordiales intervenues sur le *Real Ich*.

La fiction souligne que la première négativité du sujet ne devient effective qu'au moment où la trace de pas sur le sable est en train de s'effacer. Traduit en termes de métapsychologie freudienne, cet

1. Lacan, Séminaire IX, « L'identification », séance du 7 mars 1962 (inédit).

effacement prend son sens du fait que les « signes de perception » sont *écrits* au cours de « frayages » primordiaux, qui ne conservent aucun souvenir de leur écriture. Antérieurs à la constitution de cette mémoire que sera plus tard l'inconscient du sujet, ces « signes » ne seront donc jamais susceptibles de devenir conscients[1]. L'effacement allégorique du pas de Vendredi exprime enfin un dernier caractère de ces « signes » primordiaux : dans le cours du procès générique qui produit l'introduction du sujet au langage, tel que Freud l'expose à son ami Fliess dans la *Lettre 52*[2], les *Wahrnehmungszeichen* sont l'objet d'un refus de « traduction » (on devrait dire : *trans-duction*) d'un registre dans un autre, soit ici du registre du signe à celui du signifiant. *Versagung*, nous dit Freud[3] : « impuissance » rendue patente au moment où Robinson circonscrit une trace en train de s'effacer pour garder seulement la mémoire qu'il y avait là une trace.

C'est pourtant par son impuissance même que le geste de Robinson inaugure le second temps de l'introduction du sujet au langage, celui de la seconde négativité, corrélée à l'advenue *et à la perte* du signifiant primordial, S_2.

Le cerne de Robinson et son effacement : l'accomplissement de la seconde négativité

Ce second temps est marqué par l'intervention de l'Autre symbolique, incarnée dans le geste de Robinson, qui se penche sur la trace effacée du pied de Vendredi pour l'entourer d'un cerne. A ce moment, est introduit le *premier temps* de la seconde négativité, à

1. De fait, ces « traces de souvenir », qui sont de pures inscriptions de jouissance, sont inaccessibles à la conscience et le sujet n'a jamais accès à elles qu'à travers des souvenirs *(Erinnerungen)* constitués (cf. H. Rey-Flaud, *Comment Freud inventa le fétichisme...*, *op. cit.*, p. 257, et G. Le Gaufey, « Représentation freudienne et signifiant lacanien », *Littoral*, n° 14, 1984, p. 43).
2. Freud, *La Naissance de la psychanalyse*, *op. cit.*, 1956, p. 153-160.
3. Freud, *Aus den Anfängen der Psychoanalyse, 1887-1902, Briefe an Wilhelm Fliess*, Francfort-sur-le-Main, S. Fischer Verlag, 1975, p. 152.

partir de laquelle le sujet sera plus tard compté comme (– – 1). Ce premier temps figure à travers le cercle inscrit par Robinson comment advient au lieu de l'Autre (c'est-à-dire au lieu où va se constituer l'inconscient du sujet), un « premier » signifiant (S_2), le « représentant de la représentation », qui vient « recueillir » les signes primitifs oubliés[1]. Ce qu'illustre l'acte de Robinson qui en même temps « lit » et entoure la trace effacée, la parabole s'éclairant ici de ce que les mots « collecte » et « lecture » sont liés par un même étymon *(legere)*, la bascule de sens de l'un à l'autre marquant le ravalement du symbolique à l'imaginaire, manifeste dans la phénoménologie de la névrose. Mais au registre de la fiction où il se déploie, le récit romanesque expose la structure pure du procès de la double négativité qui consacre la perte redoublée du sujet, rendue ici patente quand la trace du pied s'effaçant démontre que Robinson n'a tracé qu'un cercle vide, lui-même bientôt voué à un second effacement, confirmant que le signifiant phallique (Φ) ne se compte que du défaut qui le constitue.

L'apologue de Robinson figure ainsi la naissance du signifiant primordial (S_2) qui boucle l'introduction du sujet au symbolique, en ouvrant l'accès à l'espace de la représentation où les objets du semblant, qui gravitent autour du centre vide où s'est perdu le signifiant primordial, animent sur la scène du monde le théâtre d'ombres où les hommes se divertissent pour continuer à ne pas savoir ensemble qu'ils vont mourir[2].

1. Le geste de Robinson traduit ainsi la prise en charge du sujet deux fois « perdu » par le langage : « C'est quand le pas marqué dans la trace est transformé dans la vocalise de qui le lit en "pas" que ce "pas", à condition qu'on *oublie* qu'il veut dire "le pas", peut servir d'abord dans ce qu'on appelle le phonétisme de l'écriture à représenter "pas", et du même coup à transformer la trace de *pas* éventuellement en *pas* de trace » (Lacan, Séminaire IX, « L'identification », séance du 24 janvier 1962, inédit). En fait, le geste de Robinson (inscription et perte du signifiant primordial, S_2) acquiert son sens d'être muet : la prise en charge *effective* par le langage n'intervient, au temps suivant, qu'avec l'instauration du système représentatif.

2. L'introduction du sujet au langage *représentatif* trouve son illustration, chez Lacan, dans l'exemple du sceau qui vient compléter l'apologue de Robinson : un sceau est un objet deux fois négativé, qui sert, au troisième temps, à produire des fac-similés, qui désignent, comme semblants, le sujet

Nous montrerons que ce billet pour l'imaginaire est soumis au quitus préalable de la double négativité symbolique et que c'est un ratage, une rature advenue dans l'inscription symbolique du signifiant qui fait de l'obsessionnel un éternel clandestin. Mais au point où nous sommes, nous retiendrons surtout de la parabole, retraçant la découverte de Robinson, qui nous a servi d'introduction (plus explicite que la leçon lapidaire des marquages magdaléniens) que la double négativité (– – 1) *s'accomplit en trois temps* (puisque son redoublement est lui-même dédoublé en deux opérations : l'aliénation et la séparation), comme le montrent les trois séquences qui articulent l'épisode : trace du pied de Vendredi en train de s'effacer/marquage du cercle tracé par Robinson/bientôt gommé lui-même par l'écume de la marée. Le défaut du temps de la séparation, nécessaire pour inscrire le retrait de l'Autre, signe à rebours l'échec de l'obsessionnel, que le génie d'Alfred Jarry a immortalisé dans le destin pathétique du singe Bosse-de-Nage, *qui ne savait dire que « A A »*.

---

absent. En fait, le sceau reprend le processus, au point où s'interrompt la parabole précédente : l'on peut en effet imaginer qu'à partir de la trace « cernée » du pied (élevée par là à la dignité de signifiant primordial), un moulage de cette trace sera effectué, à partir duquel l'on pourra obtenir une *reproduction* de cette trace. Ainsi à partir de ce « sceau », en creux, donc négativé (en quoi il est propre à figurer le « représentant de la représentation »), l'on pourra obtenir un *cachet* positivé, cette fois, du pied, c'est-à-dire un semblant du pied réel perdu. C'est ainsi que le moi vient marquer l'avènement dans le monde du sujet originairement exclu (cf. Lacan, Séminaire IX, « L'identification », séance du 7 mars 1962, inédit).

Un schéma simple fait clairement apparaître la logique de ce procès :

pied réel	→	**trace** →	**« mains négatives » cerne tracé par Robinson moulage-sceau**	→	**cachet en forme de pied**
sujet forclos	→	« signe » → de perception	« représentant de la représentation »	→	représentations imaginaires
		S_1 →	S_2	→	S_3, S_4, S_n
			Refoulement originaire		
ESPACE DU SUJET					ESPACE DU MOI

II. Bosse-de-Nage ou l'obsessionnel : l'échec au seuil du symbolique

Où il est question du singe qui ne savait compter que jusqu'à deux

Au chapitre XVIII des *Gestes et Opinions du docteur Faustroll*, où se trouve rapportée la mort du singe Bosse-de-Nage, « lequel ne savait dire de parole humaine que *ha ha* », Jarry énonce sur la singularité oratoire du grand papion, que nous avons retenu comme paradigme de l'obsessionnel, quelques réflexions pataphysiciennes qui projettent une lumière imprévue sur la structure de langage advenue au champ de cette névrose [1].

« A juxtaposé à A, expose Jarry, et y étant sensiblement égal, c'est la formule du principe d'identité : une chose est elle-même... Prononcés assez vite, jusqu'à se confondre, c'est l'idée de l'unité [2]. » Pour quoi le « ha ha ! », tout réitéré qu'il soit, se voit qualifié de « monosyllabe tautologique », dans un paradoxe qui n'est que d'apparence, car la tautologie s'avère ici différente de celles qui nous font dire qu'« un sou est un sou, que la guerre est la guerre et que Paris sera toujours Paris [3] ». Car soutenir que Paris sera toujours Paris, c'est faire entendre que Paris excédera toujours Paris, que le retour du même n'est pas le retour de l'identique, et que si

1. Nous devons la référence de cette page à notre ami Franc Ducros, qui a donné du texte de Jarry une analyse pleine d'humour et de finesse, à laquelle nous sommes largement redevable (cf. F. Ducros, « Singe, singe, singe », *Prévue*, n° 5, 1976, p. 1-18).

2. A. Jarry, *Gestes et Opinions du docteur Faustroll, pataphysicien, Œuvres complètes*, t. I, Paris, Gallimard, « Bibliothèque de la Pléiade », 1972, p. 724. On aura reconnu ici le principe de l'holophrase, dans laquelle deux signifiants, soudés l'un à l'autre, assignent le sujet au registre de la débilité. La suite va nous montrer cependant en quoi l'énoncé tautologique peut préserver, à l'occasion, le sujet (obsessionnel) de la débilité et de la psychose (cf. Lacan, *Séminaire XI, Les quatre concepts fondamentaux*..., *op. cit.*, p. 215).

3. Cf. Lacan, Séminaire IX, « L'identification », séance du 6 décembre 1961 (inédit).

l'on retourne à Paris, c'est pour faire l'expérience de la différence avec le poinçon de la première fois. Mais rien de pareil ne supporte l'énoncé de Bosse-de-Nage, ainsi que nous l'explique Jarry.

« Ce serait un problème compliqué d'étudier si le premier A était cause efficiente du second », s'interroge en effet cet auteur : ce que nous serions, pour notre part, prêts à concéder, sous la réserve d'ajouter qu'il faudrait alors considérer aussi bien le second A comme cause efficiente du premier. Car, deux signifiants, comme le rappelle Lacan, ce n'est rien qu'un « pataquès [1] », dans lequel chacun des deux, renvoyant *simultanément* à l'autre, démontre qu'il est pris, par rapport à lui, dans un jeu de miroir, en vertu duquel il n'y a plus véritablement un sujet et une image qui le singerait, mais bien deux singes, deux signes, face à face, si bien qu'il devient impossible de distinguer qui est le papion de l'autre. Voilà pourquoi chaque singe, chaque signe, se projetant spéculairement dans l'image pétrifiée de l'autre, la relation, accomplie hors temporalité, se suspend et fige le sujet dans l'éternité [2].

Ainsi ce nouveau principe d'identité scelle-t-il l'enfermement du sujet entre deux signes affrontés en singes de faïence, ce qui vaut à ce principe son autre appellation du « tiers exclu », conclusion dont Jarry développe les conséquences.

De la signification du troisième A auquel les singes n'ont pas accès

« Contentons-nous de constater que Bosse-de-Nage, ne proférant d'ordinaire que A A et rien de plus, il n'avait évidemment aucune notion de la Sainte Trinité, ni de toutes les choses triples, ni de l'indéfini qui commence à trois, ni de l'inconditionné, ni de

1. Cf. Lacan, Séminaire IX, « L'identification », séance du 24 janvier 1962 (inédit).

2. Se trouve ainsi vérifié le constat établi par Jarry que « la perception de Bosse-de-Nage était réfractaire à l'idée de progrès, qui implique la figure spirale » – cette figure désignant précisément le point où se perd, au lieu constitutif du maelström du langage, le signifiant Φ (Jarry, *op. cit.*, p. 705).

l'Univers, qui peut être dit le Plusieurs[1]. » Si deux est le chiffre de la désignation et de l'assignation, de cet arrêt sur image que *signe* toujours le face à face létal de l'identique à l'identique, de la signification mimétique où la copie conserve toujours l'intégralité de l'objet, le trois advient alors comme « chiffre » de la coupure, de la différence, de la perte. Telle est du moins la conclusion de Jarry, laquelle nous invite à préciser la nature essentielle de ce chiffre.

L'apologue de Robinson nous donne en fait d'entrée la solution de l'énigme : si le singe du docteur Faustroll avait pu dire : « A A A », il eût tout simplement parlé et il eût été un homme, soumis en tant que tel au principe de double négativité. Que Bosse-de-Nage soit pour sa part réduit à ne proférer que « A A » traduit donc qu'il a été introduit à la première négativité et au premier temps de la seconde, marqué par l'advenue du signifiant primordial (S_2), mais qu'il est resté en souffrance devant l'accomplissement du second temps où s'effectue *normalement* la perte de ce signifiant. Demi-échec qui trouvera plus tard son expression, en découvrant un sujet « aliéné » au langage et incapable de s'en « séparer ». Cette conclusion a pour corollaire que le singe a été conduit au seuil du symbolique, qu'il paraît même perpétuellement sur le point de franchir cette limite, sans parvenir jamais cependant à faire ce dernier pas[2].

Ainsi l'idiotie manifeste du singe traduit-elle un premier pas vers l'humanité, car le phonème redoublé suppose toujours la virtualité du troisième A, qui consacrerait le refoulement originaire du signifiant S_2 et introduirait Bosse-de-Nage et ses « pareils » à l'espace représentatif de l'« indéfini » et de l'« inconditionné », où Sganarelle fait circuler le tabac. L'échec du troisième A signe ainsi l'exclusion des singes du monde de la culture.

1. *Ibid.*

2. « "Ha ha", dit Bosse-de-Nage, déchargeant l'as sur le trottoir, mais il n'ajouta, pour cette fois, rien d'autre. [...] "Ha ha", dit Bosse-de-Nage, réveillé soudain ; puis il s'enferma dans un mutisme obstiné. [...] "Ha ha", dit-il compendieusement ; et il ne se perdit point dans des considérations plus amples. [...] "Ha ha", dit Bosse-de-Nage, sans plus de commentaires. [...] "Ha ha", grogna celui-ci pour exprimer sa fureur, mais il se souvint de son serment [etc.] » (cité par Ducros, *op. cit.*, p. 14).

Où l'on apprend pourquoi la pisse-au-tiers se trouve au fondement de la culture

Partant du principe, partagé par Don Juan, que « les nombres sont la seule chose existante[1] », Jarry établit en effet que le défaut du chiffre 3 chez Bosse-de-Nage rend compte de son retranchement de la civilisation, placée sous le signe de l'échange et du partage : « Et dans sa vie publique, il ne comprit jamais l'usage, sur les boulevards, de kiosques de fer dont le nom vulgaire dérive de ce qu'ils sont divisés en trois prismes triangulaires et qu'on n'en peut utiliser à la fois qu'un tiers[2]. » Ainsi la « pisse-au-tiers » est-elle le monument élevé pour consacrer le principe symbolique du *tiers inclus*, la désignation du phallus dans ce *templum* emblématique s'imposant de ce que la célébration pénienne qui s'y accomplit soit placée sous le chef du chiffre 3 (Jarry précise que la « pisse-au-tiers » est commutable en la Sainte Trinité[3]), les trois brins orgasmiques qui la composent étant le nombre minimal exigible pour *tresser* une communauté. Si bien que ces édicules se dressent sur la voie publique pour commémorer dans nos sociétés le rôle civilisateur du symbole Φ. L'érotisme urétral, que Freud réfère à la conquête du feu, donc à la naissance de la culture[4], confirme ainsi qu'il est au fondement des premières communautés humaines, tandis que la race des singes avoue *a contrario* qu'elle reste consignée au stade anal, comme en témoigne le nom du grand papion du docteur Faustroll.

Nous avons jusqu'ici négligé d'expliciter le nom du singe Bosse-de-Nage qu'il convient d'éclairer, en indiquant que « *Nage* est pris avec le sens qu'il a en ancien français : *fesse*[5] », sémantisme qui

1. Jarry, *op. cit.*, p. 705.
2. *Ibid.*
3. Cf. Ducros, *op. cit.*, p. 6.
4. Freud, « Zur Gewinnung des Feuers », *GW*, t. XVI, p. 1-9.
5. Ainsi que le rappelle l'éditeur de Jarry dans la « Bibliothèque de la Pléiade », M. Arrivé, cité par Ducros, *op. cit.*, p. 2.

trouve sa raison dans la singularité psycho-anatomique qui affectait le héros de cette histoire et qui consacre son destin : « La callosité rouge et bleue que ceux-ci [les "pareils" de Bosse-de-Nage] arborent aux fesses, Faustroll avait su, par une médication curieuse, la lui déplacer et greffer sur les joues, azurine sur l'une, écarlate sur l'autre, en sorte que sa face aplatie était tricolore[1]. » Laissant pour le moment de côté les raisons secrètes qui avaient conduit le docteur Faustroll à faire de son singe l'emblème vivant de la République, nous retiendrons seulement le résultat final de son opération, soit que Bosse-de-Nage, comme il se voit dans certaines inventions de Jérôme Bosch, portait son derrière sur la figure et parlait avec le trou-du-cul – conclusion par laquelle les enseignements de la pataphysique rejoignent les élaborations théoriques de la psychanalyse.

Le discours de l'obsessionnel comme discours de l'analité

C'est l'analyse de l'Homme aux rats, publiée en 1909, qui découvre à Freud le rôle déterminant de l'analité dans la névrose obsessionnelle, ce qu'il consigne, à la fin de son étude, en notant que « son patient était un flaireur, qui, tel un chien, reconnaissait dans son enfance tout le monde d'après l'odeur, et pour qui, adulte, les sensations olfactives importaient davantage qu'à d'autres[2] ». Il faudra vingt ans encore à Freud pour montrer dans *Malaise dans la civilisation* que l'analité confère sa structure originale au « discours obsessionnel ».

A cette fin, il retrace dans ce texte comment l'érection à la verti-

1. Jarry, *op. cit.*, p. 672, ce que F. Ducros (*op. cit.*, p. 1) commente : « On peut s'étonner que deux couleurs donnent le tricolore. Mais l'entre-deux est le blanc, c'est-à-dire l'absence de couleurs. »

2. Et de poursuivre en note : « J'ajouterai que dans son enfance, il avait eu des tendances coprophiles très marquées » (Freud, « L'Homme aux rats », *Cinq Psychanalyses*, *op. cit.*, p. 260).

cale advenue à un certain moment de son évolution va permettre à l'animal humain d'accéder au langage symbolique[1]. Avant cet instant décisif, il convient de postuler une période où l'existence de l'homme primitif était soumise aux besoins biologiques immédiats et où l'instinct sexuel était réglé par une périodicité organique, la menstruation des femmes agissant comme signal pour déclencher chez le mâle une réponse instantanée. A ce stade archaïque, l'homme était encore assujetti à un univers de *signes*, puisque dans un monde marqué par le primat de l'odorat, l'objet et la trace de l'objet se trouvaient confondus, l'ensemble se verrouillant pour « faire signe » et exclure tout accès possible à la symbolisation. Ce stade constitue l'« ère anale » de l'humanité et trouve son correspondant ontogénétique, dans le stade anal de l'enfant[2].

Selon le modèle phylogénétique, le sujet humain est introduit à la trace de l'objet, quand l'odorat lui permet de prélever un attribut de cet objet, sans avoir à incorporer l'objet lui-même. Cette première partition entre objet et trace de l'objet se distingue toutefois d'une *représentation* de l'objet, l'odeur n'étant encore qu'un signe, qui *dé-signe* la *présence* de l'objet. Ainsi le discours de l'analité, régi par le primat de l'odorat (que l'obsessionnel va perpétuer durant toute son existence), méconnaît-il la coupure symbolique en tant que telle – qu'inscrit l'effectuation du troisième A –, par où le discours obsessionnel se range sous le chef de l'« immonde hiatus » anal, arboré comme un insigne par Bosse-de-Nage au milieu de sa face aplatie pour traduire l'écrasement du signe et de la chose.

1. Nous reprenons ici les traits directeurs de l'analyse que nous avons consacrée à cette fiction freudienne dans *Comment Freud inventa le fétichisme...* (*op. cit.*, p. 78-79).

2. Pour introduire le second « âge » de l'espèce, Freud suppose ensuite qu'à un moment l'homme, de quadrupède qu'il était, se redressa à la verticale, ce changement de posture devant s'avérer décisif, on le sait, par la substitution qu'il opère de la vision à l'odorat.

Celui qui chie est toujours seul

Ainsi le langage de l'analité, symbolisé par l'opération pratiquée par le docteur Faustroll sur son singe le jour où il lui greffa sur le visage ses fesses en hiatus, produit-il, en raison dudit hiatus, un discours fait d'une concaténation de signes soudés les uns aux autres. Le défaut de coupure qui vient d'être établi a une seconde conséquence : couper le sujet de l'Autre, ce que la clinique analytique traduit avec bonheur, lorsqu'elle désigne par le terme militaire *obsessions* ces mots qui semblent animés d'une volonté mauvaise et faire le siège d'un sujet muré entre A et A [1]. Ce trait fondamental de la structure de langage qui le constitue fait de l'obsessionnel une forteresse déserte. L'incapacité qui est la sienne de savoir compter jusqu'à trois exclut en effet le tiers qui est toujours exigé en puissance dans la relation d'amour. Ce que confirme Jarry, quand il note à propos de Bosse-de-Nage : « Et le jour où il fut marié, il éprouva bien que sa femme était sage avec lui, mais il ne sut point si elle était vierge [2]. » Mais ce serait encore trop dire que d'avancer qu'il est capable de compter jusqu'à deux. Car l'autre de la rencontre n'est jamais pour lui qu'un fac-similé sur lequel il vérifie l'intégrité de sa propre image [3]. Si bien que dans son arithmétique personnelle, où le « A A » est une figure de l'unité, un et un font un.

1. L'appellation de névrose de contrainte *(Zwangsneurose)*, choisie par la langue allemande, insiste, pour sa part, sur la coercition exercée par ces « paroles gelées », qui semblent sorties tout droit de Rabelais et qui persécutent le sujet en permanence.

2. Jarry, *op. cit.*, p. 705. Cette innocence trouve sa confirmation dans cet aphorisme de Lacan : « C'est parce que le lion ne sait pas compter jusqu'à trois que les lionnes n'éprouvent pas entre elles le moindre sentiment de jalousie », aphorisme complété, un peu plus loin, en ces termes : « [Et] en fin de compte, c'est parce que les hommes ne savent pas beaucoup mieux compter que le lion, à savoir parce que le nombre 3 n'est jamais par eux complètement intégré, mais seulement articulé que le conflit existe » (Lacan, *Séminaire IV, La relation d'objet*, Paris, Le Seuil, « Champ freudien », 1994, p. 237-238).

3. Vérité qui donne la raison, nous l'avons vu, de la relation d'Alceste à Célimène : « Je ne l'aimerais pas, si je ne croyais l'être » (I, 1).

On aurait tort cependant d'imaginer l'obsessionnel serein dans son *Blockhaus*. Non pas seulement, comme on le dit quelquefois, parce qu'il lui faut colmater ses fortifications en permanence, mais, avant tout, parce qu'il éprouve cruellement le défaut du petit autre qui se trouve exclu de toute origine de sa citadelle de verre, sans savoir que cet ostracisme tient paradoxalement à la présence encombrante de l'Autre.

III. L'échec de lady Macbeth ou l'obsessionnel à la tache

La stratégie obsessionnelle

Le texte de « L'Homme aux rats » démontre en effet que pour l'obsessionnel, au-delà des personnages de papier qu'il agite au gré de ses caprices, l'Autre du langage existe *réellement* et que c'est avec lui, contre lui et sous son regard qu'il mène sa vraie partie. Toutefois, ce qui rend si difficiles ses rapports avec cet Autre, c'est qu'il ne lui accorde aucun crédit, verrouillant ainsi l'impasse dans laquelle il se trouve enfermé. Son vœu le plus profond serait de pouvoir être sûr de l'Autre, afin d'être en mesure de lui faire confiance, mais pour cela il faudrait qu'un second Autre se porte caution du premier. Ce besoin de garantie redoublée constitue la phénoménologie de sa névrose, qui rend compte du travail de Sisyphe où il s'épuise : produire un Autre de l'Autre pour cautionner la bonne foi du premier. A s'arrêter à cette conclusion, l'on manquerait cependant encore l'essentiel : que ce labeur incessant pour établir l'Autre comme toute-vérité tend secrètement à ménager son retrait.

Tel est le principe de cette stratégie déroutante, qui, imaginarisant le symbolique, vient subvertir l'apologue de Robinson et de Vendredi, puisque le névrosé, donnant ici une *réalité subjective* au réel de la structure qui le porte, s'effraie lui-même des traces qu'il aurait pu laisser offertes à la lecture de l'Autre – angoisse obsédante *(Angstbefürchtung)* que Shakespeare a élevée au niveau du mythe avec le personnage de lady Macbeth.

Le crime ineffable de lady Macbeth

Les taches de sang que lady Macbeth s'épuise à laver ne sont pas des taches réelles comme celles qui teintèrent d'écarlate le suaire du roi Kanut[1] : l'instigatrice du meurtre du roi Duncan n'est pas une hallucinée. Cette trace qui la hante est le « monument » qui vient lui rappeler un acte qu'elle ne parvient pas à oublier[2]. La tache a ainsi le statut d'un signifiant bâtard qui errerait entre conscient et inconscient, comme on dit entre chien et loup, toujours exposé à se faire prendre par l'Autre : menace rendue manifeste par l'appréhension du sujet, que quelqu'un puisse « lire » (*legere* : nous savons à présent quelle perversion de la structure ce verbe, à lui seul, implique) les signes qu'il aurait pu laisser sans s'en rendre compte[3] – le « cerne » de Robinson prenant ici la figure du collet de chanvre avec lequel l'Autre s'apprêterait à se saisir du signifiant. Aussi l'obsessionnel, livré à l'inquisition de l'Autre, s'avance-t-il dans un monde où il est en permanence exposé à laisser les traces d'un crime insu, qui n'est pourtant pas très difficile à identifier.

La culpabilité de lady Macbeth se laisse en effet aisément référer à un double crime – soit l'usurpation du trône, soumise à l'assassinat préalable du roi –, ce qui nous apprend que l'obsessionnel a, comme Œdipe, accompli le meurtre du père et obtenu, par cet

1. Victor Hugo, *Le Parricide (La Légende des siècles)*.
2. Lacan, Séminaire IX, « L'identification », séance du 24 janvier 1962 (inédit).
3. Ainsi pour l'Homme aux rats qui rapporte à Freud, dès le début de la cure, qu'« il avait eu l'idée morbide [étant enfant] que ses parents puissent connaître ses pensées » (Freud, « L'Homme aux rats », *Cinq Psychanalyses*, *op. cit.*, p. 203). On voit que l'obsessionnel et le paranoïaque s'engagent ensemble, *au départ*, sur la même route.

acte, la possession de *das Ding*. Seulement, *lui le sait*. Ou plutôt chez lui l'oubli n'a pas connu le redoublement nécessaire pour consacrer la perte du crime primordial dans le refoulement originaire, où il sera conservé sous le chef d'un signifiant (S_2), dont on vérifie qu'il est à la fois celui de la Chose *(das Ding)* et du père mort. Par le défaut de cet oubli de l'oubli, tous les actes du sujet vont, dès lors, recevoir l'ombre portée de ce S_2, maintenu entre mémoire et oubli, cette ombre s'imposant à sa conscience sous la forme de l'obsession, vécue comme un tourment, de laisser à chacun de ses actes l'empreinte de quelque crime insu. Voilà pourquoi il revient sur ses pas pour effacer ses empreintes, dans un effort sans fin, puisque chaque effacement, en tant qu'acte, implique lui-même une nouvelle empreinte. En ce point s'articule le second terme de la contradiction qui consacre son impasse.

Ce que lady Macbeth s'efforce d'effacer, c'est le signifiant de son désir – car ce trône, Dieu sait si elle l'a voulu et ce meurtre prémédité ! Son échec ne trahit donc pas une cession sur un petit désir parmi d'autres, mais plutôt l'incapacité radicale de prendre en charge son désir le plus fondamental et, à partir de lui, de rebondir vers toutes les satisfactions subsidiaires qu'implique l'exercice du pouvoir. Elle reste en arrêt devant son désir. L'obsession de la trace dénonce ainsi un désir pétrifié et un sujet pris lui-même dans les glaces. Ce qui conduit à reconsidérer le rapport que l'obsessionnel entretient avec la trace de son acte.

Le lavage compulsionnel de lady Macbeth traduit, sans doute, la volonté du sujet d'effacer le signifiant qui le constitue de façon élective comme sujet (S_2). Mais ce signifiant est, dans son cas, un faux signifiant, puisque le propre du signifiant est de s'effacer au moment où il est écrit, emportant le sujet dans son effacement. Ainsi lady Macbeth s'acharne à effacer un signifiant qu'elle s'efforce de transformer en signe[1], sans y réussir vraiment. L'obsessionnel tourne donc en rond : il voudrait faire du signifiant un

1. Telle est la thèse de Lacan dans Séminaire X, « L'angoisse », séance du 30 janvier 1963 (inédit).

signe pour pouvoir l'effacer et, partant, par cet effacement, en faire un signifiant. Par là, il témoigne de deux volontés contradictoires (condition minimale exigée, selon Freud, pour constituer un symptôme) : échapper au signifiant et advenir comme sujet du signifiant.

L'échec du fort/da

Sur un premier versant, l'obsessionnel découvre qu'il est incapable d'accepter la loi symbolique du langage, en vertu de laquelle le sujet, soumis au battement de la chaîne signifiante, n'apparaît que pour s'effacer et n'émerge que pour s'évanouir selon le principe canonique du *fort/da*. En fait, son point faible (qui est paradoxalement à l'origine de son moi fort) est le signifiant binaire du couple, ce *fort* qui inscrit l'*aphanisis* du sujet et dont nous avons montré qu'il était le lieu de ressourcement permanent du refoulement originaire. Par toutes ses conduites d'enkystement, l'obsessionnel trahit en effet qu'il est calé sur le *da* et qu'il ne lui est pas possible d'en bouger, avouant l'échec de cette éclipse intermittente qui, pour l'ordinaire, frappe le sujet à chaque instant de son discours – échec qui, à son tour, désigne celui du refoulement originaire. Du coup, l'obsessionnel n'est plus représenté par un signifiant : il se fait présentifier par un signe. Cette situation inconfortable rend compte du sentiment d'être toujours en trop, partout où il passe – à quoi il tente de parer par son exigence d'être retranché de l'ensemble (*« Je veux qu'on me distingue »* = – 1), où il est incapable d'être compté un parmi d'autres (– – 1).

Mais, au-delà de cette bravade, dont la vanité révèle à travers la fureur du personnage l'échec qu'elle refoule, l'obsessionnel fait entendre que son projet n'est pas celui du pervers, qui exige que soit effacé le souvenir même de son nom. Ce que cherche le névrosé, lorsqu'il s'emploie à effacer ses traces, c'est à accomplir un effacement symbolique non advenu et, s'il met tous ses soins à disparaître (on lui reproche assez de n'être jamais là), c'est sans doute moins pour échapper au signifiant, comme on le dit, que parce qu'il cherche à bricoler, sur la faillite du signifiant, un semblant d'*aphanisis*. Ainsi l'obsessionnel dévoue-t-il finalement son existence à essayer de fabriquer un ersatz de symbolique[1] – conclusion qui remet peut-être en cause un certain nombre de schémas théoriques établis, mais sur laquelle Freud ne laisse pourtant aucun doute, quand il détermine, à partir de la clinique de l'Homme aux rats, ce trait caractéristique : faire que ce qui est arrivé ne soit pas arrivé *(ungeschehen machen)*.

« *Faire que ce qui est arrivé ne soit pas arrivé* »

A un certain moment de la cure, l'Homme aux rats rapporte à Freud comment, un jour, il avait ramassé sur la route une pierre qu'il avait ensuite jetée dans le fossé à la pensée que la voiture de sa Dame qui devait passer sur ce chemin pourrait avoir un accident. Mais, quelques instants plus tard, il s'était dit que c'était là une précaution absurde et, s'étant ravisé, il était allé rechercher la pierre pour la remettre à sa place première. Freud éclaire cette conduite assurément étrange par un exemple analogue : un de ses patients, « se promenant dans le parc de Schönbrunn, avait heurté du pied une branche et l'avait lancée dans les buissons qui bordaient le chemin. En rentrant, il se mit à craindre que cette branche dans cette nouvelle position ne causât un accident à quelque promeneur qui prendrait le même chemin. Il sauta du tramway qui le ramenait, se précipita dans le parc, rechercha l'endroit en question et remit la branche dans sa position primitive[2]. »

Freud rend compte de ces conduites contradictoires par l'ambivalence propre à ces sujets : ainsi l'Homme aux rats témoignerait-il par sa précaution de son amour pour sa cousine, avant que la

1. Cette fabrication imaginaire est à distinguer de la production réelle démontrée par le pervers avec l'invention du fétiche.
2. Freud, « L'Homme aux rats », *Cinq Psychanalyses*, *op. cit.*, p. 224-225.

haine refoulée ne se manifeste à son tour et ne le pousse à remettre en place la pierre sur laquelle elle trébuchera. En fait, cette lecture n'affecte que la couverture significationnelle du symptôme, sans toucher à la relation essentielle sous-jacente, entretenue par le sujet au langage, que Freud se contente de désigner par la formule déjà citée : *ungeschehen machen*.

Cette formulation exprime le schème structural qui supporte les deux exemples rapportés : un acte de précaution, aussitôt annulé par un acte de précaution en sens contraire, qui restitue la situation *ad integrum* : tout se passe comme s'il ne s'était rien passé. Ainsi, dans ce symptôme, l'accent déterminant porte-t-il sur le second temps, celui dans lequel le sujet annule son acte par un effet de rétroaction, facile à écrire : $S_1 < S_2$. Dès lors s'impose la structure de sens figurée dans ce type de conduite, quand on voit le sujet pris entre deux actes, à l'instar du singe du docteur Faustroll muré entre A et A. Ce constat ne livre toutefois qu'une moitié de la vérité.

Ramasser une pierre sur le chemin, à l'idée que sa fiancée passant par là pourrait se blesser, est déjà en soi une conduite singulière. Remettre la pierre à sa place est franchement névrotique, parce que le sujet démontre qu'il est incapable de passer à autre chose, d'enclencher le troisième signifiant, $S_1 > S_2 > S_3$, pour nommer *au-delà du troisième A* l'objet de son désir. L'histoire de la pierre sur le chemin rejoue, déplacées, les mêmes cartes que l'apologue de Robinson et de Vendredi : une trace sur le sable, Robinson la recueille *(legit)* et *passe*/une pierre sur la route, l'Homme aux rats la ramasse *(legit)*, la jette et *revient*. Il y a un *pas* (celui du troisième A qui inscrirait la double négativité) qu'il est incapable d'accomplir. Ce pas serait celui qui marquerait, avec l'oubli redoublé de son acte, son propre effacement. Ainsi, dans son cas, l'annulation de l'acte, l'*ungeschehen machen*, tend-elle à suppléer l'oubli impossible de cet acte, qui est lui-même la condition de l'*aphanisis* du sujet. Voilà pourquoi, lorsqu'il tente de bricoler, de la plus maladroite des façons, un ersatz de symbolique, l'obsessionnel trahit qu'il est empêtré dans l'imaginaire : tentative manifestement vouée à l'échec dès le départ, mais qui donne, en revanche, le sens de certaines conduites de défi qui laissent assez facilement transparaître l'appel au symbolique qu'elles recouvrent.

IV. L'appel au symbolique

La signification de l'insulte

Certains fantasmes obsessionnels expriment en effet une offense au signifiant phallique, manifeste dans un certain nombre de représentations ou de scénarios ayant pour thème la profanation de l'hostie, figure élective, nous l'avons vu, de la « présence réelle » du symbole **Φ**. C'est ainsi qu'une jeune femme compose pour elle-même un montage qui met en scène l'hostie consacrée, au centre de laquelle elle place en surimpression les organes génitaux masculins, tandis qu'un autre patient fomente dans son imagination de déposer dans le vagin de sa maîtresse une hostie qu'il irait titiller, au cours du coït, avec son propre pénis[1]. Sans doute, la volonté profanatoire semble-t-elle, chaque fois, patente. Mais, en réalité, le premier cas traduit surtout, au-delà de cette intention, un échec du procès de symbolisation, quand on voit le sujet placer, dans un geste paradigmatique, le pénis réel dans le cerne vide où le signifiant de la Cause ne cesse pas de s'écrire[2], démontrant le statut de fétiche *postiche* attribué ici au membre viril. Le second exemple est plus explicite encore par la provocation qu'il exprime en montrant le pénis réel allant chercher le phallus symbolique *au lieu du*

1. Il s'agit d'exemples cliniques, rapportés par Maurice Bouvet et repris par Lacan comme paradigmes de ce qu'il appelle la « présence réelle » (Lacan, *Séminaire VIII, Le transfert*, *op. cit.*, p. 303-304, et Maurice Bouvet, « Incidences thérapeutiques de la prise de conscience de l'envie du pénis dans la névrose obsessionnelle féminine », *Œuvres psychanalytiques*, I, *La Relation d'objet, Névrose obsessionnelle, Dépersonnalisation*, Paris, Payot, 1972, p. 50-75).
2. Pour reprendre une formule de Lacan (*Séminaire XX, Encore*, Paris, Le Seuil, « Champ freudien », 1975, p. 86).

manque de l'Autre dans une conduite caractéristique de l'obsessionnel, que l'on pourrait définir comme un défi au signifiant[1], qui trouve son expression la plus claire dans cette prédilection qu'il manifeste pour se mettre en position d'être trahi.

Le choix de Célimène fait par Alceste, qui suscite la surprise amusée de Philinte (I, 1), s'inscrit, en vérité, dans la logique du personnage qui est d'éprouver la trahison du petit autre (« Je veux voir jusqu'au bout, dira-t-il à sa belle, quel sera votre cœur/Et si de me trahir il aura la noirceur », IV, 3), afin de vérifier, au prix de sa propre perte, le défaut du grand Autre (« Je voudrais, m'en coûtât-il grand-chose,/Pour la beauté du fait avoir perdu ma cause », I, 1). Cette exigence n'est cependant, chaque fois, satisfaite – c'est bien là le trait essentiel – que sur fond du désespoir du sujet, comme le confirme la nature de l'événement que l'Homme aux rats place à l'origine du déclenchement de sa névrose : une allusion faite à la trahison du père.

Sens de la trahison du père

La névrose de l'Homme aux rats s'était constituée, un certain jour, autour d'une idée délirante : qu'il n'arrivât quelque chose à son père *mort* dans l'au-delà. Le patient rattachait cette construction à un incident précis : un oncle aurait dit, devant lui, sur le lit de mort de sa femme : « D'autres hommes s'accordent toutes les jouissances possibles *[vergönnen sich alles mögliche]*, mais, moi, je n'ai vécu que pour cette femme[2] ! » Il interpréta ces propos comme une allusion à l'infidélité conjugale de son père, *à la trahison du père*.

La sentence fatale évoque, au moment solennel où la famille est réunie autour de la dépouille d'une femme sublimée par le trépas, la figure obscène du père primitif, référée au propre père du sujet

1. Au sens du germanique *herausfordern* = « Sors un peu pour voir ! »
2. Freud, « L'Homme aux rats », *Cinq Psychanalyses*, *op. cit.*, p. 212, n. 1 (c'est nous qui traduisons).

et opposée au père de la Loi, que campe, pour l'occasion, le personnage prudhommesque de l'oncle. C'est pour pallier cette défaillance du père symbolique que le sujet produit cette fiction délirante qui vise à conférer à son père défunt le statut du père mort de *Totem et Tabou*, c'est-à-dire du père assassiné par ses fils – ce que confirme cette annotation de Freud qu'à partir du moment où fut prononcée la phrase de l'oncle le patient « se crut un criminel ». Ainsi l'obsessionnel tente-t-il de corriger par une fiction imaginaire la défaillance symbolique du père et s'il va vérifier la trahison de l'Autre[1], c'est pour faire le constat désespérant du sans-foi de la vérité et de la faillite du langage. Conclusion qui se trouve encore corroborée par une scène célèbre de l'enfance de l'Homme aux rats qui le montre couvrant son père d'insultes. L'analyse de cet épisode précise la nature du défaut symbolique en cause dans l'obsession, qui détermine une structure de langage caractéristique.

Le besoin d'une langue parfaite

Il s'agit d'un souvenir, selon lequel, lors d'une correction infligée par son père, le gamin avait apostrophé ce dernier par une série d'épithètes hétéroclites : « Toi lampe ! toi serviette ! toi assiette ! », anecdote qui dénonce, elle aussi, une faillite symbolique, en plaçant au point d'évocation du Nom-du-Père : « Du ! *(Toi !)* » une chaîne de « noms de chose » qui renvoie le géniteur parmi les ustensiles de cuisine et situe la paternité au registre d'une absurdité fondamentale, où la place du signifiant phallique est occupée par un point de non-sens *imaginarisé*, et, par la suite, proprement insupportable. Aussi le sujet va-t-il s'épuiser tout au long de son existence à tenter d'identifier en termes de signifiants le signifiant perdu (qui est un point de non-sens *symbolique*[2]). Cette volonté

1. Iraient encore dans ce sens les diverses « faillites » morales du père (*ibid.*, p. 228, 236).
2. Rey-Flaud, *Comment Freud inventa le fétichisme...*, *op. cit.*, p. 258-259.

rend compte de la « compulsion à comprendre » *(Verstehzwang)* que Freud détermine comme l'un des traits caractéristiques de l'obsessionnel : « Il s'efforçait de comprendre exactement chaque syllabe de ce qu'on lui disait, comme si, sans cela, un trésor important allait lui échapper. Il demandait continuellement : "Que viens-tu de dire ?" Et, lorsqu'on lui répétait la phrase, il prétendait avoir entendu autre chose et restait insatisfait[1]. »

L'obsessionnel exprime ainsi son souhait d'une langue parfaite, qui ne laisserait rien perdre de la chaîne du sens, conçue comme un code de signes, selon le modèle fourni par les mathématiques – souhait que traduit son souci permanent de rendre transparentes les obscurités supposées contenues dans les adresses qui lui sont faites.

« Qu'est-ce qu'il veut ? »

S'il est vrai qu'« il faut attendre d'un homme qu'il soit mort pour savoir s'il a été heureux[2] », il faut également attendre ce jour pour savoir quelle a été la signification de sa vie. Seule la mort, arrêtant les comptes et transformant le sujet en objet, est à même de convertir les virtualités du signifiant en *corpus* de signes offert à l'autopsie de l'annaliste. Jusqu'à ce jour, la vie ne se supporte que du peu-de-sens autorisé par le cœur de non-savoir qui constitue chaque être parlant et que Freud a appelé *das Ding*, en déterminant qu'aucune représentation n'était susceptible de venir représenter cette Chose dans le discours. Au nom de ce principe, chaque adresse signifiée à un sujet par un autre est marquée d'un défaut essentiel et n'est recevable que si le destinataire l'intègre à son propre point de non-savoir. Ainsi les relations entre les hommes se tissent-elles sur fond de non-sens, ce qui est la seule façon qui leur soit donnée d'échanger le non-dit où se nouent la cordialité,

1. Freud, « L'Homme aux rats », *Cinq Psychanalyses*, *op. cit.*, p. 222.
2. Réponse de Diogène à Alexandre qui lui demandait s'il connaissait un mortel plus heureux que lui. Cette sentence est également attribuée à Solon par Hérodote (1, 32).

l'amitié et quelquefois l'amour[1]. Eh bien, c'est ce principe que l'obsessionnel met en échec.

Chaque fois qu'il est interpellé par un collègue, un ami d'enfance ou une femme, il sort immédiatement son calepin pour tirer au clair la demande de l'autre, afin de déterminer ce qui lui est *au fond* demandé et à quoi *au fond* il risque de s'engager[2]. Il cherche donc à énucléer le désir de l'autre de son cœur opaque pour le rendre mesurable, quantifiable, convertible. Mais cette volonté de combler les lacunes du discours de l'autre recouvre sa crainte que le point insensé de la demande vienne susciter chez lui son propre point de non-sens qui pourrait, à l'improviste, le confronter à son désir et, partant, à sa mort. C'est d'ailleurs pourquoi, le plus souvent, il prend les devants et détourne la menace avant qu'elle ne s'exprime : avant de s'interroger sur ce que veut l'Autre, la première question qu'il se pose est de savoir ce qu'il *lui* veut.

« *Qu'est-ce qu'il* me *veut ?* »

En fait, toute adresse vise le destinataire en un point qui correspond au point originaire d'où elle est émise par son auteur : surgie, en deçà de l'énoncé qui la porte, du fond perdu où la chaîne signifiante prend sa source, l'adresse convoque le destinataire, au-delà de son contenu manifeste, au cœur symbolique qui le constitue. Elle le ramène au pied de son désir et, un peu plus loin encore, au noyau de jouissance *(das Ding)* d'où ce désir est sorti. C'est pourquoi toute demande s'accomplit au moment où elle se retourne :

1. A l'inverse, Alceste poursuit Célimène pour obtenir d'elle un signe non équivoque de son amour, présentant la même exigence que Pierrot à l'égard de Charlotte : « Quand en a l'amiquié pour les personnes, l'an en baille toujou queuque petite signifiance » (*Dom Juan*, II, 1).

2. Cette exigence s'exprime, en sens inverse, lorsqu'il entreprend de donner à l'autre toutes les explications de ses conduites, ce qui l'entraîne à des digressions exaspérantes pour son entourage, qui traduisent son projet de remonter la chaîne des causes afin de produire la cause première qui est à l'origine de la chaîne. Ce faisant, il exprime sa volonté de faire passer dans le discours le point d'intimité indicible qui le fonde.

lorsque le « Qu'est-ce qu'il veut ? » se transforme en « Qu'est-ce qu'il *me* veut ? », interrogeant le sujet sur cet intime obscur qui s'abrite en lui. Si bien que l'adresse comporte une double menace : d'abord celle de l'opacité de la demande qui maintient dans l'ombre la jouissance toujours latente de l'autre ; mais bientôt la crainte ressentie dans ce premier temps s'efface devant l'horreur éprouvée par le sujet quand l'adresse se renversant le renvoie à sa propre jouissance, toujours prête à surgir sous les traits grimaçants de quelque chameau diabolique[1]. Ainsi la volonté de colmatage de l'autre, manifestée par l'obsessionnel, vise-t-elle à rendre transparent son désir pour se garder contre sa propre jouissance – point où il prépare encore toutefois un ultime renversement.

En effet, par son acharnement à forcer derrière les mots la vérité du langage, à traquer dans la coupure entre deux signifiants le secret qui doit s'y trouver caché, par son besoin de tout savoir de l'Autre pour savoir, au bout du compte, ce que l'Autre *lui* veut[2], l'obsessionnel avoue qu'il cherche finalement à continuer à ne pas savoir ce qu'il veut, lui. Car il y a, au moins, une chose qu'il sait : ce non-savoir le protège de la mort – de cette même mort au-dessus de laquelle il maintient son père pour qu'il ne sache pas qu'il est mort. Ainsi sa volonté de tout savoir traduit-elle son intention d'exclure du champ du langage tout ce qui pourrait être de l'ordre du manque, afin d'éviter l'insupportable confrontation avec le signifiant du manque, signifiant du père mort. Ce dont témoignent

1. Le « *Che vuoi ?* » proféré par la bête sortie de l'imagination de Cazotte, désigne, en effet, la Chose au-delà des choses que vise tout désir et qui peut, dans un effet de *tuché*, faire retour comme exigence absolue de jouissance (cf. Lacan, « Subversion du sujet et dialectique du désir », *Écrits, op. cit.*, p. 815).

2. On rapprochera notre lecture de ce passage de Lacan, qui nous a servi de point de départ. : « L'obsessionnel veut savoir quoi ?... Il veut savoir ce qu'il y a de réel dans ce dont il est la passion, à savoir ce qu'il y a de réel dans l'effet du signifiant [...] Le névrosé veut retransformer le signifiant en ce dont il est le signe. Le névrosé ne sait pas, et pour cause, que c'est en tant que sujet qu'il a fomenté ceci : l'avènement du signifiant en tant que le signifiant est l'effacement de la chose et que c'est lui, le sujet, qui, en effaçant tous les traits de la chose fait le signifiant » (Lacan, Séminaire IX, « L'identification », séance du 14 mars 1962, inédit).

les fantasmagories de l'Homme aux rats qui maintiennent son père défunt dans les Limbes.

Le père entre deux morts

Les Limbes, *no man's land* de l'au-delà où errent les âmes en peine, indécises sur leur sort entre condamnation et rachat, répondent à la condition du père mort de l'obsessionnel. Le conflit autour duquel la névrose se noue a le père pour enjeu et marque le sujet d'une essentielle « division » *(Spaltung*[1]*)* entre un refus impuissant *(Versagung)* d'affronter le père mort et l'appel désespéré qu'il lui adresse quand même.

C'est en ce sens qu'il faut entendre le souhait de mort à l'égard du père réel – complémentaire de la volonté de le maintenir vivant dans l'au-delà. Il n'est que l'écran qui recouvre l'intention fondamentale d'accomplir le meurtre *symbolique* du père, c'est-à-dire, en fin de compte, d'exorciser ce fantôme de père dont il s'avère incapable de reconnaître la mort. Ainsi ce désir de mort imaginaire que l'on met quelquefois au fondement de la névrose (et Freud lui-même incite souvent à aller dans ce sens) n'exprime-t-il que la volonté de faire passer ce père dans la chaîne indéfinie des pères là où se perd l'origine du Nom[2], afin de consacrer un refoulement originaire en souffrance.

Et cet échec est à l'origine de la tunique moïque dans laquelle le sujet se sent engoncé et qui trahit un défaut de symbolisation du corps. C'est lui qui rend compte du sentiment qu'il éprouve d'être partout de trop[3] et qui est à rattacher à sa gêne d'être « importuné par son nom[4] », laquelle trouve elle-même sa raison dans le fait

1. C'est le terme par lequel Freud détermine, en 1927, la position de l'obsessionnel à l'endroit du père mort (Freud, « Le fétichisme », *La Vie sexuelle, op. cit.*, 1973, p. 137).
2. Freud, *Totem et Tabou, op. cit.*, 1965, p. 169.
3. Lacan, « Subversion du sujet et dialectique du désir », *Écrits, op. cit.*, p. 826.
4. *Ibid.*

que ce dernier n'est pas pour lui le signifiant de son absence, mais le signe incongru d'une embarrassante présence. C'est pourquoi la notion de « moi fort » appliquée au névrosé risque d'être une source de malentendus[1]. Le moi fort n'est pas un caractère spécifique de la névrose : il se constitue, tout aussi bien, au terme de l'accomplissement de la double négativité, au moment du *tirage positif* qui introduit le sujet à l'espace représentatif. Or, dans le cas de l'obsessionnel, c'est précisément cette introduction qui fait défaut à la suite de l'échec du refoulement originaire, imputable à une défaillance intervenue au second temps de son accomplissement : la séparation.

Quand les oignons ont beaucoup de peaux, dit-on, c'est que l'hiver sera rude. L'obsessionnel, pour son malheur, a détourné la leçon du bon sens populaire, car l'enveloppe moïque, devenue chez lui corset, camisole, carcan, trahit le deuil du sujet, par défaut de cette mort symbolique que les *Écritures* assignent à la semence.

1. *Ibid.*

CHAPITRE TROIS

La cage du narcissisme

I. « Je ne peux pas lui faire ça ! »

La volonté de l'Autre

Introduisant le bouleversement de sa topique, Freud présente, en 1920, le concept d'une pulsion de mort *(Todestrieb)*, qui, emportant le sujet au-delà du principe de plaisir, met la mort au principe même de la vie. Ce faisant, la théorie analytique ne postule toutefois aucune volonté de mort qui serait inscrite dans la structure du langage : l'Autre en tant que tel n'attend rien du sujet et ne lui veut rien, pour la raison simple qu'il n'existe pas. Sauf justement dans le cas de l'obsessionnel qui fait, au contraire, à chaque instant l'expérience de sa volonté à laquelle il lui devient de plus en plus difficile, avec les années, de se dérober. Aussi, au bout du compte, se trouve-t-il dépossédé de sa propre mort, ainsi que Freud le détermine pour avoir lui-même éprouvé, dans son histoire, les effets de cette confiscation.

Freud était en effet l'enfant premier né d'un troisième mariage de son père Jacob, déjà avancé en âge, avec une femme plus jeune que lui de près de vingt ans – décalage qui installait ainsi la mère à mi-parcours entre les générations du père et du fils. De l'analyse convergente de plusieurs rêves de la *Traumdeutung*, se dégagent, d'un côté, la figure d'une mère ravissante et toute prête à se laisser

« ravir[1] » et, en regard, le personnage d'un père bonasse et impotent, consentant à « fermer les yeux[2] » sur les désirs de sa jolie femme et de l'enfant pour lui tard venu, celui justement (Freud nous le rappelle) qui reçoit de la mère, dans le mythe, la faucille qui doit mutiler le géniteur vieillissant[3].

A partir de ce que Freud a bien voulu nous dire, nous retiendrons seulement aujourd'hui la conséquence ici patente de l'effacement du père à la place du *père mort*[4], qui, au-delà de la personne du père réel, a pour fonction de supporter le désir de la mère : soit que, par ce défaut du père, l'enfant va advenir comme effet du désir « volontaire » de la mère, dressée au seuil de son histoire comme détentrice de son destin.

Les femmes du destin : la vieille paysanne

« Lors de ma naissance, rapporte Freud, une vieille paysanne avait prophétisé à ma mère, fière de son premier enfant, que ce serait un grand homme. Ces sortes de prophéties doivent être très fréquentes. Et il y a tant de mères remplies d'espoir, tant de vieilles paysannes et tant de vieilles femmes qui, n'ayant plus de pouvoir dans le présent, s'en dédommagent en se tournant vers l'avenir[5]. » Cette confidence de Freud advient au détour de l'analyse d'un rêve de la *Traumdeutung* qui met au jour un désir infantile de grandeur, perpétué à l'âge adulte, dans le souhait d'être nommé professeur extraordinaire[6].

1. Ainsi que l'établit le cauchemar qui montre à Freud sa mère endormie portée sur son lit par des personnages à bec d'oiseau (Freud, *L'Interprétation des rêves, op. cit.*, p. 495-496).
2. *Ibid.*, p. 273-274.
3. Freud, « Psychologie des foules et analyse du moi », *Essais de psychanalyse, op. cit.*, 1984, p. 207.
4. Cf. l'anecdote rapportée à Freud par son père relatant le jour où il fut humilié par un chrétien qui envoya son bonnet rouler dans la boue, en lui lançant : « Chien, descends du trottoir ! » (Freud, *L'Interprétation des rêves, op. cit.*, p. 175).
5. *Ibid.*, p. 171.
6. Il s'agit du rêve qui représente à Freud son oncle sous les traits de son ami R. pourvu d'une barbe jaune.

Ainsi l'ambition de l'homme mûr est-elle présentée comme le fruit de la prédiction originaire faite *in illo tempore* à la jeune mère par la vieille paysanne. Mais, dans le commentaire de Freud (« il y a tant de mères remplies d'espoir, tant de vieilles paysannes... »), les deux femmes se trouvent si étroitement unies qu'elles forment, comme dans le tableau de Léonard de Vinci représentant la Vierge et sainte Anne, une figure composite, qui révèle que la seconde n'est que la couverture de la première, si bien qu'au bout du compte c'est à la mère qu'est référée la prise de pouvoir sur l'avenir de l'enfant. Le retour du même personnage dans l'histoire de Freud le confirme[1].

Dans une lettre à Fliess, où il évoque son enfance, Freud atteste au passage que, dans son cas, « le vieux *(der Alte)* n'avait joué aucun rôle » et il attribue, en revanche, l'influence décisive sur sa destinée à « une vieille femme âgée et laide, mais avisée », qui lui avait promis un brillant avenir et lui avait « donné une haute idée de ses propres facultés ». Le terme retenu par Freud pour qualifier ce personnage, *Urheberin*, c'est-à-dire « la cause originaire » de son histoire, désigne clairement ici le statut de signifiant primordial conféré à cette parole prophétique, ce qui éclaire par contrecoup la sentence finale de Freud : « Je garderai à la vieille femme un souvenir reconnaissant, pour m'avoir donné à une époque aussi précoce de la vie les moyens de vivre et de continuer à vivre[2]. »

Freud est revenu sur le rôle déterminant joué par ces premiers regards posés sur l'enfant, par ces premiers discours venus annon-

1. Dans la *Psychopathologie de la vie quotidienne* (Paris, Payot, 1990, p. 62-64), Freud fait en effet à nouveau référence à ce personnage (il s'agit de sa nourrice tchèque, Monica Zajié, dite Nannie), quand il rapporte un souvenir-écran de ses premières années, qui le met en scène, pleurant devant un coffre *(Kasten)* supposé détenir sa mère, qui aurait été ainsi « coffrée ». Imagination qui prend son sens dans l'effet de *Witz* que ce mot recèle et qui évoque la figure de cette bonne qui avait été, elle, effectivement « coffrée » *(eingekastelt)* par la police à la suite de ses malversations (cf. pour cet épisode *Zur Psychopathologie des Alltagslebens*, *GW*, t. IV, p. 60, n. 1, et les Lettres 70 et 71 à Fliess dans *La Naissance de la psychanalyse*, *op. cit.*, p. 193-197). Ainsi se trouve confirmé, par cette histoire de « coffre », que ce personnage est une nouvelle doublure de la mère.

2. Lettre à Fliess du 3 octobre 1897, dans *La Naissance de la psychanalyse*, *op. cit.*, p. 194.

cer son élection : « J'ai remarqué, écrira-t-il ainsi, plusieurs années après la lettre à Fliess, que les personnes qui se savent préférées ou distinguées par leur mère apportent dans la vie une confiance particulière en elles-mêmes et un optimisme inébranlable, qui souvent paraissent héroïques et mènent au succès[1] ». En fait, l'hommage manifeste rendu à la figure maternelle désigne ici clairement ce qu'il recouvre : qu'il s'adresse à une instance souveraine, dont le regard de pierre, pareil à celui des Vierges-Mères en majesté, peintes aux voûtes de la cathédrale de Ravenne[2], est le seul point d'ancrage offert au sujet pour soutenir dans le monde cette image radieuse de lui-même qu'elle lui renvoie. D'où la menace qu'implique la disparition de cette instance, ainsi que l'éclaire une autre confidence à Fliess.

Le vacillement des Mères

Le 3 juillet 1899, au moment où la mère et la femme enceinte de son ami étaient toutes les deux malades, Freud écrit à celui-ci : « Étrangement inquiétant, quand les Mères vacillent, les seules qui se tiennent encore entre nous et le rachat[3]. » Ainsi la menace de mort qui vient peser sur la mère réelle suscite-t-elle en contrecoup le vacillement des Mères, révélant l'atteinte portée à la figure tutélaire – le dénouement de ce procès noué à l'origine de l'histoire du sujet, intervenant quand se découvre que la mort réelle de l'Autre ne signe pas l'effondrement du sujet, mais au contraire sa délivrance.

1. Freud, *L'Interprétation des rêves*, *op. cit.*, p. 342, et *SA*, t. II, p. 389. Sentence à nouveau reprise à la fin d'*Un souvenir d'enfance de Goethe* (*GW*, t. XVII, p. 26).

2. Cf. la fiction de la fontaine de Narcisse décrite dans *Le Roman de la rose* de Guillaume de Lorris, qui, en plaçant au fond du bassin deux pierres précieuses fascinantes, découvre que le narcissisme de l'enfant est ici supporté par le regard de pierre de la mère (v. 1415-1597) (*Le Roman de la rose*, édité par Daniel Poirion, Paris, Garnier-Flammarion, 1974, p. 77-80).

3. « *Unheimlich, wenn die Mütter wackeln, die einzigen, die noch zwischen uns und der Ablösung stehen* » (Lettre à Fliess, citée par M. Schur, *La Mort dans la vie et l'œuvre de Freud*, Paris, Gallimard, 1972, p. 422).

En effet, trente ans plus tard, c'est la mère de Freud, Amalia, qui meurt, au cours de l'été 1930, à l'âge de quatre-vingt-quinze ans. Et ce jour-là, Freud, alors lui-même entré dans sa soixante-quinzième année, écrit à Jones qu'il éprouve depuis cette disparition « une plus grande liberté personnelle, en raison du fait qu'[il] était toujours terrifié à la pensée qu'elle puisse apprendre [sa] mort[1] ». Ce qu'il confirme encore à Ferenczi : « Je n'avais pas le droit de mourir, tant qu'elle était encore en vie et maintenant j'ai ce droit[2]. » Ainsi l'effacement de l'Autre rend-il au sujet, avec la disposition de sa mort, les virtualités de la vie, tandis que se pose à nous la question de préciser la nature de ce lien que seule la mort semble pouvoir défaire.

En lieu et place du trait ineffable de l'idéal du moi référé au père mort, l'obsessionnel est attendu au seuil de sa vie par l'Autre maternel, qui, dans un geste qui se présente comme le contraire de l'accueil symbolique figuré par le cercle que Robinson trace sur le sable, advient pour l'enchaîner, en déposant dans son berceau, sous la forme d'une équivoque bénédiction, l'avenir, *déjà réalisé*, qu'elle lui promet. A ce moment, le sujet tombe sous le coup d'une parole qui l'enferme dans le fantasme de l'Autre, en lui laissant la charge de le soutenir – contrat léonin qui le lie à son maître pour l'éternité, excluant par avance toute velléité de « séparation ». En effet, dans la suite de son existence cette relation fondamentale servira de modèle à son choix d'objet amoureux, accompli sur « une » femme élue comme substitut *parfait* de la mère pour perpétuer le couple primordial indémaillable, dont Alceste rappelle le principe à Célimène au moment où il la rejette : « Puisque vous n'êtes point en des *liens* si doux/Pour trouver tout en moi, comme moi tout en vous,/Allez, je vous refuse, et ce sensible outrage/De vos indignes *fers* pour jamais me dégage » (V, 4).

L'obsession se présente ainsi comme un cas de figure particulier de la crédulité dans laquelle le maître de la croyance, détenteur de

1. Ernest Jones, *La Vie et l'Œuvre de Sigmund Freud*, t. III, Paris, PUF, 1975, p. 174.
2. Lettre du 16 septembre 1930, citée par Schur, *op. cit.*, p. 502.

l'idéal du moi de sa victime, est cependant maintenu par elle dans sa fonction, car sa disparition entraînerait celle du signifiant essentiel qu'il a confisqué. Ainsi l'absolutisme de l'Autre devient-il la garantie paradoxale du sujet – paradoxe qui se redouble, quand se découvre que le sujet se constitue en retour comme caution de l'Autre ainsi qu'en témoignent, à chaque instant, toutes ses entreprises de vérification.

II. Le garant de l'Autre

Les rituels de vérification et leur signification

On connaît les mesures de vérification qui découpent l'espace-temps de l'obsessionnel jusqu'à parasiter toute son existence – robinets d'eau, de gaz, portes et fenêtres –, ainsi que variations infinies sur le thème du rangement : papiers d'identité, chéquiers, clefs, etc. – la couverture signifiante du symptôme révélant à l'analyse qu'elle est seulement destinée à voiler la réalité de l'enjeu de fond : encore et toujours ce fameux signifiant phallique qui focalise tous les intérêts du sujet.

Sans doute, certaines mesures de vérification sont-elles susceptibles d'être déchiffrées comme un message codé. Les rituels du coucher entrent spécialement dans cette catégorie : « Le siège doit être placé devant le lit dans telle position déterminée et les vêtements pliés sur le siège selon un certain ordre ; la couverture doit être bordée au pied, et le drap tiré bien à plat, les oreillers doivent être répartis de telle et telle façon, et le corps lui-même être dans une posture déterminée avec précision ; alors seulement il est permis de s'endormir[1]. »

1. Freud, « Actions compulsionnelles et exercices religieux », *Névrose, Psychose et Perversion*, *op. cit.*, p. 144.

Freud découvre très tôt le sens de ces cérémoniaux. Dès 1896, il expose ainsi le cas d'un petit garçon de onze ans qui cultivait un cérémonial de coucher « propitiatoire » qui consistait d'abord à raconter à sa mère point par point le détail de sa journée (parce qu'il lui avait caché la scène traumatique que commémorait précisément son rituel), à disposer ensuite des sièges devant son lit (comme rempart contre l'agression dont il avait été victime), à donner des coups de pied dans le vide (pour chasser la servante qui l'avait séduit), puis à se coucher sur le côté (parce qu'il avait été maintenu sur le dos par la jeune femme), etc.[1].

Ce type de rituel peut également être accompli dans le cours de la journée : un exemple célèbre, conservé dans *L'Introduction à la psychanalyse*, montre ainsi une femme jouant le fiasco de son mari au cours de sa nuit de noces dans une pantomime qui mettait en scène devant sa servante convoquée comme témoin une version revue et corrigée des efforts impuissants de l'époux[2]. Ces rituels se présentent toujours, une fois interprétés comme des fantaisies jouées, visant à commémorer, sous une forme ou sous une autre, la première rencontre (toujours manquée) avec le phallus[3]. Au-delà de toutes les significations imaginaires particulières qui supportent sa manifestation, le rituel traduit alors son sens essentiel : restituer la présence réelle de **Φ**, ce qui confirme la pertinence de la conclusion de Freud, quand il met en parallèle le rituel névrotique et le rituel religieux. Car, chaque fois, c'est bien la production du signifiant phallique qui est en jeu, comme en témoignent certains modes de vérification qui ne se prêtent pas au déchiffrage et qui démontrent ainsi qu'ils ont pour seule fonction de susciter la figure « pure » de **Φ**.

Ces cas établissent la dimension ontologique de l'entreprise

1. Freud, « Nouvelles remarques sur les psychonévroses de défense », *Névrose, Psychose et Perversion*, *op. cit.*, p. 70.
2. Freud, *Introduction à la psychanalyse*, Paris, Payot, 1992, p. 243-246.
3. Rencontre que commémore, dans l'hystérie, le symptôme somatique : par exemple, la sensation d'étouffement sur la poitrine éprouvée par Dora qui perpétuait le souvenir de l'érection de M. K. perçue le jour où il l'avait serrée contre lui.

obsessionnelle de vérification, en découvrant que le sujet s'emploie en permanence, à travers toutes ces mesures, à *faire du vrai* (« vérifier », *verum facere*), c'est-à-dire à fonder l'authenticité de l'Autre en donnant une consistance au signifiant S_2.

Le sens essentiel de la vérification : produire le signifiant qui manque

Dans la conduite de ce projet, l'obsessionnel emprunte une voie inversée par rapport à celle retenue par le pervers : quand il brandit son fétiche, ce dernier produit une figure « réelle » du signifiant de la Cause, se faisant du même coup le maître du principe de causalité. En regard de ce démiurge, le névrosé avoue qu'il n'est qu'un besogneux. Sa méthode est celle du petit Poucet : il entreprend de remonter à l'envers la chaîne des causes, dans l'espoir de trouver la cause première et de pouvoir alors arrêter la chaîne une fois pour toutes. Tel est le sens de toutes les mesures de rangement qui, par leur stéréotypie même (patente quand on voit, par exemple, des patients tout à fait différents les uns des autres astreints à aligner inlassablement les mêmes piles de serviettes), traduisent la volonté d'établir un ordre parfait, une loi « toute », un langage plein. C'est encore ce qui ressort de la demande adressée parfois par le sujet à une personne de son entourage de vérifier à sa place, trahissant qu'il élève, à ce moment-là, cet adjuvant à la fonction de garant de la Vérité, l'instituant comme Autre de l'Autre. Ce principe détient, en fait, toute la relation de l'obsessionnel au langage.

Soit une des vérifications les plus ordinaires, celle du sujet qui revient sur ses pas pour vérifier qu'il a bien fermé la porte de l'appartement qu'il vient de quitter. Le sujet fait demi-tour et constate que la porte est bien fermée : à ce premier temps, le symptôme est enclenché, appelant le second temps où le sujet s'éloigne, avant de faire à nouveau volte-face et de revenir sur ses pas pour s'assurer, une seconde fois, de son acte. Au-delà de la *signification* imaginaire que l'on pourrait être tenté, une fois de plus, de donner à cet acte (en supposant, par exemple, que la porte en question est l'avatar de celle derrière laquelle s'est jouée la scène primitive), cette pantomime tire son sens de la défaillance structurelle qu'elle révèle : dans la vie quotidienne, l'homme fait ordinairement confiance au langage, ce qui signifie qu'il laisse filer toute seule la chaîne indéfinie des actes qui constitue la trame signifiante de son existence. Ce que nous exprimons, lorsque la pensée de la porte de notre appartement nous revient à l'esprit dans le cours de la journée, en nous disant que nous avons dû la fermer *machinalement*. Le malheur de l'obsessionnel, c'est que pour lui la machine a une existence bien réelle et qu'à ce titre elle est toujours susceptible de défaillir lorsqu'on s'y attend le moins.

L'obsessionnel pourrait ainsi être figuré sous les traits d'un prisonnier de la Caverne de Platon, qui, à un moment, se serait retourné et aurait découvert le dispositif producteur d'ombres chinoises dont il a été le jouet si longtemps. Désormais, il ne lui serait plus possible de faire confiance au langage et de croire à ces ombres de marionnettes. Il faudrait toutefois encore imaginer notre prisonnier incapable, en dépit de son nouveau savoir, de se retirer d'une partie devenue pourtant à ses yeux dérisoire, c'est-à-dire de faire le choix du sage : sortir de la Caverne, pour s'avancer hors du monde des représentations *(doxai)*. Il serait simplement allé se rasseoir avec les autres et aurait empoisonné la vie de tout le monde, en remontrant à chacun qu'il ne comprenait rien à rien, qu'il était le jouet d'illusions sans consistance et que, lui, avait pu jeter un œil sinon sur la vérité, du moins sur le mensonge du dispositif dont ils étaient tous les dupes.

Le mythe de la Caverne ainsi travesti permet de comprendre le sens de la tâche à laquelle l'obsessionnel dévoue sa vie : instruit qu'il est de la déficience de l'Autre, il se fait le contrôleur de la machinerie du langage, le contremaître chargé de vérifier et de consigner chaque étape de son fonctionnement – astreinte de tous les instants, comme le montre l'analyse des divers aléas que la tenue de son registre, minute après minute, lui commande d'éliminer.

Tenter de se rendre maître de la coupure

Quand il referme la porte d'entrée de son appartement (ou lorsqu'en partant il vérifie qu'il a bien coupé l'eau, le gaz et l'électricité), le sujet est confronté, à travers tous ces actes, à une *figure imaginaire* de la coupure qui, chaque fois, s'impose à lui comme un rappel de la *sectio* primordiale qui marque originairement l'Autre du langage et que perpétue, au niveau du discours effectif, la césure entre les signifiants. Toutes ses vérifications traduisent la tentative du sujet de se rendre maître de la coupure pour inscrire par un acte « réel » une incision *visible* au point de césure entre deux signifiants. Par là, le sujet manifeste sa volonté d'« isoler » un acte décisif de son existence (ainsi que le consigne Freud à qui n'échappe pas ce trait capital de la structure), c'est-à-dire de sortir un signifiant de la chaîne, comme s'il redoutait, représenté qu'il serait par ce signifiant, d'être lui-même pris par la chaîne et emporté par elle.

Ainsi, pour l'obsessionnel, l'Autre a-t-il bien une existence réelle, la conséquence de cette croyance étant que le principe de causalité qui constitue le fonds essentiel de l'Autre et qui est pour l'ordinaire latent (à défaut d'être oublié), fait chez lui retour, de façon intempestive, sur le devant de la scène, lui révélant alors dans une angoisse indescriptible sa responsabilité engagée à l'infini et suscitant ce trait marquant de son caractère : la culpabilité. De l'ensemble de ce procès on retiendra que l'obsessionnel, en s'acharnant à inscrire une coupure « réelle », tente de pallier le défaut d'inscription symbolique du signifiant de la coupure (S_2), signifiant de la Cause perdue.

En fait, quand nous parlons d'inscription d'une coupure « réelle », nous entendons seulement : « inscrite dans la réalité », bien différente donc de ce que tentent certains psychotiques (schizophrènes) qui, en se tailladant le visage ou les bras avec des lames de rasoir, trahissent le défaut d'inscriptions plus primitives encore, celles des « signes de perception », qui ont pour fonction d'assurer la relève des *découpes* archaïques advenues sur le corps au moment du jugement d'attribution[1]. Ce qui est en cause, dans ces cas, ce n'est plus le défaut d'inscription du signifiant S_2, forclos dans la paranoïa et « échoué » dans la névrose, mais bien de ces premières représentations non représentatives (S_1), qui, dans l'obsession, ont été normalement marquées, puisque c'est à elles, nous allons le voir, que le sujet fait appel au moment où il établit le contrôle qui doit lui permettre de vérifier l'authenticité de l'Autre.

Virer le signifiant à la comptabilité

Ce contrôle, ce *contre-rôle*, selon la graphie d'origine, est le registre sur lequel l'obsessionnel tient les comptes de l'Autre. Cette pratique du comptage, qui décompose, par exemple, en la numérotant, chaque phase d'un rituel de coucher, découvre l'intention du sujet de faire de la chaîne signifiante une sorte de jeu de dominos où chaque signifiant serait inventoriable, identifiable, classable, rangeable, reproductible, identique à lui-même. L'analyse de cette pratique met parfois au jour quelques variantes subtiles : on apprend ainsi que le comptage peut devenir chez certains sujets une véritable scansion, cadencée sur le modèle de la métrique latine et ponctuée par un ou plusieurs accents toniques, avec cette précision complémentaire que le sujet a, dans ce cas, déterminé une fois pour toutes un schème rythmique, précis et immuable, destiné à encadrer son rituel : soit, par exemple, la séquence ternaire 1-2-3/1-2/1-2-1. Cette formule a pour fonction d'enserrer une séquence dramatique vérificatoire particulière dans un espace cadencé clos sur lui-même, chargé de découper, de border et de contenir un fragment de la chaîne signifiante. En effet, le dernier 1 du comptage, ponctué par la scansion finale de la suite rythmique, est supposé marquer le terme et la clôture de la vérifi-

1. Cf. Rey-Flaud, *Comment Freud inventa le fétichisme…*, *op. cit.*, p. 260-262.

cation, suspendant la chaîne signifiante et libérant, en conséquence, le sujet du doute et de l'angoisse. Mais l'expérience démontre alors qu'il n'est pas si facile d'enfermer le signifiant. En effet, au moment où le sujet pose son dernier 1, ponctué par un tempo final accentué, il est toujours exposé au risque que ce temps-là soit par lui entendu comme premier 1 de la série et tempo, en principe atone, d'ouverture. Si bien qu'une nouvelle séquence est aussitôt enclenchée et lui-même entraîné dans un nouveau cycle rythmique. L'obsessionnel est alors emporté dans un processus répétitif sans fin qui peut le conduire au bord de l'épuisement.

A contrario, on comprend qu'en cas de réussite, cette pratique consacrerait le succès du sujet, puisqu'il aurait à sa disposition, comme d'autres ont une reconnaissance de dette dans un tiroir, une sorte de fac-similé parfait du langage et qu'il serait donc en mesure, à tout moment, seulement en ouvrant sa boîte à malices, de vérifier la vérification. Faisant un pas de plus, il est possible de déterminer métapsychologiquement cette conduite de l'obsessionnel.

Prendre l'Autre au miroir

Quand il range un document important dans un tiroir ou procède à la fermeture d'une porte, le sujet double quelquefois le comptage d'un effort pour enregistrer visuellement ou auditivement (ce peut être, par exemple, le double enclenchement d'un pêne dans une serrure) la séquence élémentaire qu'il a découpée. Ce faisant, il essaye de prendre son acte au miroir, en s'efforçant de consigner dans le registre de sa mémoire la perception de son geste. La perception reçoit ainsi la fonction de photographier et d'archiver tous les actes du sujet et légitime ici le nom qu'elle a reçu dans la langue allemande, *Wahrnehmung* (« prise du vrai »), puisqu'elle est chargée de contrôler la vérité du langage.

Se découvre alors la volonté de l'obsessionnel de faire à l'envers le parcours qui marque, selon la *Lettre 52*[1], l'introduction du sujet au langage, et de ramener le signifiant au statut du « signe de perception » *(Wahrnehmungszeichen)*. Cette intention exprime ainsi le refus de ce refus de traduction *(Übersetzung)* par lequel Freud définit le refoulement (ici, le refoulement originaire), c'est-à-dire le projet de faire passer *entièrement* les *Wahrnehmungszeichen* dans le registre des représentations, ce qui reviendrait à donner à ces représentations le statut de signes.

La vérification traduit donc le refus du névrosé de perdre quoi que ce soit de ses actes et de se perdre dans aucun d'eux. Elle trahit la volonté de se faire représenter par le signifiant tout en restant présent pour vérifier la vérité de la représentation. Elle exprime finalement le rejet de ce qui constitue la loi fondamentale du langage selon laquelle le sujet est à chaque instant pris dans la chaîne du signifiant sans en rien savoir. L'analyse découvre que ce rejet trouve sa raison dans une sorte d'installation de l'obsessionnel dans ce qui constitue le premier temps de l'introduction au langage : l'*aliénation*, avec l'impossibilité ici avouée d'enclencher le second temps (terminal) : la *séparation*.

III. L'échec de la séparation

La navette de l'aliénation

L'aliénation au signifiant définit la condition du sujet du langage, qui fait que celui-ci n'est jamais représenté par un signifiant que pour *un autre (alius)* signifiant, si bien qu'il est toujours déjà par avance attendu au lieu de cet *autre signifiant*. Mais ce n'est pas en ce sens que l'obsessionnel accomplit l'aliénation qui chez lui

1. Lettre 52 à Fliess, *in* Freud, *La Naissance de la psychanalyse*, *op. cit.*, p. 153-160.

devient un véritable enfermement entre deux signifiants. Sa relation au langage pourrait être représentée sous la figure d'une navette courant d'un bord à l'autre du métier, relativement libre dans sa course, mais strictement limitée dans son parcours – ce schème évoquant spontanément la structure du célèbre jeu de la bobine[1] qui permet de préciser les contours de l'impasse dans laquelle le sujet est ici piégé.

Ce qui frappe d'entrée dans les discours qu'il tient, c'est que peu lui chaut qu'on l'écoute ou pas, découvrant d'abord que pour lui l'autre n'existe pas. Mais cette singularité se redouble bientôt quand il démontre que lui-même n'est pas là. Si bien que l'on se trouve en présence d'un discours qui se déploie entièrement à l'économie de l'inconscient, en court-circuit de l'objet du désir et sans référence à l'Autre qui, en tant que barré, constitue la structure essentielle du langage. Ce discours est donc semblable aux bandes lumineuses qui défilent et reproduisent indéfiniment le même énoncé. Ainsi à vaciller indéfiniment entre A et A, entre *fort* et *da*, le sujet s'éternise dans une oscillation où chaque coup marqué est annulé par le retour anticipé à son opposé, selon le principe qui supporte la pratique des enchères publiques, comme le démontre le cas d'un patient qui fréquentait assidûment ce genre de manifestation.

Le principe des enchères

L'objet mis au concours, exposé sur une tablette devant le bureau du commissaire-priseur, n'est rien que l'avatar, un peu plus raffiné, de la bobine paradigmatique de Freud, dont il prend le relais et la fonction : notre sujet laissait toujours, pendant quelques

1. Il faut entendre que le jeu de la bobine, à ce premier stade, représente l'enfant expérimentant l'apparition/disparition d'un *faux* objet *a*, appelé lui-même comme simulacre du sujet. C'est donc en fait sa propre *aphanisis* que l'enfant éprouve ici avec précaution sans accomplir encore, à ce moment, sa symbolisation subjective.

instants, les enchères monter, puis il intervenait lui-même et la partie commençait. Dans un premier temps il enchérissait : *da !* – et l'objet était alors *possiblement* à lui et son cœur battait fort. Mais quelques secondes après, un autre participant proposait une autre enchère : *fort !* – et l'objet était du coup *possiblement* perdu et son cœur cessait de battre. Il laissait alors passer une ou deux enchères, parfois aussi il « poussait » l'objet sans laisser d'intervalle : *da !*, et à nouveau la virtualité de la possession s'ouvrait à lui. La partie du *fort/da* continuait ainsi pendant un certain temps, entretenant son émotion. Mais les meilleures choses ont une fin : à un certain moment, le marteau du commissaire-priseur retombait, arrêtant la vacillation alternée *du sujet* (car c'est bien elle qui est en jeu à travers l'oscillation de l'objet qui se donne à voir sur la scène), déclenchant du coup son angoisse.

Car cet arrêt, suspendant la partie, prend de fait l'obsessionnel à contre-pied et le force à un choix, alors que son projet était précisément de ne pas choisir : à la rigueur, la perte de l'objet lui donne droit à une partie gratuite qui lui permet de reprendre son manège. Mais les choses se gâtent, si le marteau en retombant lui attribue l'objet. Car, cette fois, il marque *à sa place* le troisième temps fatidique qui met l'obsessionnel au pied du mur de son désir[1], suscitant du même coup son angoisse et parfois même sa panique. Ce qui nous invite à reconsidérer le sens du jeu du *fort/da*.

La conclusion de l'aliénation : perdu pour perdu

Le jeu de la bobine figure, sans doute, l'introduction du sujet au langage *mais à la condition qu'il soit dépassé*. Tant qu'un enfant lance sa bobine et la fait revenir à lui, en tirant sur sa ficelle, en se complaisant à son jeu, il ne fait que la moitié du chemin. A ce

1. Devant lequel il se dérobe, même à ce moment, car il démontre qu'il est incapable d'emporter l'objet pour l'installer chez lui, le montrer à ses amis ou l'offrir à sa maîtresse.

moment, le *fort/da* présente le schéma d'une interminable partie d'enchères qui éterniserait l'oscillation de l'objet et, partant, la vacillation du sujet : perdu/gagné/perdu/gagné... Pour que s'achève le procès qui marque l'introduction du sujet au langage, il faut que l'enfant, à un moment, prenne la place de l'Autre et prononce lui-même l'arrêt de la partie qui va redoubler la perte de l'objet. Perte assurément surprenante, puisqu'elle s'inscrit ici dans une attribution de l'objet. En fait, ce paradoxe trouvera plus loin sa raison dans une destitution de l'objet qui, dépouillé des apparats de la « merveille », introduit le sujet au monde des objets ordinaires où s'effectuent l'échange et le partage.

Cet instant est celui de la décision, intervenue quand l'enfant *lâche la ficelle* et accepte la perte de cette part d'être qui le constituait. Il s'agit bien, on le voit, d'un redoublement de la perte : l'enfant accomplit, ce coup-ci, sur la perte de la bobine, la relation qu'il entretenait au coup précédent avec la bobine elle-même. La portée essentielle de ce geste étant que la bobine (c'est-à-dire, en fait, le sujet) passe au lieu de l'Autre pour s'y perdre. Ce que Freud traduit avec une sûreté qui nous émerveille aujourd'hui encore lorsqu'il repère le second temps qui vient clôturer la causation du sujet, effectif quand l'enfant remplace le jeu de la bobine par une pantomime jouée devant le miroir : l'enfant se baisse et se relève alternativement, apparaissant et disparaissant tour à tour dans le cadre spéculaire, en scandant chaque phase du *fort/da*, vérifiant ainsi qu'il peut manquer à l'Autre et que, face à ce manquement, l'Autre est impuissant. A ce moment, il démontre qu'il n'est plus désormais ni en A ni en A', mais très précisément au point de coupure impossible à écrire qui se situe entre les deux et que la psychanalyse attribue comme site au symbole **Φ**. Le sujet exprime ainsi qu'il s'est constitué autour de ce signifiant qui est le signifiant de sa perte. Au nom de quoi, il confirme sa volonté de se séparer de l'Autre[1]. En réalité (le jeu devant le miroir en témoigne), l'en-

1. Que de cet Autre la mère soutienne électivement la figure, c'est ce que nous savons déjà. Ce rappel, notons-le, valide l'interprétation de Freud (qui identifie la bobine avec la mère réelle absente), que l'on a parfois tendance à

fant désormais est représenté *par rien*. En s'abolissant en tant que signe pour l'Autre (c'est-à-dire en prononçant le troisième A de Bosse-de-Nage), il s'identifie à la place vide dans le miroir, où, à partir de maintenant, n'importe quel signifiant va s'écrire. Ce n'importe quel signifiant, ce sera par exemple le tabac qui figure le premier signifiant *imaginaire* grâce auquel l'enfant est introduit à l'espace de la représentation, où la poussée du *Trieb* fait tourner la noria du désir et met en circulation les objets du monde.

La fonction de la séparation

Ainsi le temps de la séparation qui vient redoubler et consacrer le temps de l'aliénation, en inscrivant la symbolisation du sujet, est-il la condition préalable nécessaire au fonctionnement de cette combinatoire signifiante vide qu'on appelle une communauté culturelle. Ce n'est qu'à ce moment que le sujet, dépris de l'Autre, est véritablement compté en – – 1, identifié au signifiant (S_2/Φ) qui, comme signifiant de sa perte, devient celui de toutes ses virtualités – l'inscription du trait vide de l'idéal du moi rendant désormais possible le déploiement du moi idéal. C'est à partir de ce marquage inscrit au « cœur de notre être » *(Kern unseres Wesens)* que se constitue, signifiant après signifiant, cette figure de prestance qui ne tient le coup que de sa fondation symbolique, le nom propre advenant à ce point d'articulation impossible à articuler pour évoquer – versant symbolique – le sujet comme perdu et pour désigner – versant imaginaire – le moi comme instance de prestige, de défi et de conquête. Voilà pourquoi le sujet ne peut se faire un nom dans la vie qu'à la condition que ce signifiant soit *in principio* celui de

considérer comme une lecture naïve de la scène. En réalité, ce sont bien les absences de la mère réelle qui confrontent l'enfant à l'inconsistance de l'Autre et le renvoient, par contrecoup, à son propre *fading*. C'est donc l'expérience de l'autre « réel » manquant qui introduit l'enfant à l'Autre (symbolique, cette fois) défaillant et, par là, à la faculté de se constituer lui-même comme manque.

sa mort. Le paradoxe, assez simple à résoudre, c'est qu'en cas de défaut de cette symbolisation primordiale, accomplie au niveau du sujet, qui introduit le moi à la communauté et à l'échange, le principe de négation fait précisément retour sur le moi lui-même. Ainsi s'explique que le défaut de symbolisation du sujet ait pour conséquence la revendication acharnée de l'obsessionnel à être retranché de l'ensemble (– 1) par laquelle il avoue qu'il est en vérité incapable d'être compté comme un parmi d'autres (– – 1). Cette prétention imaginaire marque donc la reconnaissance de l'échec qui le frappe comme sujet assujetti du langage[1], soit d'être soumis à une *aliénation* renforcée par suite de la défaillance de la *séparation*.

IV. Une aliénation renforcée

« Fromage ou dessert »

L'obsessionnel subvertit en effet l'aliénation *symbolique* du sujet au signifiant pour en faire une sorte d'enfermement imaginaire entre deux signifiants, réclusion à laquelle le condamne son incapacité à rien perdre du signifiant – ce que sa compulsion à comprendre avait d'ailleurs mis en évidence.

Cette incapacité devient manifeste chaque fois qu'un choix s'im-

1. Les prétentions à la vertu du « misanthrope » n'expriment que sa volonté de rivaliser *dans l'imaginaire* avec le phallus symbolique. En effet la passion fanatique d'Alceste pour la Vérité trahit, à chaque instant, sa terreur d'avoir à reconnaître quelque chose de *sa* vérité, *id est*, celle de son désir que Philinte lui désigne ironiquement : « Mais cette rectitude/Que vous voulez en tout avec exactitude,/Cette pleine droiture où vous vous renfermez,/La trouvez-vous ici dans ce que vous aimez? » (I, 1). En vertu de ce principe, l'obsessionnel se présente ainsi comme une caricature du sage : en regard de l'atopie de Socrate, qui traduit la position-limite occupée par le Maître, identifié au signifiant de la virtualité absolue du désir pur (S_2) et qui rend compte de son retrait de tous les espaces imaginaires où s'accomplit le quotidien de la cité, le névrosé affiche une « atopie » parodique, en démontrant son incapacité à s'inscrire en quelque lieu que ce soit, *par défaut, cette fois*, de l'inscription du S_2.

pose à lui. Confronté à la proposition « fromage ou dessert », il évacue la question en s'installant dans l'alternative : quand il est au fromage, il pense au dessert qui l'attend et il est en fait au dessert ; quand il est au dessert, il pense au fromage qu'il a laissé sur la table et il est au fromage. On pourrait illustrer sa condition par l'image de deux balanciers qui oscilleraient en opposition de phases, le premier figurant le moi et le second le sujet du désir, en conséquence de quoi le moi et le sujet se croisent quelquefois, mais sans jamais se rencontrer, à l'image de Renart et Ysengrin dans le puits. Cette image fait apparaître son incapacité à se faire représenter par le signifiant, puisque, dans un couplage signifiant élémentaire, il n'est jamais dans le signifiant qu'il énonce, mais toujours par avance dans celui qu'il va rejoindre et qui est précisément celui qu'il vient de quitter. La conséquence est alors que les signifiants qui supportent sa présence moïque sont toujours désertés par lui et qu'il traverse le monde en étranger, laissant tous les petits objets de tous les petits désirs à la jouissance de son moi.

Sa jouissance, délesté des *impedimenta* et des *desiderata* qu'il abandonne à ses divers simulacres, se limite à celle de la course qu'il accomplit inlassablement entre A et A, porté par l'impossible espoir qu'il pourrait un jour saturer cet entre-deux, sans savoir que cet espace qu'il arpente est à l'image du désert où le lieutenant Drogo attend les Tartares, celui d'un désir mort. Car cette course de la navette à quoi se réduit sa vie est, en réalité, une course immobile qui s'accomplit hors du temps dans l'attente du jour où l'Autre enfin se montrera.

L'attente du lieutenant Drogo

La fiction de Buzzati découvre en effet comment toute l'attention du lieutenant Drogo, toute sa vie se trouvent focalisées sur l'observation secrète des préparatifs conduits par les Tartares[1].

1. Buzzati, *Le Désert des Tartares*, *op. cit.*

Tout peut facilement se trouver mis en suspens, entre parenthèses, tout devient dérisoire pour celui qui a surpris la marche silencieuse et inexorable de l'Autre, dont l'avancée va déterminer le destin du royaume. Ceux de l'arrière peuvent se livrer à leurs mascarades et à leurs fêtes, ses camarades s'adonner à leurs jeux et à leurs rires : lui, il mesure, enregistre et consigne chaque jour les progrès de l'Autre et il se prépare à l'exploit qui lui sera donné le jour où l'armée des Tartares se présentera sous les murs du fort Bastiani. Sa jouissance se réduit alors à l'attente de la jouissance. Ainsi l'obsessionnel dévoue-t-il son existence à tenir la comptabilité de l'Autre dans un face à face silencieux, *où il est seul à savoir* et auquel nul autre, bien sûr, n'est admis. S'éclaire, du coup, par un autre côté cette exclusion du tiers que nous avons déjà rencontrée, tandis que se précise la nature de la prison dans laquelle il est détenu.

A le voir s'acharner à vérifier les serrures de son cachot, on comprend bientôt qu'il redoute autant de s'échapper qu'il crève d'être enfermé – contradiction qui se résout quand il s'avère qu'il est simplement prisonnier dans la cage de son narcissisme. C'est cette réclusion dans l'enceinte de son moi qui l'exclut de toute communauté et l'assigne, par-dessus le marché, au paiement d'une dette accablante et énigmatique.

CHAPITRE QUATRE

Le Chevalier, l'Autre et la Mort

I. Le désert des Tartares

La division du sujet

L'obsessionnel est pareil au Chevalier de Dürer, qui, lorsqu'il s'avance suivi du Diable et de la Mort, semble faire corps avec son armure. Il est bien incapable de se retirer, comme le sage (ou le pervers), au point aphanisique où se fonde le sujet et d'abandonner sa dépouille moïque aux pieds du maître, en lui disant : « Tu vois : tu l'as cassée. » Il ne dispose pas non plus, comme l'hystérique, du recours à la mascarade, qui permet à celle-ci de cantonner la partie du désir au niveau de son moi, piquant à droite et à gauche tel ou tel insigne pour composer le personnage qu'elle met en avant comme un leurre offert à la concupiscence de l'autre, ce qui lui permet de méconnaître que la *muleta* qu'elle agite lui sert d'abord à éluder son propre désir. En vérité, l'obsessionnel défère, lui aussi, à son moi la charge de désirer à sa place, *seulement, lui, il n'y croit pas* – particularité qui remet en cause, dans son cas, la pertinence de ce que l'on appelle la « division du sujet ».

La division du sujet est l'effet de la mise en place du refoulement originaire, accomplie par la perte redoublée du signifiant phallique. Cette division écrit la barre qui sépare le sujet de l'énoncé et le sujet de l'énonciation, le principe de plaisir et le principe de réalité et marque du même trait la limite de l'Autre. Le caractère essentiel du phénomène est que cette barre est en permanence franchissable. Ainsi le discours de l'énoncé est-il constamment alimenté par le discours de l'énonciation, ce qui revient à dire que notre réalité quotidienne est perpétuellement infiltrée par le principe de plaisir, lequel se ressource lui-même au point ombilical où gîte, deux fois perdu, le signifiant phallique. Si bien que, dans la vie courante, nous traitons les mots comme des choses, c'est-à-dire que nous parlons en ne prenant en compte que la seule valeur de pertinence du discours et en faisant l'économie de la liaison constante qui noue les représentations de mot aux représentations de chose et qui alimente de façon continue les premières de toute la charge signifiante des secondes. Nous parlons donc, en faisant abstraction de toute la part de subjectivité charriée par les mots de par leur connexion avec les représentations de chose – ce qui est d'ailleurs la condition de la communication, qui laisse croire aux hommes que, parce qu'ils s'entendent sur les mots, ils s'entendent aussi sur les choses.

C'est en fonction de ce principe que l'espace du moi, qui serait sinon aride, est secrètement irrigué par tous les réseaux signifiants souterrains nourris par les désirs inconscients, qui eux-mêmes ont pour source *(Quelle)* le signifiant phallique autour duquel ils se « nouent » (*gebunden*, dit Freud). C'est ce procès qui, dans l'obsession, est grevé par une hypothèque radicale.

Le clivage obsessionnel du sujet : l'isolation

L'obsessionnel transforme la division en clivage en maintenant infranchissable, dans toute la mesure de ses forces, la barre de séparation entre principe de plaisir et principe de réalité, entre représentation de chose et représentation de mot, selon un mode de défense qui lui est propre et que Freud définit par un terme que nous avons déjà rencontré : « isolation ». Cette pratique est destinée à parer aux conséquences de la perte *non accomplie par la séparation* du signifiant phallique, laquelle a pour effet de mettre en défaut la fonction de médiation – de fusible, pourrait-on dire – ordinairement tenue par le signifiant, si bien que chez lui n'importe quel objet du monde, susceptible d'intervenir dans le champ du désir, court le risque d'être mis directement en court-circuit avec la Chose. Pour éviter cette mise en contact « électrique » du signifiant imaginaire (S_3, S_4, S_n) avec le signifiant de la Chose (S_2), l'obsessionnel prend des mesures radicales d'isolation, qui déconnectent purement et simplement l'espace de son moi (dévolu aux représentations de mot) du câblage signifiant, vecteur de la *libido* du système Ics[1] (représentations de chose). Cette mesure appelle toutefois une précision : cette « isolation » ne doit pas être, bien entendu, confondue avec la coupure structurelle, que Freud met au principe de la schizophrénie. A la différence de la « schize » originaire de la psychose, l'isolation obsessionnelle doit en effet être comprise comme une défense instaurée et restaurée en permanence par la volonté du sujet, chargée qu'elle est de maintenir à la plus grande distance possible du moi un désir toujours prêt à faire irruption dans ce territoire qui lui est interdit.

La conclusion de cette stratégie de la *terre brûlée*, c'est que le sujet finit par déserter complètement son moi pour considérer de loin cet étranger. C'est ainsi qu'au matin du jour où il doit se mettre en route pour sa première affectation au fort Bastiani, le lieutenant Drogo, sanglé dans son uniforme neuf « considérait fixement le miroir [qui lui renvoyait son image et] voyait un sourire forcé sur le visage qu'il avait en vain cherché à aimer[2] ». C'est encore cette même distance entre le sujet et le moi que traduit le poète Hugo von Hofmannstahl, lorsqu'il exprime le vécu de ce retrait obsessionnel : « M'a toujours manqué, écrit-il, l'immédiateté de l'existence ; je me regarde vivre et tout ce que je vis est pour moi comme sorti de la lecture d'un livre ; seul le passé jette un peu de lumière sur

1. Freud, dans sa première topique, distingue trois « systèmes » : l'*Ics* (inconscient), le *Pcs* (préconscient) et le *Cs* (la conscience) (cf. Freud, « L'inconscient », *Métapsychologie*, Paris, Gallimard, « Folio Essais », 1989, p. 65-121).

2. Buzzati, *Le Désert des Tartares*, *op. cit.*, p. 8.

les choses et leur donne couleurs et odeurs[1]. » Se découvre alors, au dernier terme, la conséquence logique de cette politique de la coquille vide : cette forteresse désertée que le sujet construit avec son moi aux marches de l'Autre, contre l'Autre, mais aussi dans l'attente de l'Autre, va devenir peu à peu sa prison.

La fiction de Buzzati dans *Le Désert des Tartares* livre la clef de la condition subjective de l'obsessionnel : le sujet a pris position au point du « représentant de la représentation » qui devient ici un site géographique localisable et identifiable. Et à partir de ce point qui reste dans son imaginaire celui de toutes ses possibilités, *il attend*, sans franchir les limites du fort, sans inscrire son désir virtuel dans aucun des signifiants du monde, S_3, S_4, S_n, sans répondre aux signes venus de l'Autre – ainsi, pour Drogo, lorsque cet étalon noir, échappé de l'enclos des Tartares, sembla venir un jour le provoquer sous les murs de Bastiani. Telle est encore la position d'Alceste qui n'échappe pas à la sagacité de son ami Philinte.

Celui-ci a bien repéré en effet que « la coquette amuse dans ses liens » le misanthrope, sans percevoir toutefois que l'exaspération de son compagnon d'être ainsi le jouet de Célimène cache que ce jeu ménage le seul mode de jouissance qui lui soit donné : celui de l'attente de la jouissance. Principe que confirme, un instant plus tard, Oronte, qui, en décrivant dans son sonnet la stratégie de la belle, contraint Alceste à reconnaître l'impasse qu'il entretient lui-même jour après jour : qu'à courtiser la perfide, il fait comme les autres « [et] désespère alors qu'[il] espère toujours » (I, 2). En vantant les délicieux supplices qui lui sont imposés, Oronte renvoie en miroir à Alceste la vérité de sa propre condition et, en le délogeant de son imposture, il déclenche *in petto* sa fureur. La fonction de la procrastination se trouve d'ailleurs consacrée par la dérobade

1. Notation confirmée par cette fine notation de Willy Haas sur la voix du poète : « Il parlait comme s'il avait dans la bouche un morceau de pierre morte que les mots auraient dû contourner pour jaillir. Ce n'était pas simplement un défaut de prononciation, c'était vraiment comme une pierre, un morceau de mort dans la bouche *[ein Stück Tod]*. [...] Cela produisait presque un effet d'inquiétante étrangeté *[es war fast unheimlich]* » (cf. Gotthart Wunberg, *Der frühe Hofmannsthal*, Stuttgart, 1965).

finale du héros, au moment où son aimée, pressée par les circonstances, consent au dernier moment à ses vœux. A cet instant, l'obsessionnel avoue, par sa fuite, que le signifiant du possible est chez lui celui de l'impossible, ce que vérifie la clinique quand elle montre que de réponse manquée en réponse manquée, ce signifiant, desséché au fil des années, finit par connaître une bascule du symbolique à l'imaginaire pour n'être plus que l'insigne d'un sujet pétrifié, entré de son vivant dans l'espace des morts, à l'image du Chevalier de Dürer évoqué au début de ce chapitre.

Le désir comme impossible

Mais avant d'atteindre ce stade terminal qui consacre l'effacement de la réalité, le « représentant de la représentation », *alias* le signifiant phallique, pour n'avoir été négativé qu'une seule fois, va errer dans le monde, entre imaginaire et symbolique, comme un signifiant en peine, nourrissant en permanence la culpabilité du sujet. Car ce signifiant, qui est, à l'origine, ne l'oublions pas, celui d'une jouissance interdite et d'un meurtre, faute d'avoir été *oublié*, va faire porter l'*aura* de culpabilité qui l'affecte sur tous les signifiants secondaires qui peuplent l'univers du sujet, lequel devient ainsi un monde grevé par une perpétuelle inquiétude. Car chaque objet, chaque signifiant s'avère pour l'obsessionnel susceptible de susciter l'évocation de la Chose interdite, avec cette conséquence que tous les objets du monde vont se trouver, dès lors, exclus du champ du désir, puisque mis en série par *das Ding*, ils sont devenus tous équivalents et qu'aucun donc ne peut plus être choisi.

Parce qu'il étalonne la chaîne signifiante à la seule mesure qu'il connaisse, celle du couple binaire où il oscille entre *fort* et *da* et où chacun des deux termes du couple occupe tour à tour la place du « représentant de la représentation » (S_2), l'obsessionnel s'interdit de prononcer le troisième signifiant de la chaîne (S_3) qui pourrait inscrire le premier choix. Choisir, c'est en effet élire un objet comme substitut de la Chose perdue, en excluant tous les autres.

Et comme il n'y a que le premier choix qui coûte, si cet objet, par la suite, est lui-même perdu, n'importe quel autre pourra venir à cette place, validant la remarque plaisante faite par Lacan à la sortie d'*Hiroshima, mon amour* (1958) : le film montre que « n'importe quel Allemand irremplaçable pouvait trouver un substitut immédiat dans le premier Japonais rencontré au coin de la rue[1] ».

Ainsi cette impossibilité de choisir est-elle ce qui ferme au sujet l'accès à la réalité et rend compte de son retrait de l'espace moïque. Nous est, du même coup, donné, le sens du refuge qu'il trouve au champ du fantasme où, à l'écart des autres et à l'abri de la castration comme du désir, il va vivre sa vie comme un grand rêve jusqu'à ce que la mort un jour le réveille. Reste à montrer alors comment cette exclusion de la réalité qui le frappe se trouve corrélée chez lui à l'impossible de tout partage.

II. La loi du partage

L'exclusion du partage

Dans l'enclos protégé de son fantasme, le sujet vit au milieu d'un monde de « petites choses » qu'il ne faudrait pas confondre avec des objets. Tous les objets du monde ont en effet pour fonction de présentifier la castration, puisqu'ils sont tous une métaphore de la Chose perdue. Au nom de quoi la réalité est un rappel constant de la coupure. L'obsessionnel s'avoue, en sens inverse, incapable d'accepter le caractère « éphémère » des objets[2], démontrant son inaptitude à accomplir le moindre travail de deuil. S'explique ainsi cette volonté qui le caractérise de produire, à l'image du tableau élaboré par le héros du *Chef-d'œuvre inconnu* de Balzac, un objet

1. Lacan, Séminaire X, « L'angoisse », séance du 3 juillet 1963 (inédit).
2. Freud, « Éphémère destinée », *Résultats, Idées, Problèmes*, I, *op. cit.*, p. 233-236.

parfait, qui serait l'expression de la présence de la Chose dans le monde. Par là, il démontre qu'il conduit dans l'imaginaire un projet homologue de celui que le fétichiste accomplit dans le réel – avec cette conséquence que, pour l'un comme pour l'autre, l'« objet » (si particulier qu'il soit à chacun) s'avère toujours impartageable. Dans le cas de l'obsessionnel, la raison en est simple : c'est qu'un pareil objet est d'abord, en lui-même, imperdable, ainsi que le démontre la fiction de Balzac qui met en scène un personnage occupé à produire, dans le plus grand secret et à l'exclusion de tout autre, la « merveille » qu'il est en train de créer.

Or, pour qu'un objet puisse entrer dans le circuit des échanges, il faut qu'il soit marqué par la castration en tant que substitut du signifiant phallique Φ[1]. Ce n'est qu'à cette condition que l'objet, identifié à $-\phi$, relance chez celui qui le donne et chez celui qui le reçoit la capacité à la perte, qui vient nourrir la faculté de désirer[2]. Ainsi l'obsessionnel confirme-t-il *a contrario*, à travers tous ses refus, que ce qui est mis en circulation dans l'échange, ce n'est pas l'objet, mais le défaut de l'objet, et que la loi du don n'est pas de partager des objets, comme le croit la sociologie, mais le manque – principe devant lequel l'obsessionnel échoue radicalement en raison du rapport particulier qu'il entretient au langage.

Qu'est-ce qu'un méchoui ?

L'obsessionnel avoue, à chaque instant, qu'il est exclu de toutes les rencontres banalisées qui constituent au quotidien le lien social. « Passez dimanche à la maison, lui proposera, par exemple, un collègue de travail. Nous faisons un méchoui avec quelques amis. » Si vous l'interpellez ainsi à l'improviste, peut-être se laissera-

1. Ainsi certaines monnaies commémoratives sont-elles retirées de la circulation par ceux qui les reçoivent pour être élevées au rang d'objets de collection.
2. Ce que ne supporte pas précisément l'obsessionnel, quand il montre son obstination (propre à susciter le désespoir des fleuristes) à faire des cadeaux « utiles » et, si possible, impérissables.

t-il prendre. Vous le verrez alors au jour dit déambuler mal à l'aise entre les groupes d'invités, embarrassé par son assiette en carton, ne sachant trop quelle contenance prendre, au milieu de tous ces gens qui s'agitent si naturellement et de si bon cœur autour d'un mouton calciné. On le croirait échoué chez des primitifs au milieu d'une fête rituelle dont il ne comprendrait ni les enjeux ni les règles.

Le seul fait d'être ainsi introduit dans un espace exotique où un certain nombre d'indigènes manifestent de façon si ostensible par leurs rires et par leurs cris les signes d'une jubilation partagée suffit d'entrée à susciter sa méfiance, comme s'il craignait d'être contaminé par cette euphorie dont il n'augure rien de bon. Pourtant, il n'est pas exclu qu'à ce stade, nonobstant la menace qu'il pressent, une velléité de participation puisse se présenter à son esprit, vite réprimée toutefois, car la moindre tentative pour réaliser son intention va aussitôt révéler son incapacité essentielle à s'intégrer à une communauté.

En fait, la solitude qui l'isole ce jour-là au milieu de tous les participants de la fête est l'expression d'un processus qui s'est mis en marche depuis le moment où l'invitation lui a été signifiée : au seul énoncé du mot « méchoui », toute une élaboration s'est chez lui mise en route. Il s'est demandé d'abord quelle était la signification exacte de la proposition qui lui était faite et à quoi il allait s'engager en l'acceptant. Son embarras avait redoublé, quand il avait appris qu'il s'agissait d'une sorte de banquet en plein air, à la mode de l'Afrique du Nord, dans lequel un mouton entier était cuit à la broche. Il avait alors essayé, de bonne foi, d'intégrer le sens de ce cérémonial dans sa culture personnelle, afin d'en saisir, par la raison et la réflexion, l'intérêt et la portée.

« Les mots disent difficilement... »

C'est ainsi que son rapport particulier au langage, qui consiste à gommer la barre entre signifiant et signifié, le conduit à tenter de faire coller le mot « méchoui » avec une réalité objective détermi-

son rapport au lge = gommer la barre entre signifiant et signifié née – identifiable, mesurable, comptable – qui le mettrait à l'abri des caprices du signifiant. Ce faisant, il démontre qu'il ignore que, lorsqu'un groupe d'amis se réunit le dimanche pour un méchoui, la communauté se rassemble autour d'un signifiant auquel le mouton qui grille sur la braise donne corps *de façon accessoire* et que n'importe quel objet peut tenir ce rôle, si bien que, dans une fête dominicale, la rencontre s'accomplit autour de « rien ». Ce principe, l'obsessionnel est complètement incapable de le concevoir. Que la fête soit donnée en l'honneur du signifiant, qu'hommage soit ainsi rendu au manque, vient en effet mettre en péril, pour lui, la perfection du langage qui est la condition du maintien de sa propre intégrité.

L'incapacité de l'obsessionnel confirme *a contrario* la validité du principe que nous évoquions : ce qui noue entre eux les membres d'une communauté (aussi élémentaire que celle qui se réunit un dimanche autour d'un mouton grillé), c'est un signifiant insignifiant : *méchoui*, appelé pour tenir lieu de substitut au « représentant de la représentation » de la Chose. C'est parce que ce signifiant est, en lui-même, dépourvu de contenu que chacun des participants va pouvoir venir déposer dans l'espace vide qu'il offre le vide singulier de *son* « représentant de la représentation », son propre signifiant de *das Ding*. Ainsi le mot *méchoui* est-il une pure figure qui donne corps, le temps d'une rencontre, au cerne que Robinson traçait sur le sable pour recueillir la trace laissée par Vendredi, révélant à l'analyse son statut de représentant imaginaire du « représentant de la représentation », de substitut du signifiant phallique Φ, qui vient rassembler au lieu de l'Autre, pour tous les participants de la fête, les objets perdus par chacun – l'opération se bouclant, quand il s'avère que ce « rien » en quoi consiste le *méchoui* advient, par une mutation de son initiale, pour faire « lien ». Le lien social se fonde donc d'une cérémonie rituelle (et là l'obsessionnel ne se trompe pas) au cours de laquelle des sujets rassemblés commémorent, sur un signifiant insignifiant, la structure essentielle du langage, célébration dont l'obsessionnel est *a priori* exclu.

L'obsessionnel et les embarras du signifiant

La raison de son échec apparaît à présent clairement : pour lui, le « représentant de la représentation », n'est pas vide, mais doté au contraire d'un contenu imaginaire qui le pétrifie et le met dans l'incapacité de remplir sa fonction de pivot du système des échanges (ce que confirme la clinique qui nous a montré que le signifiant phallique est incarné ici dans une *présence réelle*). C'est la raison pour laquelle l'obsessionnel ne peut loger son signe imaginaire à cette place symbolique et se retrouve alors avec son S_2 sur les bras – ce que figure le malaise qu'il manifeste aux yeux de tous, lorsqu'il se promène embarrassé avec son assiette en carton à la main. Si vous l'interrogiez à ce moment-là, il vous dirait sans doute qu'il ne comprend décidément pas comment l'on peut se réunir pour manger dans des conditions si inconfortables du mouton brûlé. Le seul profit qu'il va retirer de la réunion dans laquelle il s'est fourvoyé sera de s'être convaincu, une fois de plus, au spectacle de tous ces gens qui se sont réunis pour rien, de la vanité essentielle de tout partage. Et, ce faisant, il donne la vérité du langage. Mais ce qu'il ignore, c'est que le partage vain qu'il dénonce est l'expression de cette vérité et que le désir n'est possible qu'à la mesure du leurre qui le supporte.

En pareille circonstance, le pervers confirmera une fois de plus sa supériorité sur le névrosé. Lui non plus ne reconnaît pas au méchoui la qualité de « représentant » du signifiant phallique. Mais conscient qu'il est de détenir le signifiant primordial lui-même, il considérera, de bonne grâce, avec une indulgence condescendante, ceux qui sont pris au leurre du langage. Sous la réserve d'y être sans y être, il pourra alors, sous les dehors d'une courtoisie glacée ou amusée, faire semblant de participer à la réunion où s'agitent les petits hommes[1]. L'obsessionnel ne dispose pas de cet

1. Il ne faudrait pas toutefois se représenter le pervers sous les traits d'un maître toujours impassible et glacé. En réalité, la détention du joker phallique ne le met pas à l'abri de toute surprise : il suffirait, par exemple, que dans ce

atout et si, lui aussi, est, en pareille occasion, présent sans y être, c'est bien à son corps défendant. Et la dérision du partage qu'il dénonce cache mal, à travers la rage manifeste ou rentrée qui l'anime, que c'est parce qu'il en est exclu qu'il se tient à l'écart du festin.

Sans doute sait-il que la barrière qui le sépare des hommes n'est faite que d'un souffle d'air à l'image de celles qui, dans les contes, retiennent prisonniers les princes enchantés : pour s'évader, il n'aurait qu'à s'arrêter un moment à la terrasse d'un café pour tourner son sucre en regardant passer les bonnes gens. Cette simple pause suffirait à marquer son introduction au signifiant. Seulement voilà : lorsqu'on est obsessionnel, on ne s'arrête jamais.

Le renversement de la créance

Le désir n'est pas la jouissance de quelque chose de réel, comme le croit le sens commun, mais la jouissance de rien. L'incapacité de désirer, démontrée par l'obsession, traduit un défaut du procès métaphorique qui constitue l'essence du langage et s'accomplit au quotidien chaque fois que le battement alterné de la pulsion – diastole/systole – fait monter au jour un nouveau signifiant, un instant appelé pour tenir le rôle du phallus indicible. Sans doute, l'incapacité dont il fait preuve à jouer avec les autres au jeu de dupe du désir pourrait-elle être entendue, à ce moment, comme le refus d'être payé avec la monnaie de singe du discours représentatif pour le phallus perdu. Ce refus est, dans son fond, un refus de faire crédit à l'Autre. En quoi sa position peut sembler proche de celle du pervers. Mais ce qui les distingue l'un de l'autre, c'est que son

---

genre de réunion sa compagne (qui reçoit au quotidien la charge de lui permettre de vérifier l'immutabilité de l'Autre) soit prise par le mouvement de la fête pour que la manifestation de son désir, révélant instantanément la faille de l'Autre, déclenche chez lui un déchaînement de fureur incontrôlée, qui traduirait alors un de ces effets de panique dont parle Freud en 1927, qui signalent que le sujet est sur le point d'être emporté par la catastrophe de l'Autre (Freud, « Le fétichisme », *La Vie sexuelle*, *op. cit.*, p. 134).

refus à lui trahit un échec anticipé, qui a pour effet que la fin de non-recevoir qu'il oppose à l'emprunt forcé de l'Autre fait retour sur lui sous la forme inversée d'une dette impayable, dont la nature, restée longtemps énigmatique, se trouve éclairée par le rituel de la circoncision.

III. La dette symbolique

L'équivoque relation entre circoncision et castration

Freud a établi très tôt la relation qui unit la circoncision et la castration, allant même jusqu'à faire de cette singularité la principale cause de l'antisémitisme[1]. Ces thèses ont été longtemps décriées, entendues qu'elles étaient au seul niveau de leur énoncé manifeste[2], alors qu'elles ne prennent leur portée que si l'on distingue la castration ici évoquée des rétorsions mutilatoires, dont la résurgence épisodique marque le retour dans nos sociétés civilisées de la horde sauvage primitive. Car sinon, sauf à attribuer au dieu des Juifs, la méchanceté dont Jacob Boehm faisait le caractère essentiel du Tout-Puissant, on comprendrait mal qu'il ait pu exiger de son peuple, fût-ce sous la forme imagée sanctionnée par le rite, de perpétuer sur lui-même cette automutilation. En fait, ce sacrifice trouve son sens, dès qu'on le transfère de l'imaginaire où l'inscrit *la* symbolique au réel de la structure où l'appelle *le* symbolique.

1. A partir de la découverte, établie en 1908, du complexe de castration, cette thèse devient constante chez Freud et se trouve attestée dans *Hans* (*GW*, t. VII, p. 271), dans l'essai sur Léonard de Vinci (*GW*, t. VIII, p. 165), dans *Totem et Tabou* (*GW*, t. IX, p. 184), dans *L'Introduction à la psychanalyse* (*GW*, t. XI, p. 167), dans *L'Homme aux loups* (*GW*, t. XII, p. 119), dans *L'Homme Moïse* (*GW*, t. XVI, p. 194, 196, 230), dans *L'Abrégé* (*GW*, t. XVII, p. 117).

2. Ainsi en est-il de la lecture de Bruno Bettelheim (B. Bettelheim, *Les Blessures symboliques*, Paris, Gallimard, 1971, p. 43-69).

Ainsi resitué dans son registre, le rituel recouvre sa valeur d'initiation, par laquelle il marque l'introduction du sujet au langage, accomplie à travers son intégration à la communauté.

La circoncision confirme qu'une communauté symbolique se constitue d'abord du partage d'une perte et non pas d'un certain nombre d'objets, de valeurs ou d'idéaux, qui n'interviennent que dans un second temps, sous réserve que la perte primordiale ait été préalablement consacrée. L'enfant juif est introduit à la communauté par l'abandon d'une « livre de chair » qui figure, dans un premier sens, la perte des objets *a* qui, au moment du jugement d'attribution, advient aux dépens du premier narcissisme et marque l'ouverture à l'Autre. Par la coupure qu'elle inscrit, la circoncision livre en effet le sujet au grand Autre, en le délivrant de lui-même. Sur quoi la circoncision démontre son second sens.

Pratiquée sur le prépuce et accomplie sur le pénis qu'elle *circonscrit*, la *circoncision* trace le cerne symbolique qui élève le membre imaginaire à la fonction phallique, pour en faire le lieu de rassemblement des premiers objets perdus. Cette relève trouve son accomplissement lorsque le rite défère à l'Autre (le parrain en l'espèce) la charge de recevoir le prépuce de l'enfant, qui figure ici le signifiant qui a pour fonction de recueillir et de rassembler le corps morcelé du sujet[1]. Le rite de la circoncision désigne donc trois temps logiques de la genèse du sujet : l'effraction dans le narcissisme, effectuée par la perte des premiers objets ; le rassemblement de ces objets sous le chef du signifiant phallique ; le dépôt au lieu de l'Autre de ce signifiant.

La circoncision inscrit les deux castrations qui marquent l'introduction du sujet au langage, placée sous le chef de la double négativité. Dans la mesure où elle renvoie par ailleurs à toute la lignée des pères circoncis, elle trace encore le trait unaire de l'idéal du moi qui consacre l'enfant comme Juif.

1. Que, dans la tragédie, la livre de chair accordée au Juif Shylock doive être prélevée « tout près du cœur » s'accorde avec le rite de la circoncision, accompli sur le pénis de l'enfant – objet « capital » *(das hauptsächlichste Sexualobjekt)* de son narcissisme (*GW*, t. VII, p. 178).

Deux destinées hors imaginaire : le sublime et le tragique

Appréhendée dans sa structure pure, la circoncision exprime donc un rapport sublime à la Loi, figuré par la remise au lieu de l'Autre, sans réserve et sans regret, du signifiant phallique. Le rituel donne ainsi le modèle d'un refoulement originaire parfait – sans retour du refoulé –, en vertu duquel l'homme, sanctifié par le sacrifice, se situerait au point du signifiant perdu (S_2). En ce point de virtualité absolue, le sujet se présenterait comme pur sujet de l'énonciation, rien de son histoire oubliée n'émergeant pour faire trace, déterminer ses actes ou nourrir sa culpabilité. Ce sujet « pur », porté par l'oubli, ferait ainsi l'expérience permanente de sa liberté à l'égard du signifiant : aucune dette, aucune créance ne venant s'inscrire, puisque chaque acte et chaque parole s'aboliraient au moment de son accomplissement. C'est sur ce modèle que l'on peut imaginer la condition du maître zen, dégagé du monde des représentations et advenu comme consentement au symbolique.

Sur la scène du mythe, le destin implacable du héros tragique figure ce rapport essentiel au signifiant primordial (S_2) soutenu ici jusqu'au sacrifice. Telle Antigone, qui prend sur elle le signifiant fondateur de la Loi, non pas pour « dire la Loi », comme on l'a écrit quelquefois[1], mais pour l'incarner avec son être, comme nous le montrerons, par une identification suprême qui la libère de la culpabilité et des agressions du surmoi.

L'abolition de la dette

Le héros tragique nous apprend qu'à se situer au point où se fonde la Loi, l'on instaurerait un monde symbolique « parfait », où

1. Ce qui revient à « hystériser » le personnage, perdant, de ce fait, la dimension tragique du mythe.

serait abolie la référence au devoir et aux dettes de reconnaissance ou de ressentiment. Au nom de ce principe, aucune autorité légale ne peut prétendre à la légitimité, sauf à trouver sa caution au lieu où se fonde la Loi selon l'adage : *nulla potestas nisi a Deo*, condition assurément difficile à remplir puisque ce lieu est celui d'un dieu qui reste caché et muet.

Cette vérité que chacun s'emploie au quotidien à méconnaître se révèle parfois à l'improviste – ainsi, lorsque nous sommes appelés à réclamer une créance, pourtant établie en bonne et due forme, et que nous éprouvons, au moment d'accomplir cette démarche, un sentiment confus de mauvaise conscience qui vient dénoncer que cette exigence nous installe *ipso facto* à la place du créancier obscène immortalisé par Shakespeare[1] et nous rappeler qu'au registre de la Loi aucune dette n'est due sinon à Dieu[2].

Ainsi la livre de chair est-elle la première dette réelle exigée par l'Autre (en fait, tribut, taxe, aussi bien que dette[3], comme le pose Freud) qui, au moment de la perte des objets *a*, marque le sujet d'une première négativité (– 1), avant que cette « dette » ne soit virée au symbolique, lorsque le signifiant phallique Φ assure sa

1. La figure du créancier est particulièrement propre à incarner le surmoi dans la mesure où le détournement du symbolique, inscrit dans la pratique de l'usure, avère, au moment où l'argent produit de l'argent, que le manque qui est au principe de l'échange a été perverti pour créer du profit.

2. Ainsi que l'énonce le verdict du juge de Venise, signifié à la figure surmoïque qui la lui réclame : « Juif, une livre de chair de ce marchand t'appartient, la cour te l'adjuge et la loi te la donne. De plus tu dois couper cette chair sur son sein, la loi le permet et la cour te l'accorde. Mais le billet ne t'accorde pas une goutte de sang. Les termes sont exprès : une livre de chair. Prends donc ce qui t'est dû, prends ta livre de chair. Mais si, en la coupant, tu verses une seule goutte de sang chrétien, les lois de Venise ordonnent la confiscation de tes terres et de tes biens au profit de la République ; bien plus, si la balance penche de la valeur d'un cheveu, tu es mort ! » Le privilège de Dieu comme seul créancier de la dette symbolique est validé par Freud quand, en écho, encore une fois, à Shakespeare *(« Thou owest God a death »*, *Richard III)*, il écrit que « chacun de nous est débiteur d'une mort envers la Nature et doit se tenir prêt à payer la dette *[die Schuld zu bezahlen]* » (lettre à Fliess du 1er février 1899, dans *La Naissance de la psychanalyse*, *op. cit.*, p. 245, et « Considérations actuelles sur la guerre et sur la mort », *GW*, t. X, p. 341).

3. Dans son article de 1938 sur le clivage du moi, Freud fait état du respect qui revient à la réalité, *der gebührende Respekt*, référé à *die Gebühr*, la taxe, le droit dont on doit s'acquitter (*SA*, t. III, p. 391).

relève et la consigne au lieu de l'Autre, inscrivant le redoublement de la négativité (– – 1). Si cette taxe, redoublée, pouvait être payée et oubliée une fois pour toutes, elle serait abolie et marquerait l'advenue d'un pur sujet du signifiant, identifié au trait vide de l'idéal du moi, telle Antigone devant Créon. A considérer toutefois la catastrophe universelle avérée au dénouement de la tragédie de Sophocle, l'on s'interrogera sur l'ordre terrifiant qu'instaurerait un accomplissement parfait du symbolique.

Pourquoi les comptes ne tombent jamais juste

Dans l'espace social où Créon exerce son autorité et où l'homme est porté par la trame des valeurs, des idéaux et des représentations *(Vorstellungen)* qui constituent la réalité de notre monde, le fléau qui règle la balance des comptes est soumis à une oscillation incertaine qui trahit le rapport par essence boiteux du sujet à la Loi, faute d'un « dit premier », que l'Autre s'obstine à refuser au sujet. Confronté à ce dédit, l'obsessionnel en rajoute, comme on dit : il s'institue garant de la Loi[1], en édictant des règles parfaites pour procéder au partage et à l'échange. Par là, il trahit le contresens qui est au fondement de sa vision du monde et qui lui fait, renversant le cours de la dette, tenter d'acquitter les dettes imaginaires, pour solder la dette symbolique de l'Autre.

Tandis qu'il s'épuise ainsi, l'obsessionnel avoue qu'il ignore qu'il n'est donné à personne de tenir les comptes de l'Autre et qu'au contraire *la jouissance est à crédit,* ainsi que nous le rappelle un conte à rire du Moyen Age.

1. Position qui n'est qu'un cas de figure particulier de ce trait fondamental de son caractère de se porter caution de l'Autre, comme disait Lacan. Ce qu'il refuse fondamentalement, en effet, c'est la fatalité inscrite dans la loi du signifiant qu'aucun signifiant ne puisse signifier l'être du sujet en quoi l'Autre se trouve en dette à son endroit, dette qu'il reprend à son compte avec la volonté de rendre l'Autre parfait.

IV. Le retournement de la dette

Les trois aveugles de Compiègne

Au début du XIIIe siècle, le jongleur Courtebarbe a consigné le mauvais tour dont furent victimes sur la route de Compiègne trois aveugles de la part d'un clerc qui incarne ici l'homme du savoir sur la jouissance[1].

Les malheureux cheminaient ce jour-là, sans même un garçon pour les conduire, implorant la charité auprès des passants. Advint le clerc qui, en réponse à leur prière, leur dit : « Tenez, voici un besant d'or : qu'il soit commun à vous trois. » Et, ce disant, le clerc ne donna rien à personne. Chacun des aveugles pensa que l'un de ses deux compagnons avait reçu la pièce. Tous trois alors, riches de cette fortune qu'ils n'avaient pas, tombèrent vite d'accord pour faire demi-tour et retourner à Compiègne afin de faire bombance dans la meilleure auberge de la ville. Là, bien décidés pour une fois à ne reculer devant aucune dépense, ils commandèrent les meilleurs plats et les vins les plus fins et exigèrent d'être servis dans une chambre privée richement décorée. Malgré leur pauvre mine, le tavernier mit son personnel à leur service et répandit sur leur table toutes les ressources de son cellier, si bien que nos aveugles, ainsi pourvus, firent ripaille tard dans la nuit. Au matin, l'hôtelier vint présenter sa note. Chacun des compagnons demanda alors aux deux autres de régler l'addition avec le besant d'or que le clerc avait forcément remis à l'un d'eux. Après que cette réquisition eut vainement fait le tour du cercle des trois compères, il se découvrit qu'ils avaient festoyé, la nuit durant, sur la foi d'un dépôt qui n'existait pas. L'histoire se serait sans doute mal terminée pour

1. Courtebarbe, *Les Trois Aveugles de Compiègne*, éd. G. Gougenheim, Paris, Champion.

les malheureux si le clerc, qui avait suivi les aveugles pour rire de leur déconvenue, n'avait pas réussi à persuader le tavernier d'aller se faire payer par le curé de Compiègne.

La jouissance est à crédit

Le fabliau médiéval détermine le caractère premier de la jouissance : que le sujet est à son endroit frappé d'un aveuglement essentiel – la triplication des héros intervenant de façon complémentaire pour constituer le chiffre minimal nécessaire à la détermination du sujet de l'inconscient et rappeler que le tiers est toujours inclus en puissance dans la division du sujet. De plus, l'objet de la jouissance est exemplairement référé au regard, d'autant plus prégnant ici d'être aveugle[1], comme le conte l'indique par un trait de génie, quand les aveugles exigent de faire bombance dans une chambre décorée de riches peintures, et restent, nonobstant leur cécité, regardants sur ce qui les regarde, ce qui démontre, si besoin en était, qu'il est bien difficile d'en mettre plein la vue à trois aveugles. Vérité d'évidence où la place éminente tenue par l'objet *a* introduit à la fonction du phallus.

Nous en expliciterons le principe : pour que la fête commence, le sujet doit d'abord risquer ce qu'il n'a pas. Sur ce point, le fabliau s'accorde avec le schéma du *Marchand de Venise*, où Antonio se porte garant de son ami Bassanio en donnant un gage qu'il n'a pas, la cargaison de ses navires en mer, exposés à tous les périls – la virtualité de cette garantie étant seule propre à susciter la forme pure du phallus et à donner son sens à la livre de chair, impossible à prélever. Dans l'historiette du jongleur médiéval, le besant reçoit sa fonction phallique d'être cru détenu au lieu de l'Autre, cette « croyance » (originairement refoulée) s'avérant sus-

1. Cf. Lacan, « Kant avec Sade », *Écrits*, *op. cit.*, p. 785 : « Même manquant, le regard est bien là [il s'agit de la procession des aveugles de Breughel] à présenter à chaque désir sa règle universelle, en matérialisant sa cause, en y liant la division "entre centre et absence" du sujet. »

ceptible, par une mutation insignifiante de l'initiale, de transformer le *besant* en *pesant*, avatar nécessaire pour rassurer le narcissisme masculin confiant de se savoir ainsi lesté de cette *bourse* que, dans la tradition bourgeoise, les pères passent aux fils, comme un viatique, au moment de leur baptême du feu. La fonction du phallus permet au pénis de faire le poids dans la rencontre réelle, comme le consigne le fabliau dans une dernière pirouette quand, à travers la recommandation faite par le clerc au tavernier d'aller se faire payer par le curé de Compiègne (= *Con-peigne*[1], dans la langue de Courtebarbe), il désigne *in fine* à l'adresse du diligent lecteur, dans l'équivoque obscène qu'il lui propose, la seule figure propre à solder les dettes de jouissance : le phallus qui ne saurait se voir. Cette leçon vient à point éclairer notre propos.

« Seule la mort est pour rien »

Le conte drolatique médiéval délivre la vérité dont la méconnaissance est à la source de tous les malheurs de l'obsessionnel : c'est que toutes les petites jouissances de la vie, exprimées en termes de désir, sont débitées sur le compte du grand Autre – le dépôt originaire du phallus fait par le sujet sur ledit compte lui ouvrant en retour un droit de tirage illimité sur ce que Lacan a appelé, après Freud, « le trésor des signifiants[2] ». Au nom de quoi, chaque retrait, opéré sur l'Autre en termes de représentations, s'avérant impuissant à solder la créance phallique initiale, le sujet se trouvera conduit à présenter indéfiniment de nouvelles traites, cet exercice bancaire réitéré n'étant rien d'autre que le battement de la pulsion qui entraîne, la vie durant, la chaîne des représentations. Ce qui nous invite à reconsidérer le sens de la sentence citée par Freud : « Seule la mort est pour rien » *(Nur der Tod ist umsonst)*.

Cet adage est introduit dans son ultime article sur le « clivage

1. *Con-peigne* (peigne à c...) est à entendre comme génitif attesté dans la langue du Moyen Age (« la Dieu ancelle » = « la servante de Dieu »).
2. Freud, *SA*, t. III, p. 334, et Lacan, *Écrits*, *op. cit.*, p. 818.

du moi[1] », au moment où s'impose à Freud la nature de l'amende infligée au fétichiste pour sanctionner la solution « rusée » *(kniffig)*, trouvée par lui pour échapper à la castration : soit jouer avec un seul jeton sur les deux tableaux de la reconnaissance et du déni du défaut de pénis de la femme. Le pervers va payer son astuce d'une « déchirure » *(Einriss)*, qui affecte le signifiant de l'idéal du moi (Φ), qui est au fondement de la construction du moi idéal. Ainsi l'aphorisme freudien se trouve-t-il rapporté au caractère inéluctable de la castration et référé à l'impératif ontologique de la remise en dépôt au lieu de l'Autre du signifiant phallique. Cette conclusion ne délivre toutefois que la moitié du sens de la sentence.

Une lecture imaginaire, inscrite au registre de la sagesse des nations, qui a fait entendre, par exemple, au pragmatique Strachey, que « tout se paye d'une façon ou d'une autre[2] », risque d'abraser le texte freudien, en méconnaissant que la castration au champ de la psychanalyse se joue en navette entre le sujet et l'Autre du langage. Ainsi la mort vient-elle solder en même temps les comptes de l'un *et* de l'Autre.

Le seul acte réussi

Du côté du sujet, la mort réussit sur un seul coup, là où la chaîne indéfinie des désirs de la vie a échoué : solder la dette symbolique. En colmatant les failles de l'être, la mort instaure un moi idéal parfait. Elle revêt l'homme d'une cuirasse qui le met définitivement à l'abri des atteintes, avec cette conséquence métapsychologique inattendue que le refoulement, désormais garanti contre le retour du refoulé du côté du sujet, est transféré aux vivants, par une sorte de contamination psychique du type : *le mort saisit le vif*, si bien que l'on ne

1. Freud, « Le clivage du moi dans les processus de défense », *Résultats, Idées, Problèmes*, II, *op. cit.*, p. 284.

2. Telle est en effet la traduction de la *Standard Edition* : « Everything has to be paid for in one way or another » (t. XXIII, p. 275), qui ne semble pas avoir vu que Freud citait ici une formule proverbiale.

critique jamais les morts et que l'on se hâte d'oublier les manquements qu'ils ont montrés de leur vivant. « *De mortuis nil nisi bene* », disait Freud[1]. Le corps dans son cercueil ou sur son lit est ressenti comme un gisant de marbre ou de bronze. Il apparaît débarrassé de tout ce qui faisait de lui un être défaillant, humilié, châtré. « A l'égard du mort, note encore Freud, nous nous comportons d'une façon très singulière : quelque chose qui s'apparente à l'admiration que l'on éprouve pour quelqu'un qui a accompli une tâche très difficile[2]. »

La mort est ainsi dans une vie d'homme le seul acte réussi[3], qui marque le rétablissement du narcissisme primordial et boucle le procès identificatoire, consacré lorsque le signifiant des virtualités du sujet (S_2) devient celui de ses virtualités *réalisées* – accomplissant la transfiguration du sujet en lui-même. A ce moment, la mort effectue la réalisation de la pulsion de mort inscrite dans la structure du langage et rétablit, de façon symétrique par rapport à celui du sujet, le narcissisme de l'Autre restauré dans sa complétude quand le sujet, advenu comme « objet éternel[4] », suture le défaut qui le constituait (Ⱥ).

Quand elle arrête ainsi définitivement la balance des comptes, la mort délivre *a contrario* le sens de la vie, en montrant que celle-ci n'est rien que la course en navette de la dette entre le sujet et l'Autre – cette vérité, l'obsessionnel s'obstine à la méconnaître, ainsi que le révèle paradoxalement sa propension *à faire le mort pour échapper à la mort*, seule la mort réelle étant propre dès lors à lui révéler *in extremis* le leurre dont il a été la dupe[5]. Mais jusqu'à ce terme, l'interminable partie d'échecs qu'il mène contre la

1. Freud, « Considérations actuelles sur la guerre et sur la mort », *Essais de psychanalyse*, *op. cit.*, p. 27, et *Totem et Tabou*, *op. cit.*, 1965, p. 104.
2. Freud, *GW*, t. X, p. 342.
3. Comme le disait Lacan du suicide (*Télévision*, Paris, Le Seuil, « Champ freudien », 1974, p. 66).
4. Lacan, « Kant avec Sade », *Écrits*, *op. cit.*, p. 778.
5. Cf. Lacan : « Il n'y a aucune raison que le sujet arrive à n'avoir plus de moi, si ce n'est dans une position extrême telle que celle d'Œdipe à la fin de son existence. Personne n'a jamais étudié les derniers moments d'un obsessionnel. Cela vaudrait la peine. Peut-être y a-t-il à ce moment-là une révélation » (Lacan, *Séminaire II, Le moi dans la théorie de Freud…*, *op. cit.*, p. 254). C'est cette *révélation* que traduit dans *Le Désert des Tartares* le récit de la mort du lieutenant Drogo.

mort et à quoi se réduit sa vie[1] traduit son refus de la castration de l'Autre, inscrit dans l'incapacité qui est la sienne depuis toujours à retourner sur l'Autre son défaut essentiel. La conséquence ultime de cette impuissance est de le livrer comme une proie à une dette « déchaînée », c'est-à-dire échappée à la chaîne signifiante, patente, quand surgit la figure hideuse du créancier immortalisé par Shakespeare : renversement logique, dont il est possible de reconstituer le procès, en ses deux temps.

Sens du surmoi

L'impossibilité de retourner la dette sur l'Autre trouve son origine dans l'incapacité avouée par le sujet d'intégrer le défaut du symbolique, en dépit de la reconnaissance forcée qui lui a été imposée au moment de la découverte des organes génitaux d'une petite sœur ou d'une compagne de jeu qui est venue lui révéler, au-delà de la différence imaginaire des sexes, en même temps que le défaut de l'Autre, sa propre finitude et sa propre mort. Le premier temps du processus se pose quand le sujet affirme sa volonté de maintenir, au champ du fantasme, la fiction *(Darstellung)* de la femme pourvue d'un pénis *(das Weib mit einem Penis)*, figure qui va lui permettre de soutenir dans l'imaginaire la complétude de l'Autre, en perpétuant ainsi un monde de la jouissance régi par le principe de plaisir, dans lequel le sujet et l'Autre pourraient vivre ensemble, pour l'éternité, le rêve d'un bonheur partagé à l'abri de toute intrusion et de toute mort.

A ce moment fondateur se prépare le second temps du procès, celui du retournement qui va marquer le déchaînement de la dette. En effet, le mythe nous apprend que le Jardin d'avant la faute, ici conservé, implique *ipso facto* la présence du Diable que la psychanalyse identifie avec le Père primordial horrible et obscène, qui

1. O. Mannoni avait déjà retenu cette scène emblématique du *Septième Sceau* pour illustrer la position existentielle de l'obsessionnel (*Encyclopedia Universalis*, article « obsession »).

jouissait des femmes et des filles et châtrait ses fils – figure dont le névrosé montre qu'elle s'est maintenue quand elle fait retour, dans son univers fantasmatique, sous les traits de tous les créanciers qui l'accablent et dont il s'épuise à calmer les requêtes, comme s'ils venaient réclamer au nom du père de la horde la livre de chair primordiale[1]. L'angoisse qui, dans ces moments, flambe à la mesure du caractère impayable de la dette, dénonce une infidélité première au manque qui consacre, d'un autre côté, la ruine de l'échange, du partage et de la communauté[2].

L'échec de l'obsessionnel enseigne que la condition imposée à l'homme pour être introduit à l'ordre symbolique du langage est d'échanger, en deux temps, des morceaux de corps contre des « signes » : le sujet concède d'abord ses premiers objets contre l'inscription des signes de perception *(Wahrnehmungszeichen)*, avant que ces premiers signes soient relevés par le signifiant phallique, l'opération étant bouclée par la concession du phallus à l'Autre (refoulement originaire), par laquelle le sujet fait l'expérience subjective de la mort. En opposition avec la leçon démontrée par les trois aveugles, la volonté affichée de l'obsessionnel de vouloir toujours payer pour le petit autre (dans les circonstances les plus banales : au restaurant, au spectacle) trahit son incapacité à retourner sur l'Autre son défaut essentiel et à prendre sur lui la part de mort impliquée dans toute jouissance. Il avoue ainsi qu'il méconnaît que tous les règlements imaginaires ne solderont jamais le seul paiement qui est attendu de lui, celui de sa mort qu'il aurait à mettre sur la table, en faisant le deuil de ce quitus que l'Autre ne lui donnera jamais[3].

1. Tel l'Homme aux loups couvrant de pourboires ridicules ses divers « tailleurs » *(Schneider)*.

2. Le paiement de la livre de chair symbolique comme condition de l'échange est explicitement désigné par Shakespeare, lorsque le juge, appelé pour trancher sur la requête présentée par Shylock, donne comme raison d'y satisfaire qu'un déni du contrat invaliderait la Loi de Venise qui garantit le commerce et l'échange, et ruinerait la Ville.

3. Si bien qu'on distinguera trois dettes : (1) la dette réelle (des objets *a*), relevée (2) par la dette symbolique (perte dans le refoulement originaire du signifiant phallique), le refus de reconnaître cette créance marquant (3) l'émergence des diverses dettes imaginaires que l'obsessionnel s'efforce de solder.

L'obsessionnel sera incapable de s'y résoudre – comme le pervers, qui fait cependant un choix plus radical en requérant contre l'Autre une véritable *contrainte par corps* pour le forcer à produire le signifiant qu'il lui refuse.

TROISIÈME PARTIE

Don Juan ou l'outrage au dieu caché

CHAPITRE PREMIER

La *mé-créance* de Don Juan

I. Sublimation et perversion : du bon usage des mythes littéraires

Du sujet en question dans le mythe

Au moment d'aborder le *Dom Juan* de Molière, nous exclurons par avance de notre champ toute lecture qui dériverait vers une imaginarisation du symbolique et poserait sa question au niveau de la psychologie des personnages[1]. Cette précaution est d'autant plus nécessaire que le texte dramatique, indissociable de la représentation qui le consacre, s'inscrit inévitablement pour le spectateur, qu'est en puissance tout lecteur, dans l'espace représentatif[2].

Cette hypothèque levée, le *Dom Juan* de Molière s'éclaire quand on découvre que le scénario dramatique conduit le héros principal du monde comme il va, où se joue au quotidien la comédie humaine, à l'espace sublime où il est introduit parmi les dieux (en l'espèce, ceux d'en bas). Que cette bascule s'opère pour Don Juan en termes de damnation et non pas d'apothéose n'invalide pas la transfiguration dont il est l'objet, laquelle donne de façon rétroactive un sens nouveau à son histoire vécue parmi les hommes. A

1. Tel est le défaut qui grève la lecture d'*Antigone* par Patrick Guyomard (cf. P. Guyomard, *La Jouissance du tragique*, Paris, Aubier, 1992).

2. Vérité ici redoublée par le genre comique qui abolit la distance sacrée que préserve la tragédie.

la lumière de l'affrontement fatal avec l'Autre de pierre qui la clôture, l'existence terrestre de Don Juan se change en destin, tandis que les tréteaux comiques reçoivent en retour l'éclat pour l'ordinaire réservé à la scène tragique.

Pour le spectateur, qu'il faut supposer ici non averti, les quatre premiers actes de la pièce mettent en scène les aventures du couple traditionnel du maître et du valet, selon la formule éprouvée du récit picaresque. Le constat répété que « l'impudeur de l'un fait en permanence violence à la pudeur de l'autre [1] » démontre toutefois que l'angoisse règle, comme le fléau d'une balance, l'équilibre du couple, encore que l'émoi du valet paraisse trop prompt à se manifester pour être complètement honnête. A cette réserve près, la relation entre Don Juan et Sganarelle s'inscrit clairement dans le registre de la perversion, comme le vérifient successivement les divers épisodes du drame, qui découvrent que, de scène en scène, Don Juan scandalise, horrifie, révolte et fascine son valet, jouant tour à tour de son embarras ou de sa terreur [2].

Le retournement dont nous parlions (« catastrophe », disait-on à propos de la tragédie antique) intervient au début du cinquième acte, lorsqu'un coup de théâtre décisif dissocie le couple formé par le maître et le valet, pour laisser Don Juan seul face à son destin. Sans anticiper sur la nature de ce coup de théâtre, nous indiquerons seulement qu'il révèle une vérité latente depuis le début : que Don Juan n'a jamais eu tout au long du drame qu'un seul partenaire, l'Autre en tant que tel, que désigne « le Ciel » et que vient « représenter » sur la scène (au sens où l'on parle d'un *représentant* diplomatique) la statue du Commandeur.

1. Lacan, « Kant avec Sade », *Écrits, op. cit.*, p. 772.
2. Ainsi quand il le charge de donner à Elvire les raisons qui l'ont poussé à l'abandonner ou quand il l'oblige à inviter le Commandeur à sa place.

Comment le texte délivre la vérité non représentative de la clinique

Au moment de cette révélation, marqué par le transfert de la mort du petit autre (Sganarelle) au sujet lui-même, le personnage de Don Juan échappe à la dérision des jeux pervers auxquels il avait pu paraître un moment se complaire[1]. Il démontre qu'à chacune de ces passes d'armes de comédie, c'était l'Autre qu'il défiait pour le contraindre au rendez-vous qui leur était réservé. Tel est le ressort secret qui donne son sens à l'aventure dramatique de Don Juan chez Molière et qui dégage par contrecoup la leçon de l'œuvre : que le destin sublime de Don Juan délivre la vérité *essentielle* du sujet pervers. La fiction mythique forgée par Molière s'inscrit ainsi dans le même cadre que celle de Sophocle, en produisant une figure non figurative du sujet humain. Projet symbolique donc, qui reste toutefois en permanence exposé au risque de l'imaginarisation, réalisé quand on « hystérise » par exemple le personnage d'Antigone ou quand on considère Don Juan comme un libertin ordinaire, quelque peu pervers, puni finalement par les foudres du Ciel.

Nous poserons, à rebours, le principe qui a présidé à notre lecture de l'œuvre de Molière : que le héros sublime expose sur la scène du mythe la vérité pure, hors imaginaire, des conduites que le pervers accomplit sur la scène du monde et que le clinicien, cédant souvent à la même dérive que le critique, a tendance à imaginariser, effaçant par là la perversion conçue comme structure subjective et avatar de l'humaine condition, au profit d'une référence confuse à un fond inné de *perversité* chez tel ou tel individu. Cette attitude, aujourd'hui encore répandue, que traduit la dépréciation attachée au terme « pervers », exprime la position de défense que chacun

1. Séduisant en même temps deux paysannes naïves, bravant *incognito* ses beaux-frères acharnés à sa perte ou éconduisant son créancier.

prend naturellement face à un partenaire dont on ressent, tandis qu'il est assis à la même table de jeu que soi, qu'il conduit une autre partie que celle qui se déroule sur le tapis commun. C'est précisément en ce point que le *Dom Juan* de Molière permet de cerner les enjeux, que nous disions *essentiels*, que le pervers engage en sous-main sur la scène du monde, au cours de cette partie secrète dans laquelle l'Autre s'avère être son seul véritable adversaire. C'est en ce sens que le texte poétique vient mettre à la question les fondements de la clinique.

II. La croyance de Sganarelle et l'incroyance de Don Juan

La morale de Sganarelle : l'idéalisation et le savoir sur le Bien

Confronté au défaut essentiel de l'Autre du langage, c'est-à-dire au défaut d'une cause première, le recours ordinaire de l'homme consiste à mettre à cette place un objet idéalisé, élu comme semblant de la Chose perdue. Au nom de ce principe, la civilisation se présente comme un système de conventions, définissant le sacré, le juste, le décent, le « bienséant », caractère qui lui donne statut de fiction à laquelle nous accordons cependant une croyance sans réserve. « Le monde social, confirme Valéry, nous semble aussi naturel que la nature, lui qui ne tient que par magie. N'est-ce pas, en effet, un édifice d'enchantements que ce système qui repose sur des écritures, sur des promesses tenues, des images efficaces, des habitudes et des conventions observées – fictions pures[1] ? » D'où se déduit que notre morale ordinaire n'est, de son côté, que

1. Paul Valéry, « Préface aux *Lettres persanes* », *Œuvres I*, Paris, Gallimard, « Bibliothèque de la Pléiade », 1957, p. 509.

le déploiement d'idéaux fictifs et de valeurs convenues dont le tabac, cher à Sganarelle, fournit le paradigme : « C'est la passion des honnêtes gens, et qui vit sans tabac n'est pas digne de vivre. [...] Il *instruit* les âmes à la vertu, et l'on *apprend* avec lui à devenir honnête homme, [...] tant il est vrai que le tabac *inspire* des sentiments d'honneur et de vertu à tous ceux qui en prennent » (I, 1).

Avec le tabac, les hommes possèdent une représentation imaginaire du Bien qui est au principe d'un savoir, au nom duquel la morale trouve curieusement sa place à côté de la médecine, qui se présente, elle aussi, comme un savoir sur ce qui fait du « bien ». Voilà pourquoi, à l'encontre de la position de Sganarelle, Don Juan fait preuve de la même incroyance en morale et en médecine, ce qui lui vaut l'exclamation étonnée de son valet : « Comment, Monsieur, vous êtes aussi impie en médecine ? » Et d'ajouter en apprenant que son maître « ne croit pas au séné, ni à la casse, ni au vin émétique » : « Vous avez l'âme bien mécréante. » Mécréance pour lui d'autant plus surprenante que le corps humain inventorié par la médecine met en évidence un système de causalité parfait : « Pouvez-vous voir toutes les inventions dont la machine de l'homme est composée sans admirer de quelle façon cela est agencé l'un dans l'autre ? Ces nerfs, ces os, ces veines, ces artères, ces..., ce poumon, ce cœur, ce foie, et tous ces autres ingrédients qui sont là et qui... » (III, 1). En fait, Don Juan ne se fie pas aux évidences et son impiété en médecine, comme en religion, traduit son refus de faire crédit à l'Autre du signifiant de la Cause – qui est aussi celui de sa liberté.

L'incroyance comme refus de la créance de l'Autre

La conséquence de cette *mé-créance* est de retrancher le héros de la communauté des hommes : de la communauté quotidienne telle qu'elle s'exprime dans la convivialité culturelle et le partage des valeurs et des idéaux (le tabac), mais aussi de la communauté symbolique qui est au principe de la première et qui se constitue de la créance originaire *(Urverdrängung)* du signifiant phallique Φ à l'Autre. C'est en raison de ce déni primordial que tout engagement apparaît à Don Juan comme proprement insupportable, ce qui rend compte de la volonté « profanatrice » qu'il manifeste dans ses entreprises amoureuses [1], qui paraissent toutes guidées par l'intention maligne de rompre *l'engagement de l'autre à l'Autre*. En effet, la lecture qui présenterait comme clef de cette attitude la convoitise *hystérique* de l'objet « déjà pris » manquerait la visée essentielle de l'entreprise *perverse*.

Quand il confie à Sganarelle à propos d'une jeune fille à peine aperçue qu'il a ressenti comme une « offense » personnelle les manifestations de celle-ci envers son fiancé, il est clair qu'aucun des deux comparses n'est pour rien dans l'affaire, mais que ces témoignages de fidélité à un petit autre le blessent du fait qu'ils impliquent l'hommage rendu au grand Autre, en tant que garant de la foi engagée. Ainsi la finalité de la séduction *perverse* est-elle d'obtenir, au terme d'une résistance souhaitée la plus héroïque possible [2], le consentement *forcé* de la « victime », non pas à son profit, puisque l'histoire démontre que sa satisfaction personnelle n'est pas en cause, mais pour le plaisir « pur » d'en priver le grand Autre et de l'offenser en retour. Cette haine de l'Autre n'est, en fait, que la réplique apportée à la volonté de castration, supposée à cet

1. Exemplairement dans celle qui lui a permis d'épouser Doña Elvire, séduite par lui après qu'il eut forcé « l'obstacle sacré d'un couvent » (I, 2). Cette attitude est encore patente quand il convoite une jeune fiancée inconnue pour le « plaisir extrême [qu'il éprouve] à rompre [un] attachement dont la délicatesse de [son] cœur [se tenait] offensée » (I, 2), ou bien quand il entreprend de détourner l'infortunée Charlotte dont le seul prix est d'être la « promise » du rustique Pierrot (II, 2).

2. « On goûte une douceur extrême à réduire, par cent hommages, le cœur d'une jeune beauté, à voir de jour en jour les petits progrès qu'on y fait, à combattre par des transports, par des larmes et des soupirs, l'innocente pudeur d'une âme qui a peine à rendre les armes, à forcer pied à pied toutes les petites résistances qu'elle nous oppose, à vaincre les scrupules dont elle se fait un honneur, et la mener doucement où nous avons envie de la faire venir. Mais lorsqu'on en est maître une fois, il n'y a plus rien à dire, ni rien à souhaiter ; tout le beau de la passion est fini » (I, 2).

Autre et exprimée dans l'exigence d'une livre de chair à lui remettre « en gage », dont Shakespeare a pourtant montré qu'elle ne pouvait être payée en ce monde.

Mais, pour le pervers, la dette symbolique est une créance *réelle* exigée par l'Autre pour sa jouissance[1]. C'est sur la base de ce postulat qu'il s'avance dans la vie[2] et, pour échapper à la volonté de jouissance qu'il prête à l'Autre, il fait le pari de réduire sa croyance à une forme vide, qui fonde une structure de langage singulière, incarnée par les mathématiques.

III. Le principe pervers

Le langage des mathématiques : un discours sans sujet

La croyance que deux et deux sont quatre et que quatre et quatre sont huit repose en effet sur le principe que le mot et la chose sont confondus. Il n'y a pas de « représentation de chose », pour parler en termes freudiens, dans ces énoncés. Ainsi le « langage » mathématique, suturant la division entre discours de l'énoncé et discours de l'énonciation, à travers une concaténation de signes produisant une vérité absolue, accomplit-il une « réalisation » du symbolique, qui défère, à terme, au sujet la maîtrise du principe de réalité. Au sujet, disions-nous ? Il faut, en fait, corriger cette formule, car ce discours sans manque se déroule au prix d'une forclusion du sujet (de l'inconscient) : ce qui implique qu'une référence absolue aux

1. Ainsi que le confirme la quête sadique qui traduit la volonté, retournée sur un petit autre, d'aller chercher, à travers les chairs, les objets « agalmatiques » supposés détenus au « noyau d'être » du sujet.

2. Le névrosé pratique, lui aussi, une transposition du même ordre, accomplie, cette fois, du symbolique à l'imaginaire. L'Autre méchant a pour lui un nom : c'est le surmoi qui exerce sa cruauté au champ de son fantasme – rôle tenu, dans le cas de l'Homme aux rats, par le capitaine cruel (*SA*, t. VII, p. 44).

mathématiques déterminerait un destin de psychose. Le personnage de Don Juan présente, de fait, cette dimension paranoïaque, inhérente à la structure perverse.

La croyance « pure » aux mathématiques se distingue, en tout cas, de la croyance imaginaire de Sganarelle en ce qu'elle fonde une communauté universelle et non générale, comme celle qu'instaure le partage du tabac. Parce qu'elle obéit à la seule loi symbolique du langage, la croyance aux mathématiques est une croyance forcée, qui détermine un partage forcé, institué en dehors de toute référence aux affects ou aux sentiments. Sa pratique, imposée à tous comme règle universelle, introduit donc à une humanité déshumanisée, ainsi que le confirme l'analyse de la civilité de Don Juan.

Sens de la civilité de Don Juan

Au début de la pièce, Elvire surprend le séducteur qui l'a abandonnée. Au moment où il l'aperçoit, Don Juan ne peut retenir une exclamation de dépit : « Est-elle folle de n'avoir pas changé d'habits, et de venir en ce lieu-ci avec un équipage de campagne ? » (I, 2). Cette réaction paraît d'abord déconcertante, car on n'attendait pas chez ce personnage souverain pareille attention pour les convenances. En fait, si la « folie » d'Elvire suscite l'irritation de Don Juan, c'est qu'il est d'autant plus attaché aux formes de la loi qu'il s'emploie à vider celle-ci de son contenu, et que l'éthique implique toujours chez lui le respect de l'étiquette. Vérité qui découvre le sens de la civilité ordinaire.

L'attention accordée aux formes de la loi est souvent le corrélat du mépris porté à ses objets. La figure du fonctionnaire « correct » qui veille, impassible, à la bonne marche de la machinerie de mort de l'État qui l'emploie démontre que la loi peut réaliser directement, en court-circuit de l'imaginaire, l'instinct de mort qui la constitue, lorsque ses agents, libérés des affects et des passions de l'âme, ne sont plus que les maillons de la chaîne discursive qui supporte son accomplissement. La civilité ici déjoue le piège d'une éventuelle compassion entre l'exécutant et l'objet de la loi. En effet, dans cette relation « mathémique », aucune permutation n'est permise, de même que l'abolition des affects exclut toute référence au miroir. Dans un tel système, agents et objets de la loi sont pris dans une combinatoire qui assigne chacun à sa place et le réduit à sa fonction. L'expérience démontre que cette pétrification des sujets a ordinairement pour corollaire de défaire les identifications et d'abattre les idéaux qui, dans l'espace de la culture, soutiennent la prestance des moi. Au nom de quoi, la civilité trouve souvent son achèvement et sa consécration dans l'humour, ainsi que le confirme le personnage de Don Juan.

Fonction de l'ironie

Freud définit l'humour comme l'esprit du surmoi exercé aux dépens du moi[1], soit un discours où le sujet a abandonné à sa misère le personnage qui le représentait dans le monde pour se retirer dans l'empyrée d'où il exhorte le malheureux qu'il vient de quitter à s'élever au-dessus d'infortunes dérisoires[2]. Freud l'illustre de l'historiette du condamné à mort qui, trébuchant sur le seuil de sa cellule au moment où on le conduit à la potence, laisse tomber : « Un Romain serait rentré », en ajoutant : « [L'humour] veut dire : Regarde ! voilà donc le monde qui paraît si dangereux ! Un jeu d'enfant ! »[3]. Cette désertion du moi par le sujet, si elle rappelle la stratégie conduite par l'obsessionnel, n'est pas très éloignée non plus de la position du sage qui se fait le maître de son maître au

1. Freud, « L'humour », *L'Inquiétante Étrangeté et Autres Essais*, Paris, Gallimard, « Connaissance de l'inconscient », 1985, p. 317-328.

2. Attitude qui n'exclut pas, note Freud, que la souffrance du moi puisse se trouver allégée par cette mise à distance. Reste tout de même que cette consolation, pour être efficace, suppose que le moi consente à sa propre disparition. Ainsi l'humour implique-t-il toujours un clivage accompli au bénéfice du surmoi au prix du sacrifice du moi.

3. Freud, « L'humour », *L'Inquiétante Étrangeté ...*, *op. cit.*, p. 328.

moment où il lui abandonne sa dépouille moïque : « Tu vois : tu l'as cassée... » L'humour ironique de Don Juan présente un cas de figure sensiblement différent.

L'analyse découvre que l'ironie conserve la nature et la fonction de l'humour bien que sa pointe ne soit plus dirigée contre le moi, mais contre un quelconque quidam, qui sert de couverture destinée à voiler l'objet véritable de l'attaque : le système des valeurs et des idéaux qui soutiennent les croyances de la communauté.

A l'époque de la guerre en dentelles de Louis XV, un jeune aristocrate avait été nommé par faveur, comme c'était la règle à cette date, aide de camp d'un maréchal de France. Le jour de son baptême du feu, un boulet frappa en plein visage un compagnon de son âge qui, nommé à la même fonction que lui, se trouvait à ses côtés, si bien qu'il se trouva éclaboussé de sang et de lambeaux de chair. Ce qui le laissa un instant sans voix. « Il me semble, jeune homme, que vous avez eu peur », lui dit le maréchal, en se tournant vers lui. « Non, Monsieur, répondit-il calmement en époussetant son uniforme, j'étais seulement étonné qu'un officier qui avait tant de cervelle ait pu s'exposer si inutilement à un danger aussi grand. »

Cette fois encore, le discours est énoncé du lieu où se tient le détenteur de la Loi. Mais ce n'est plus le moi qui est pris comme point de mire du *Witz :* le moi du locuteur est placé entre parenthèses, ce qui le met à l'abri de rétorsions prévisibles. Mais ce n'est pas non plus la personne du maréchal qui est visée : ce jeune courtisan est trop averti. En fait, le sujet de l'énoncé se retire ici non plus de son moi, comme dans les formes classiques de l'humour, mais, de façon plus surprenante, du discours lui-même, si bien que l'énoncé « ironique[1] » se prend ici lui-même pour objet

1. Au sens où Lacan rappelle que l'ironie du *Witz* est, dans son fond, une mise à la question de « tout usage du sens » (*Séminaire IV, La relation d'objet, op. cit.*, p. 294). Cf. encore Jacques-Alain Miller : « L'ironie n'est pas de l'Autre, elle est du sujet, et elle va contre l'Autre. Que dit l'ironie ? Elle dit que l'Autre n'existe pas, que le lien social est en son fond une escroquerie, qu'il n'y a pas de discours qui ne soit du semblant » (J.-A. Miller, « Clinique ironique », *L'Énigme de la psychose, La Cause freudienne, Revue de psychanalyse*, n° 23, février 1993, p. 7).

afin de dénoncer la dérision des semblants qui sont au principe du langage[1]. Il s'avère alors que le sujet du discours n'a pas pris la place du surmoi, mais de l'idéal du moi.

L'esprit de l'idéal du moi : la destitution des semblants

C'est à partir de cette position que le sujet de l'ironie signifie à la cantonade l'abolition de tous les idéaux et la vanité de toutes les identifications secondaires. En effet, considérées du point de vue de l'inconditionné de la Loi, lieu de l'idéal du moi (S_2), toutes les valeurs et toutes les dignités imaginaires apparaissent brusquement dérisoires. L'impassibilité du locuteur indique que le sujet s'est à ce moment retiré de l'espace commun, imparti aux émotions et aux passions ordinaires. Position tout à fait favorable à susciter le comique, car elle fait tomber l'obstacle que le narcissisme oppose toujours à l'expression du rire. La décharge par le rire est, de fait, la réponse donnée à l'effet de surprise produit par l'effondrement des valeurs, des idéaux et des identifications, au moment où les auditeurs du mot ironique, pris au dépourvu, se trouvent eux-mêmes, le temps d'un éclair, appelés au lieu de l'idéal du moi (S_2), où leur est imposé dans un aperçu instantané le démasquage des semblants qui constituent l'univers de la croyance dans lequel ils vivaient jusqu'alors.

Ainsi la croyance dans les mathématiques donne-t-elle la raison de la civilité et de l'humour ironique de Don Juan en dévoilant son but ultime : affranchir la Loi elle-même de sa soumission aux idéaux pour libérer le sujet de la tyrannie de la Loi.

1. C'est surtout dans ce cas que l'humour présente ce caractère « grandiose et exaltant » que Freud lui attribue (« L'humour », *L'Inquiétante Étrangeté...*, *op. cit.*, p. 323).

IV. Pour une loi « libre »

Le recours commun contre le défaut de l'Autre : l'idéalisation

La bascule de l'idéal à la tyrannie, supposée par ce projet, est en réalité inscrite dans le procès de l'idéalisation lui-même, ainsi que le démontre la genèse, de ce point de vue exemplaire, de l'énamoration *(Verliebheit)*.

Le phénomène amoureux accomplit en effet sur une femme l'opération que Sganarelle effectue sur le tabac et obéit au même principe : élever un objet au rang de signifiant de la Chose, c'est-à-dire lui donner le statut de signifiant de l'idéal du moi. Le cas de la passion amoureuse présente toutefois la particularité que l'objet fait entendre sa voix – et quelquefois même assez haut et fort pour que l'amant apparaisse entièrement soumis à ses injonctions. Si bien que, dans ces cas, la figure, élevée à l'origine comme idéal du moi, trahit qu'elle a pris le masque du surmoi : « Tout ce que fait et exige l'objet, écrit Freud, est bon et irréprochable. La conscience morale ne s'applique à rien de ce qui advient en faveur de l'objet ; dans l'aveuglement de l'amour on devient criminel sans remords[1]. » Ainsi l'amant est-il parfois réduit au rang d'une marionnette affolée, livrée au déchaînement de l'objet qu'il a lui-même intronisé[2] : on aura reconnu ici le schéma structural qui définit la crédulité, dans laquelle le croyant est le jouet d'un manipulateur institué comme idéal du moi, la conscience, quelquefois reconnue par la victime de son aliénation à son idéal perverti, n'ayant pour l'ordi-

1. Freud, « Psychologie des foules et analyse du moi », *Essais de psychanalyse, op. cit.*, 1984, p. 178.

2. Depuis *Le Chevalier de la charrette* de Chrétien de Troyes, jusqu'à *La Femme et le Pantin* de Pierre Louÿs, la littérature a donné des figures célèbres de cette soumission du sujet au signifiant imaginarisé de l'idéal.

naire d'autre effet que de rendre plus cruelle encore sa servitude.

C'est au nom du même principe que le sujet de la morale déplore parfois la cruauté de la loi surmoïque à laquelle il est assujetti.

Libérer la loi des idéaux : le projet de la Terreur

Don Carlos, frère d'Elvire, épouse abandonnée de Don Juan, dénonce ainsi l'obligation qui lui est imposée par le code chevaleresque de contraindre le séducteur, au besoin par les armes, à réparer ses torts et à reprendre sa sœur. Face au danger de mort auquel l'expose son entreprise, Don Carlos exprime comment il se trouve « asservi par les lois de l'honneur au dérèglement de la conduite d'autrui ». La condition du gentilhomme est d'être ainsi toujours en danger « de voir sa vie, son repos et ses biens dépendre de la fantaisie du premier téméraire qui s'avisera de lui faire une de ses injures pour qui un honnête homme doit périr » (III, 3). La morale de l'honneur laisse donc l'homme esclave, abandonné à la seule déploration du « malheur » de sa condition, qui le dépouille de tout le système des « biens » qui constituent son existence en ce monde et le menace encore de le priver de la vie, en le contraignant, pour répondre aux caprices du premier venu, à accomplir jusqu'au sacrifice la volonté d'une loi incarnée dans des idéaux absurdes. Face à son beau-frère, misérable dans sa détresse, Don Juan découvre que son projet est d'abord de libérer la loi de tous les idéaux. Un siècle et demi plus tard, cette entreprise passera dans l'histoire avec la Terreur montagnarde de 1793.

En regard de l'ordre bourgeois instauré par les idéologues de 1789, la Terreur se présente comme une sorte de Jugement dernier venu signer la ruine des ci-devant valeurs et l'abolition de tout le système des représentations du monde ancien. Si cet épisode de l'histoire reste aujourd'hui encore marqué d'une *aura* de soufre et de feu, c'est qu'il a conduit le projet mythique de faire entrer tout l'ordre signifiant au point d'*ex nihilo* d'où il est un jour sorti, Robespierre étant resté la figure emblématique, tour à tour magnifiée et haïe, de ce projet.

Vierge comme Antigone, incorruptible, vivant dans une austère pauvreté, affichant dans sa tenue impeccable un cœur immaculé et inflexible, Robespierre a laissé, chez certains historiens quelque peu hagiographes, l'image d'un sujet pur, échappé aux prises de l'imaginaire, désireux d'instituer une république plus parfaite que celle de Platon en ceci qu'elle ne se réfèrerait plus à aucun idéal ni à aucune Idée, mais à un point de manque radical, ce qu'il appelait : la Vertu.

Robespierre ou la pureté de la Loi

L'on comprend que devant cette incarnation d'une vertu absolue aucun conventionnel n'ait eu l'esprit tranquille : confronté au S_2, c'est en effet tout l'ordonnancement du monde tel qu'il est ordinairement accompli par le signifiant qui vole en éclats. Face à cette Loi « parfaite » qu'instituerait la réalisation du manque, chacun ne peut se sentir, selon la parole de Paul que « démesurément pécheur[1] ». Devant l'exigence infinie de la Loi toute faute réelle, virtuelle ou supposée devient en effet passible de la peine capitale. Seule la guillotine est à même de libérer la Loi du signifiant, puisque pour dégager la Loi de tous les idéaux imaginaires, il faut commencer par tuer tout le monde, selon le principe du père Ubu[2]. A ce prix seulement pourrait être fondée une Loi absolue – sans histoire. Mais une difficulté imprévue surgit d'un autre côté : le signifiant éradiqué en amont menace bientôt de repousser en aval, restaurant le cycle éternel des dégradations inscrit dans l'ordre du signifiant. C'est bien là l'origine de cette hantise de la corruption qui habitait Robespierre et lui faisait partout soupçonner des atteintes portées à la pureté de la Révolution.

1. Lacan, « Kant avec Sade », *Écrits, op. cit.*, p. 790.
2. « Je tuerai tout le monde et je m'en irai » (Jarry, *Ubu roi*, III, 4).

Tout ordre à partir du moment où il est institué ne peut faire autrement que de sécréter du signifiant, de produire de nouveaux idéaux qui sont autant d'offenses à « la pureté du non-être ». Cette Loi absolue suppose donc un monde sans histoire, ni en amont – puisqu'il lui faut faire table rase –, ni en aval – puisqu'il lui faut en permanence extirper ce qui pourrait advenir comme « rejetons » *(Abkömmlinge)* du refoulé originaire. Se trouve alors instauré un espace du pur instant où aucun acte n'est déterminé par un avant et ne déterminera rien non plus dans l'après. Cet espace, marqué par un oubli sans retour, traduit, nous le savons, le refus de la dette symbolique, c'est-à-dire de toute l'histoire inconsciente qui constitue un sujet comme fruit des désirs oubliés de ses géniteurs et effet d'une Cause perdue.

Ainsi Robespierre échoua-t-il un jour de Thermidor, quand, le doute s'emparant de lui le livra au signifiant, avant de le mettre à la merci de ses adversaires. En ce point où l'Incorruptible céda, Don Juan, à rebours, inflexible jusqu'au bout, persiste, affirmant sa volonté d'être à lui-même sa propre cause dans un projet toutefois moins pur qu'il ne le paraît.

V. Le refus « pervers » de la dette

L'ambiguïté du « sans cause » de Don Juan

L'on pourrait croire dans un premier temps que le héros de Molière tente le pari sublime de réaliser l'essence de la liberté, en dégageant l'action de l'homme de tous les fantômes de la Cause qui déterminent au quotidien la morale et qui prennent, suivant les temps et les lieux, la figure du tabac, des Droits de l'homme ou de la société sans classes. Ce projet, inouï par lui-même, qui consiste à séparer la morale de la croyance, laisse Sganarelle interdit : « Vous ne croyez rien du tout et vous voulez cependant vous ériger en homme de bien » (V, 2).

Mais, de façon plus équivoque, l'intention de Don Juan se présente comme la subversion et le retournement du choix tenté par Robespierre sur le terrain de l'histoire et conduit par Antigone sur la scène tragique. Le dessein du héros n'est pas d'accomplir par un sacrifice symbolique consenti la « pureté » de la Loi. Soutenu jusqu'à la mort, il implique au contraire un rejet haineux du signifiant du père mort qui se trouve au principe de la Loi. Ainsi le « sans cause » auquel il se réfère pour fonder son acte trahit-il un détournement du manque, perpétré quand le signifiant de la négativité est arraché au refoulement originaire pour être dévolu à un sujet institué, du coup, comme volonté.

A l'envers de l'obsessionnel, chargé par quelque malédiction de restaurer la complétude du symbolique, le héros sublime apparaît alors comme une sorte de seigneur pillard, venu mettre à profit le défaut de l'Autre pour réduire le langage à sa merci. Si bien que si la relation de l'obsessionnel à la loi se joue en termes d'impuissance *(Unvermögen)*, d'incapacité à retourner sur l'Autre le défaut essentiel qui le constitue (« Je ne peux pas lui faire ça »), la position du pervers trouve son origine dans le refus *(Verleugnung)* du manque de l'Autre, vécu comme insupportable, qui suscite, dans un retour instantané, la décision de fonder *ex nihilo* pour lui-même une loi libérée des servitudes du signifiant.

C'est en ce sens que la formule : *deux et deux sont quatre*, présentée par Don Juan à Sganarelle comme principe de son action, vise à suturer le défaut de l'Autre et, partant, la division du sujet, en produisant un langage parfait, propre à garantir sa jouissance.

Le maître du symbolique

Le projet de Don Juan vient donc contredire le mythe freudien qui rapporte qu'après le meurtre du père primordial la Loi, désormais barrée, fut renvoyée du côté du père mort, incarné dans la lignée infinie des pères. Don Juan, à l'opposé, revendique pour lui-même, une loi « autonome », libérée non seulement des idéaux qui viennent métaphoriser le signifiant (perdu) du nom des pères, *mais encore de ce signifiant lui-même.* Ainsi refuse-t-il d'accepter de fonder son être en un point de non-sens radical, référé à l'Autre, au Mort[1]. A cette fin, il subvertit le « sans cause » en installant à sa place un signifiant inouï, signifiant de l'Un, signifiant unaire, dont il va disposer en maître – la volonté perverse, inscrite au cœur de ce projet, se livrant à découvert dans son intention déclarée d'affirmer sa souveraineté sur son nom.

1. En quoi il se sépare radicalement d'Antigone.

CHAPITRE DEUX

Le maître du nom

I. L'essence essentielle du nom

Où l'on apprend que Don Juan ne dissimulait jamais son nom

Sur le théâtre du monde, livré aux jeux des masques, le nom permet d'identifier les divers personnages de la comédie humaine. Se faire un nom sur cette scène est même l'ambition déclarée de ceux qui prétendent y tenir un rôle. Ainsi le sens commun réfère-t-il naturellement le nom propre à l'espace imaginaire du moi. Ce que vérifie le fait qu'à l'appel de son nom au collège ou à la caserne, on réponde en confirmant sa *présence* : évidence de bon sens qui se découvre à l'analyse moins assurée qu'on ne l'eût cru.

Sans doute, le nom propre intervient-il dans l'espace social comme signe de la personne. C'est la fonction patente qu'il remplit sur la carte d'identité et qui occulte que le nom, au-delà de tous les traits imaginaires aléatoires, susceptibles d'être mis en carte, vise l'identité symbolique du sujet, celle qui le désigne au-delà de l'image au miroir[1] et qui rend compte du rapport de Don Juan à son nom.

1. Ce que vérifie expérimentalement le jeu du petit-fils de Freud, décrit dans « Au-delà du principe de plaisir », quand l'enfant réitère sur lui-même le jeu du *fort/da*, en faisant défaut à l'image spéculaire. C'est parce que le nom est le signifiant du sujet *absent* que l'obsessionnel, qui campe dans la forteresse désertée de son moi, est « importuné » par le sien (Lacan) qui vient lui rappeler la défaillance du maître légitime des lieux sur lesquels il a bâti ses murailles.

L'importance véritablement essentielle de son nom pour Don Juan s'avoue au moment où, en danger de mort, face à des adversaires supérieurs en nombre, il refuse de « déguiser son nom ». Cette attitude peut d'abord surprendre chez un personnage désireux avant tout de se dérober à ses poursuivants et qui s'est montré jusqu'alors peu délicat quant aux moyens, acceptant, par exemple, d'assurer sa fuite sous le couvert d'un déguisement fourni par Sganarelle, voire d'échanger sa personnalité contre celle de son valet. Son refus singulier nous rappelle alors qu'il ne faut pas confondre les registres : Don Juan est tout prêt à déguiser le personnage imaginaire qu'il promène dans le monde et à masquer son moi. Il condescend sans difficulté à la ruse imaginaire que ce travestissement implique, à seule fin de leurrer la meute de ses poursuivants, dans un jeu de feintes et d'esquives où il n'engage que sa défroque. En revanche, il refuse de tricher sur son nom.

Don Juan révèle par ce refus que le nom est un signifiant insignifiant, seul propre à désigner le sujet dans son être, par suite de quoi ce nom ne peut être pris dans la chaîne signifiante, ni livré au réseau des métaphores et des métonymies[1] : à ce titre, il échappe à tout effet de substitution, donc de déguisement. Le nom dans son principe est donc ce signifiant vide de toute signification qui désigne sans le signifier le sujet du côté du « sans cause », puisqu'il ouvre à l'infini sur la chaîne mythique des pères et renvoie le sujet jusqu'à un manque de signifiant, soit jusqu'au signifiant du père mort, lui-même perdu dans l'oubli du refoulement originaire, où il supporte le trait de l'idéal du moi (S_2)[2]. Ce que Lacan illustre d'une historiette empruntée au folklore.

1. Ce que traduit l'agacement, éprouvé par la plupart des gens, quand on fait des jeux de mots sur leur nom.

2. Ce rapport du sujet à son nom donne la clef de la position de Don Juan sur la question du mariage, délivrant du même coup le sens de certaines conduites cliniques. Souvent le pervers trahit en effet son incapacité à « donner son nom » à la femme avec laquelle il vit ou à l'enfant qui pourrait advenir de cette rencontre. C'est que le nom est, pour lui, une pure désignation de l'être. A partir du moment où le nom fonctionne comme trait unaire « réalisé », il ne peut être ni transmis ni échangé. La position de Don Juan est toutefois moins « psychotique ». Le héros de Molière démontre par l'absurde le carac-

L'apologue du maître-souris

Au soir de la mort de l'un de ces riches laboureurs, chers à La Fontaine, un valet de ferme occupé dans l'étable à soigner les bêtes et à récurer les instruments qui avaient servi dans la journée aperçut une souris qui lui parut avoir une conduite étrange : d'abord elle visita toutes les bêtes une par une, puis elle s'arrêta aux lourdes araires qui creusent les gros labours, enfin elle s'attarda un instant sur chacun des outils que le défunt avait utilisés durant sa vie. Le serviteur n'eut pas de doute : il avait compris que le maître était revenu une dernière fois pour faire le tour des aîtres et des objets qui avaient, au long des années, constitué son histoire mortelle. L'exclamation par laquelle le valet reconnaît son maître : « C'est lui ! » pointe ici l'identité essentielle du sujet, celle qui est inscrite en amont de tous les avatars moïques, appelés pour la supporter dans le monde des représentations. Elle vise ainsi, au-delà des oripeaux contingents de la personne, « la racine, le fondement de ce que nous sommes[1] » – soit le point d'intimité que désigne, hors représentation, le signifiant primordial (S_2) que suscite, pour chacun, l'évocation de son nom.

L'apologue du « riche laboureur » délivre plusieurs enseignements : d'abord que le signifiant primordial (S_2), dont nous savions déjà qu'il était le signifiant des virtualités du sujet, remplit ce rôle parce qu'il est en fait le signifiant de son être, c'est-à-dire celui qui réalise cet être enfin tel qu'en lui-même, soit celui de sa mort. Mais ce bouclage terminal lui confère encore la charge de rassembler, de subsumer *in fine* toutes les dépouilles du semblant, abandonnées par le moi, de contenir sous le chef d'un signifiant toute

tère impartageable du nom : parce qu'il sait qu'en donnant son nom, il donne l'impossible à donner, il peut multiplier impunément les unions et se faire, selon les paroles de Sganarelle, « l'épouseur du genre humain ».

1. Lacan, Séminaire IX, « L'identification », séance du 6 décembre 1961 (inédit).

l'histoire inconsciente du sujet – ce que figure le « tour » accompli par la souris de tout ce qui a constitué l'univers désirant du défunt[1]. Si bien que le S_2, chargé de contenir toutes les virtualités du sujet au moment de son advenue au langage, reçoit également la fonction de rassembler, après sa mort, toutes les potentialités réelles ou imaginaires accomplies durant sa traversée de l'espace des représentations : fonction double que traduit l'inscription du nom propre sur la pierre de la tombe, encadrée par l'alpha et l'oméga calendaire qui bornent le champ qui a été donné à chacun à labourer.

Le nom écrit sur la dalle met ainsi au jour la nature de ce signifiant qui est de désigner le sujet dans l'absence essentielle qui le constitue, caractère que masque pour l'ordinaire la réponse leurrante de la personne, toujours pressée d'affirmer sa présence.

Le signifiant de la disparition

Lorsqu'un veuf se rend chaque jour sur la tombe de sa femme pour lui parler, il s'adresse en fait au signifiant en tant que tel que figure le nom inscrit sur la pierre tombale et qui supporte l'absence essentielle de l'Autre, soit sa présence pure comme être hors représentation. Pour être complet, on conclura que dans un pareil cas de deuil pathologique, la disparue occupait la place non métaphorisable du signifiant du manque du survivant, signifiant qui se donne ici comme pétrifié. Raison pour laquelle la mort de l'épouse suspend en retour l'histoire du mari. Ainsi l'adresse au manque de ce dernier n'est-elle pas, en son fond, très éloignée de la prière que le fidèle adresse à son dieu : solidarité qui confirme que, ni dans un cas, ni dans un autre, ces hommages au signifiant ne relèvent du champ de la psychose.

Des observations aussi quotidiennes que celles-là nous apprennent que le nom propre, signifiant de la disparition du sujet (S_2), échappe à la disparition. Verdict contre lequel s'insurge Sade quand

1. Figure qui rejoint donc ici celle du cerne tracé par Robinson sur le sable.

il entreprend de faire disparaître ce signifiant, en exigeant qu'un fourré soit planté au lieu où il sera enterré[1]. C'est une volonté du même ordre, dirigé cette fois contre l'autre, qui dicte le refus de Créon d'accorder à Polynice les honneurs funèbres, afin de punir le rebelle au-delà de la mort, dans ce que Tirésias dénonce comme un outrage au nom[2]. En dehors du mythe, cette volonté sacrilège de faire disparaître la disparition et d'accomplir l'oubli de l'oubli s'est trouvée réalisée à tel moment impie de l'histoire – quand les Romains entreprirent d'effacer jusqu'au souvenir de Carthage en rasant ses murailles et en semant du sel sur son sol ou, plus près de nous, quand, dans l'exécution de la solution finale, le matricule tatoué sur l'avant-bras des déportés traduisait la haine de ce qui constitue l'humain dans l'homme : le signifiant.

La fonction symbolique du nom

Ainsi le nom a-t-il pour fonction de consacrer le procès de la seconde négativité, accompli en deux temps par l'aliénation et la séparation. L'aliénation inscrit d'abord la symbolisation du sujet, en le plaçant sous le chef d'un signifiant, qui est celui de sa mort réitérée, puisqu'il se trouve, par cette marque, retranché une seconde fois de l'ensemble indifférencié du réel (– – 1)[3]. En vertu de quoi, le nom, pris dans sa fonction symbolique (signifiant du nom des

1. « La fosse une fois recouverte, il sera semé dessus des glands, afin que, par la suite, le terrain de ladite fosse se trouvant regarni et le taillis se trouvant fourré comme il l'était auparavant, les traces de ma tombe disparaissent de dessus la surface de la terre comme je me flatte que ma mémoire disparaisse de la mémoire des hommes » (cité par Bataille, *La Littérature et le Mal*, Paris, Gallimard, 1957, p. 82).

2. « Cède au mort, ne cherche pas à atteindre qui n'est plus. Serait-ce donc une prouesse que de tuer un mort une seconde fois? [τις αλκὴ τὸν θανόντ' ἐπικτανεῖν;] (1029-1030). Cet outrage donne la raison de l'émotion collective ressentie après les exactions menées, il y a quelques années, contre le cimetière juif de Carpentras, qui exprimaient cette même volonté de tuer le mort. Le mot de « profanation » indique, à juste titre, que l'acte criminel cherche ici à atteindre l'autre au point sacré de *das Ding*.

3. Cf. Lacan, « La direction de la cure », *Écrits*, *op. cit.*, p. 634.

pères), n'a pas de place dans la chaîne signifiante, perdu qu'il est au point où s'origine cette chaîne[1]. Par la suite, la séparation ratifiera cette symbolisation du sujet, quand celui-ci s'appropriera ce signifiant insignifiant – seul propre à évoquer le signifiant du Nom-du-Père – en s'identifiant au signifiant de sa mort. Ce n'est qu'en prenant sur lui ce signifiant et en se perdant par un acte de volonté que le sujet boucle sa causation et achève le procès de la double négativité. Par l'aliénation, le sujet est posé comme perte ; par la séparation, il se perd. Par l'aliénation, le sujet est nommé au lieu de son absence ; par la séparation, il se fait nommer au lieu de son absence

Pourtant, en dépit de cette « relève » accomplie par un acte de volonté, le nom reste le signifiant du sujet « mort », l'inscription gravée sur la pierre tombale venant le mettre, une fois pour toutes, en règle de ce côté et consacrant donc, au bout du compte, la maîtrise de l'Autre.

II. La dialectique du nom du père : le père idéal et le père symbolique

La bascule de la dette du symbolique à l'imaginaire : le piège de l'idéal

Cette suprématie de l'Autre est la conséquence de ce principe déjà connu : que le nom gravé implique tous les signifiants de l'histoire du sujet conservés ici pour l'éternité dans la mémoire de pierre de l'Autre. Cette mise en dépôt terminale n'est que le retour attendu du nom au lieu des « pères » qui le détenaient déjà avant même la naissance du sujet. Ainsi l'aliénation finale du sujet au signifiant n'est que le corrélat de son aliénation originaire, en vertu

1. D'où parfois ces effets de sidération dont nous parlions, produits sur le sujet lorsque le nom, dépouillé de sa gangue imaginaire, émerge dans le réel comme signifiant de la perte.

de laquelle chaque homme est attendu, au seuil de sa vie, pour recevoir la marque qui le soumet *in principio* au signifiant qui, avant d'être celui de toutes les virtualités qui lui sont offertes, est d'abord celui de l'histoire des « pères » dont il est appelé à assurer la relève. Le *Dom Juan* de Molière éclaire cette convocation « éthique » du sujet par le signifiant du Père, à travers la *transposition* subreptice qu'effectue Don Louis de la dette symbolique à la dette imaginaire, soit du nom au renom.

Au moment où il se dresse devant son fils pour maudire sa conduite dépravée, Don Louis substitue l'honneur du lignage, écrit à chaque page de l'histoire d'Espagne, au Nom-du-Père, impossible à écrire. En invoquant la gloire de ses ancêtres, il somme Don Juan d'« honorer » les créances d'honneur, contractées par eux au nom du nom et dont leur héritier se trouve du même coup débiteur : « Cet éclat de leur action, rappelle-t-il à son fils, nous impose un engagement de leur faire un même honneur » (III, 4). Ainsi le passage du Nom-du-Père symbolique au renom des pères imaginaires change-t-il le statut du nom propre, en le destituant de sa fonction de signifiant de la disparition du sujet pour l'introniser comme insigne de la « personne », emblème idéal qui s'incarne dans un lignage sans tache et sans défaut et qui, à ce titre, affirme sa maîtrise sur le sujet, laissant du coup apparaître sous le masque de cire du père noble la grimace du surmoi. Sygne de Coûfontaine, chez Claudel, découvre ce qu'il advient du sujet, lorsqu'il ratifie par son consentement, cette substitution du père idéal (surmoi) au père symbolique (idéal du moi)[1].

Le choix de Sygne de Coûfontaine : le père idéal

L'intrigue rocambolesque du *Père humilié* accule l'héroïne, Sygne de Coûfontaine, à un choix qui se présente comme l'opposé exact

1. Cf. Lacan, *Séminaire VIII, Le transfert*, *op. cit.*, p. 311-327.

de celui d'Antigone : au temps du Consulat où se déroule l'histoire, Sygne compte parmi les derniers représentants de la caste nobiliaire décimée par la Révolution, qui conservaient, inflexibles et hiératiques, les valeurs de l'ordre ancien. C'est au nom de ces valeurs que le curé Badilon, qui a été son confesseur, vient présenter à la jeune fille une requête sacrée : le pape a été enlevé et se trouve séquestré par le « tyran » ; présentement, son destin est entre les mains d'un personnage abject, Turelure, un roturier enrichi par ses crimes, l'être le plus exécrable qui soit aux yeux de Sygne ; c'est lui que Badilon vient demander à Sygne d'épouser pour sauver le « saint père », en renonçant à son cousin, Georges, avec qui elle avait été élevée depuis l'enfance et à qui elle était promise de toujours.

Sygne se trouve ainsi confrontée à la même exhortation que celle que Don Louis adresse à son fils : il lui faut consentir à se soumettre aux valeurs de la caste nobiliaire dont elle est issue (maintien de l'honneur, fidélité à la foi, sens du sacrifice). Mais ce qui rend son destin exemplaire et qui éclaire en retour celui de Don Juan, c'est que le prix à payer est donné en clair : le sacrifice de son désir, de son « être même », dit Lacan[1], inscrit au point originaire du sujet (S_2). Ce qui démontre la nature surmoïque du paiement que Badilon vient extorquer à Sygne, tandis que, de façon complémentaire, les idéaux qui vont dicter sa décision s'imposent comme S_1. Le schéma présenté par la fiction de Claudel met ainsi en lumière que les idéaux sont toujours le produit d'un discours pédagogique énoncé et transmis depuis le lieu de l'Autre imaginaire (Don Louis, Badilon), tandis que le sujet se constitue, lui, au lieu de l'énonciation, site du signifiant *muet* de *das Ding*, impossible à articuler[2] – distinction qui rend compte de l'opposition de Sygne et Antigone, patente dans la différence des sacrifices auxquels chacune consent.

1. Lacan, *Séminaire XI, Les quatre concepts fondamentaux*..., *op. cit.*, p. 200.
2. Ainsi les ἄγραπτα νόμιμα de la Diké s'opposent-ils chez Sophocle au κηρύγματα de Créon (*Antigone*, v. 454-455).

La figure hystérique du « céder sur son désir » : le dévouement au père idéal

Face au sacrifice symbolique d'Antigone, par lequel la fille d'Œdipe s'identifie au signifiant de la Loi, incarnant ainsi le « pur » désir, la mort de Sygne trahit sa nature imaginaire, quand l'héroïne de Claudel fait le choix de sauver son moi idéal, c'est-à-dire son personnage de jeune aristocrate construit, pièce à pièce, par les valeurs de l'Autre au détriment du point d'idéal du moi (S_2), qui est le signifiant de son être (perdu). Le confirme la devise de sa famille qu'elle reprend à son compte : « Coûfontaine adsum : *je suis là* », qui professe que le nom est pour elle, comme pour Don Louis, l'affirmation d'une présence, l'éternisation d'un idéal déjà réalisé.

Elle avoue du coup qu'elle est entièrement soumise aux valeurs surmoïques d'un père imaginaire qui, sous les traits de Badilon, fait surgir toute la lignée des pères qu'elle a pour charge de maintenir par son sacrifice, telles les larves antiques, au-dessus de la mort. A ce moment, Sygne de Coûfontaine découvre la mutation discrète et inattendue, opérée du désir à la jouissance, dont la figure paternelle est l'objet au champ de l'hystérie.

La vocation initiale de l'hystérique est d'avoir été élue pour sauver le désir du père. Si bien qu'au départ elle s'engage, elle aussi, sous la bannière du père mort. Mais, très vite, sa volonté de reprendre cet étendard à son compte a pour conséquence de changer complètement la donne inaugurale. A souhaiter un père désirant, elle ne produit que l'image d'un père *idéalement* désirant, ce qui est la contradiction la plus patente qui puisse être énoncée, puisque le désir se définit du défaut qui le fonde. Lorsqu'elle énonce : « Désire[1] ! », l'hystérique convoque la jouissance d'un

1. Ordre qu'elle énonce sur le mode actif, à l'envers de l'obsessionnel qui est dans l'attente de l'autorisation qui lui dirait : « Désire ! », méconnaissant que le désir se fonde de l'interdit et non pas de l'autorisation de l'Autre.

père qu'elle maintient, à bout de bras, au-dessus de la castration[1].

Ainsi la référence au « père humilié », mise par Claudel en exergue au destin de Sygne, donne-t-elle le sens de la mission dévolue à la jeune fille : sauver, au prix de son désir, la figure du père de la castration qui le frappe. Par quoi, face à Antigone qui s'identifie au signifiant du père mort (S_2), elle se constitue comme *in-sygne* du père idéal.

III. Variations sur la malédiction

La malédiction des Labdacides

Le banni aveugle qu'Antigone conduit jusqu'au bourg de Colone apparaît, à l'envers de Don Louis venu présenter la créance d'honneur requise par ses ancêtres, comme dépouillé de tous les oripeaux imaginaires de la paternité et réduit aux imprécations qu'il vocifère contre ses fils, complètement différentes de celles de Don Louis d'être sans objet. En fait, c'est à l'instant où il ne se supporte plus que de sa haine pure qu'Œdipe en vient à incarner de façon paradoxale la figure du père mort. En effet, la malédiction qu'il lance à sa descendance est celle que son père lui avait adressée, lequel la tenait lui-même de son propre père[2] : *malédiction* à entendre au sens propre comme *défaut du dit* qui affecte toute la lignée des pères et qui trouve son expression dans ce détail déter-

1. Seule cette contrainte de l'effectuation imaginaire donne son sens à la formulation de Lacan, « l'image du Père idéal est un fantasme de névrosé [...], le Père souhaité du névrosé [étant] clairement le Père mort » (Lacan, « Subversion du sujet et dialectique du désir », *Écrits, op. cit.*, p. 824).

2 Héritage funeste que désignent les lamentations du chœur : « Ils remontent loin les maux que je vois, sous le toit des Labdacides, toujours après les morts s'abattre sur les vivants sans qu'aucune génération libère la suivante : pour les abattre un dieu est là qui ne leur laisse aucun répit » (v. 594-597). Ce qu'il confirme un peu plus loin à l'adresse d'Antigone : « Tu subis comme châtiment une épreuve que tu dois à tes ancêtres » (v. 856).

minant du mythe qu'à chaque génération *le nom des pères est marqué d'une essentielle boiterie, toujours rattachée à un péché de nature sexuelle*.

Labdacos, *le boiteux*, fondateur de la lignée, interrompt, par sa mort prématurée, la transmission normale de la royauté. Son fils Laïos, *le gauche*, est en effet éloigné du trône et se réfugie auprès de Pélops. Là, devenu adulte, il va violer le fils de son hôte, Chrysippe, qui se suicidera, entraînant la malédiction de Pélops qui voue sa descendance au tarissement. De retour à Thèbes où il épouse Jocaste, Laïos, averti par l'oracle du châtiment qui l'attend s'il transgresse l'imprécation de Pélops (son fils le tuera et couchera avec sa mère), va veiller à n'avoir avec sa femme que des rapports homosexuels, jusqu'à ce qu'un soir d'ivresse il féconde son épouse de la semence qui produira Œdipe, le *pied enflé*[1], celui qui, par son double crime, devait accomplir la prédiction de l'oracle, en réalisant, sur ses propres fils condamnés à s'entre-tuer, la malédiction de Pélops. On découvre alors que ce dernier représentant de la lignée avait, à l'orée de son histoire, donné, à travers la réponse apportée à l'énigme de la Sphinge, la raison du caractère bancal de la paternité, ainsi que nous l'expliquent les exégètes du mythe.

« *Boiter est un péché* »

« L'être qui est *à la fois et en même temps* à deux, trois, quatre pieds, l'homme [...] brouille et confond l'ordre, social et cosmique des générations. Œdipe, l'adulte à deux pieds, est en effet identique à son père, le vieillard dont les pas s'aident d'un bâton, ce "trois pieds" dont il a pris la place à la tête de Thèbes

1. A propos d'Œdipe, il a été montré que « l'enflure du pied, liée à la malédiction de sa naissance et à son rejet de la lignée familiale, avait valeur métaphorique de boiterie, du point de vue de sa filiation, de son mariage, de son pouvoir, de son destin » (Jean-Pierre Vernant et Pierre Vidal-Naquet, « Le tyran boiteux d'Œdipe à Périandre », *Mythes et Tragédie*, II, Paris, La Découverte, 1986, p. 52).

jusque dans la couche de Jocaste – identique aussi à ses enfants, marchant à quatre pattes, et qui sont à la fois ses fils et ses frères[1]. » Au-delà de l'horreur qu'elle suscite et qui situe le spectateur, selon la formule célèbre d'Aristote, « au-delà de la crainte et de la pitié », au point où s'énonce la structure pure, le mythe tragique affirme ainsi l'impossible qui frappe la fonction paternelle – ce qui laisse toutefois les commentateurs embarrassés, comme s'ils attendaient quand même qu'une solution soit apportée à l'insoluble : « A quelles conditions le fils doit-il cheminer droit dans le sillage de son père pour venir occuper sa place, assez semblable à son géniteur pour que cette place subsiste indéfiniment la même, assez distinct de lui pour que ce remplacement de l'un par l'autre ne débouche pas sur une confusion chaotique[2] ? » Sans prétendre résoudre cette énigme plus obscure encore que celle de la Sphinge, la psychanalyse affirme que le pire, tel qu'il advint à Thèbes, n'est pas toujours sûr et que le père est la seule réponse à opposer au pire, sous la réserve de faire le deuil de la figure du père idéal, fomentée par le fantasme du névrosé[3], et d'accepter cette claudication qui, se perpétuant à travers toute la lignée des pères, se trouve rattachée à une faute originelle, qui vient contredire la sentence des *Écritures* reprise par Rückert, puis par Freud, selon laquelle « boiter n'est pas un péché ».

La dette symbolique, en tant que transmission altérée, erratique, *maudite*, découvre alors qu'elle est l'envers de la dette imaginaire impeccable, dont Don Louis, drapé dans la gloire de ses ancêtres, vient réclamer le paiement à Don Juan[4].

1. *Ibid.*, p. 54-55.
2. *Ibid.*, p. 55.
3. Lacan, « Subversion du sujet et dialectique du désir », *Écrits, op. cit.*, p. 824.
4. Le face à face avec le père idéal donne la raison de la conduite de Don Juan envers Monsieur Dimanche. En fait, la scène où il se joue de son créancier, prend son sens de précéder celle où il affronte Don Louis venu réclamer la dette des « pères ».

Le souhait d'enfant du père idéal

En regard de la généalogie bancale d'Antigone, Don Louis dresse, à l'intention de son fils, le tableau de la sienne, tirée au cordeau, sans gaucherie ni boiterie. Si bien que le sens de la dette se renverse : elle n'est plus la relève d'une défaillance, d'une *malédiction* symbolique, mais la prise en charge d'un idéal, sanctionné par la *bénédiction* que le père est tout prêt à accorder à son fils pour peu qu'il consente à honorer la créance qu'il lui présente et dont on découvre qu'elle est à virer au compte de sa jouissance.

Don Louis prend place dans la galerie de ces pères grotesques et obscènes qui, chez Molière, affichent une volonté de jouissance sénile aux dépens de leurs fils, que rend patente l'aveu cynique d'Argan « que c'est pour lui qu'il donne un médecin comme époux à Angélique et qu'une fille de bon naturel doit être ravie d'épouser ce qui est utile à la santé de son père [1] ». Volonté que Don Louis exprime ainsi ouvertement quand il évoque son désespoir de disparaître tout entier, sans héritier, en laissant brisé après lui son lignage dont il entrevoit avec effroi qu'il puisse l'emporter dans sa disparition. En fatiguant, comme il l'a fait, le Ciel de ses prières pour qu'il lui donne un fils [2], il avoue que ce qu'il sollicitait, en réalité, c'était d'obtenir le maillon qui perpétuerait la chaîne des pères pour assurer l'immortalité de son nom et le sauver lui-même d'une « seconde mort ».

Les prières adressées au Ciel par Don Louis traduisent ainsi une volonté au nom de laquelle la naissance de son fils fut intégrée à un projet programmé qui trouva sa réalisation le jour où il lui fut donné d'« engrosser [3] » son épouse, la crudité du terme désignant

1. Molière, *Le Malade imaginaire* (I, 5).

2. « J'ai souhaité un fils avec des ardeurs non pareilles ; je l'ai demandé sans relâche avec des transports incroyables ; et ce fils que j'obtiens en fatiguant le Ciel de vœux, est le chagrin et le supplice de cette vie même dont je croyais qu'il devait être la joie et la consolation » (IV, 4).

3. C'est en ces termes que Sganarelle rend compte à Don Juan de son existence dans le monde : « Est-ce que vous vous êtes fait tout seul et n'a-t-il pas fallu que votre père ait engrossé votre mère pour vous faire ? » (III, 1).

la défaillance de ce qui doit déterminer, en bien ou en mal, la venue au monde d'un enfant, le désir symbolique du père.

L'enfant comme malédiction sur le monde

« Le fond du désir d'un enfant, déclarait Lacan, c'est simplement ceci que personne ne dit : qu'il soit comme pas un, qu'il soit ma malédiction sur le monde[1]. » Cette sentence énigmatique trouve son explication, quand on la replace dans le registre symbolique où le sujet advient marqué d'une double négativité qui le réfère au trait unaire de l'idéal du moi qui affecte chaque homme d'une « unicité » *(Einzigkeit)*, qui le rend irremplaçable – caractère qui se retourne, comme on sait, quand l'introduction au langage représentatif intègre l'individu à la société et fait de lui « un parmi d'autres ». Telle est la condition humaine, soumise à la loi du langage que vérifie l'exception de certaines figures (Antigone, Socrate, Jésus) qui supportent, dans le mythe, la fiction d'un sujet identifié au trait vide de l'idéal du moi et qui, à ce titre, fondent la classe des humains sans y être comptées. Ces figures en supportant l'exception ont une fonction de ressourcement pour les valeurs et les idéaux, tout en s'avérant inintégrables à la communauté – ce que celle-ci leur confirme par le bannissement ou la mort. Verdict, en réalité, moins inique qu'on pourrait d'abord le croire, car ces figures sont une « réelle » *malédiction* : au nom du signifiant muet qu'elles défendent, elles ramènent en effet inexorablement les hommes au pied de la loi indicible, ce qui les voue à la trahison, au reniement et au doute[2]. La malédiction symbolique démontre ainsi que le Bien hors imaginaire ne se sépare pas du Mal. L'illustre un épisode de la vie de Jésus sur lequel les théologiens observent, pour l'ordinaire, une réserve embarrassée : le massacre des saints Innocents.

1. Lacan, Séminaire IX, « L'identification », séance du 28 mars 1962 (inédit).
2. Judas, Pierre et Thomas.

Cet épisode met en évidence que la malédiction symbolique attachée à la figure de celui qui est appelé pour incarner le signifiant manquant de la Loi advient comme malédiction réelle quand la société, menacée dans son ordre et emportée par la volonté de détruire le porteur de la nouvelle loi, retourne, comme dans le mythe grec des Labdacides, sa fureur contre ses propres enfants. D'où la conclusion : d'abord que la figure « humaine » du Christ est, d'entrée, retranchée de l'humanité qu'elle est venue sauver [1] (« comme pas-un ») ; ensuite que l'acte de fondement se fonde lui-même d'une extermination préalable.

Du symbolique à l'imaginaire, le retournement de la malédiction

Cette bascule d'une malédiction à l'autre est celle qui marque le passage de l'idéal du moi au surmoi, assez ambiguë pour que Freud, en 1923, ait encore du mal à distinguer ces deux instances l'une de l'autre [2]. Cette transposition trouve dans le texte évangélique son illustration lorsque, face à la figure du Christ, se dresse le masque grimaçant de Satan, pour incarner, en regard de la malédiction symbolique, une malédiction diabolique – le nouage de l'une à l'autre offrant le point où se fomente le désir d'un enfant au nom duquel, du fond de l'inconscient originaire, celui-ci est appelé « comme pas-un ».

Personne ne désire un enfant pour qu'il soit un parmi d'autres. L'enfant, comme sujet du signifiant, obéit à la loi selon laquelle chaque signifiant, appelé dans la chaîne, se définit d'être différent des autres et implique donc l'exclusion des autres. Ainsi chaque enfant advient-il comme négation de tous les enfants qui auraient

1. Ce qui restera un trait permanent de la figure christique, aussi manifeste dans le « *Noli me tangere* » signifié à Madeleine que dans le « Femme, qu'y a-t-il de commun entre toi et moi ? » adressé à Marie.

2. Dans le chap. III, intitulé « Das Ich et das Über-Ich (Ichideal) » de l'essai *Le Moi et le Ça* (*GW*, t. XIII, p. 256).

pu venir à sa place. Il est donc désiré comme *pas-un*, l'attribution de son nom le marquant, dès l'origine, du signifiant primordial (S_2) de l'idéal du moi, du trait *unaire* qui fait tout homme unique [1].

Mais l'unicité symbolique *(Einzigkeit)* a vite fait de basculer dans l'imaginaire, de l'idéal du moi au moi idéal, lorsque la négativité, inhérente au signifiant, est transmutée en rivalité spéculaire. A partir de quoi, l'enfant *désiré* en négation de tous les autres est finalement *souhaité (gewünscht)* contre tous les autres – au prix de la mort de tous les autres. Cet aphorisme vérifie que, dans son inconscient, chaque sujet parlant se compte en – 1 de l'ensemble auquel il appartient. En ce point, surgit « la malédiction sur le monde » dont parle Lacan, malédiction diabolique [2] qui, au-delà de l'origine symbolique qui la fonde, trahit le fond pervers de tout désir humain.

Le désir symbolique du père

A l'envers de la naissance de Don Juan accueillie par ses parents comme une « bénédiction » du Ciel, la venue au monde d'un enfant est toujours sans cause et sans pourquoi, portée par le pur désir du père [3] qui l'inscrit, hors représentation, sous le chef du signifiant des possibles (S_2).

Une perception psychologique de ce procès ne peut que brouiller les cartes : peu importe que le père soit, par la suite, entré en conflit avec son fils ou même l'ait « rejeté », cet espace est celui du désir de la mère, qui maintient gonflée la baudruche du moi sans lâcher

1. C'est en vertu de cette unicité symbolique que l'enfant se reconnaît au miroir au trait symbolique qui lui manque, et non pas, comme le croit la psychologie, en se repérant sur les traits imaginaires qu'il perçoit. Ce que Jouhandeau exprimait en disant que l'identité de chaque homme était détenue dans un trait qu'il portait écrit sur la nuque.

2. Qui fait le fond de maints récits du folklore où une femme est élue pour être la mère du démon, tradition que le film d'horreur a perpétuée *(Rosemary's baby*, 1968*)*.

3. Qui supporte, dans l'en-deçà où il gîte, ses passions imaginaires, incarnées dans son goût pour la politique, le boulot ou les bagnoles, et au nom duquel, par ailleurs, il fera des gosses à sa femme ou à ses maîtresses.

jamais la cordelette qui la retient. Le pur désir du père reste en amont de tout investissement imaginaire du moi idéal de l'enfant et se supporte seulement du trait vide de l'idéal du moi, qui introduit le fils à la généalogie *perdue* des pères, ce que traduisent, dans le mythe, la fécondation de Ruth par Booz endormi et celle de Jocaste par Laïos ivre – l'évanouissement du sujet indiquant que le désir symbolique du père est porté par un non-savoir radical qui renvoie le géniteur du côté de la mort [1].

Cette bascule confirme que la transmission du nom d'une génération à l'autre est celle du signifiant du *père mort* qui marque l'enfant lui-même du signe de la mort [2], si bien que cette dette acquittée d'entrée confère au fils cette confiance que, dans d'autres cultures que la nôtre, on appelle la baraka [3], tandis qu'à rebours la vie du névrosé, hypothéquée par le défaut de ce paiement, est vécue dans l'attente permanente d'avoir à régler le prix de cette mort.

A l'envers du destin assigné à l'homme, le refus de Don Juan est à entendre comme refus du signifiant du père mort, intention révélée et accomplie dans le détournement qu'il fait de son nom.

1. Ce qui vérifie l'opposition entre le désir symbolique du père et le désir imaginaire volontaire de la mère, tel que nous l'avons reconnu, car le soir où elle fut fécondée par Laïos ivre Jocaste *savait qu'elle allait porter l'enfant de la malédiction, qui causerait la mort de son époux*.

2. Cette marque trouve son illustration mythique dans une autre culture à travers la fiction qui retrace le combat de Jacob avec l'Ange. Le récit biblique (*Genèse*, XXXII) rapporte en effet que Jacob, provoqué par l'Ange, avait lutté contre lui toute la nuit, jusqu'à ce que l'Ange se retire, non sans avoir laissé toutefois sur la hanche de Jacob une marque qui le ferait boiter toute sa vie, démontrant comment la culture juive rejoint dans le même symbolisme la tradition conservée par Sophocle. Il n'est pas indifférent que la référence biblique ait été retenue par Freud pour éclairer son propre destin de découvreur. Le 7 mai 1900, il écrit en effet à Fliess : « Quand au cours de la lutte, je me suis vu menacé de perdre le souffle, j'ai prié l'Ange de renoncer, ce qu'il a fait depuis. Mais je n'ai pas eu le dessus et, depuis, je vais boitant *[obwohl ich seitdem deutlich hinke]* » (*La Naissance de la psychanalyse*, *op. cit.*, p. 283).

3. Lacan, Séminaire IX, « L'identification », séance du 4 avril 1962 (inédit).

IV. La haine du père mort

La malédiction de Don Juan

La dette symbolique désigne la fatalité qui voue le sujet du langage à tenir de l'Autre, par le truchement du père réel, le signifiant qui le désigne, sans le signifier, en tant que mort : son nom. Le personnage de Don Juan refuse cette dette et prétend être à lui-même son propre fondement en déniant le signifiant du père mort[1].

En fait, l'affrontement pathétique entre Don Louis et son fils ne permet pas, nous l'avons vu, de saisir tout de suite le sens du refus prononcé ici par le sujet. Seul le choix fait par Sygne qui exprime, à l'envers de celui de Don Juan, le consentement à la volonté du père idéal, donne, à terme, la clef du destin du héros pervers. La substitution subreptice, opérée par Sygne, des valeurs imaginaires (S_1) au signifiant symbolique (S_2) permet de comprendre l'intention latente *inversée* de Don Juan : au-delà du père idéal surmoïque, incarné par Don Louis, il cherche à atteindre la figure du père symbolique.

« Mourez le plus tôt que vous pourrez. J'enrage de voir des pères qui veulent vivre plus longtemps que leur fils » : cette malédiction qu'il adresse à son géniteur est ainsi à entendre, au-delà de l'imprécation sacrilège qui la porte, comme la volonté de renvoyer ce père dans la mort. Toutefois, ce vœu n'a pas, comme chez l'obsessionnel, le sens d'un appel adressé au père réel pour qu'il advienne à la mort. Il ne traduit pas non plus, comme on aurait peut-être pu un instant le croire, l'intention de destituer le père idéal de son piédestal : derrière le personnage du père noble,

1. Ce refus primordial, qui place le sujet pervers hors dette, l'exclut en même temps du système des échanges symboliques, puisque c'est le défaut du signifiant primordial qui, inaugurant le procès métaphorique, introduit ce système et, partant, inaugure l'espace de la culture et de la morale.

campé par Don Louis, il adresse la malédiction au père mort lui-même. Et la mort à laquelle il le voue est cette « seconde mort[1] » que l'*Apocalypse* réserve aux damnés qui seront, au jour du Jugement, jetés sans retour dans l'Étang de feu (XX, 11-15).

La perversion : l'aversion du père

Ainsi le pervers inverse-t-il la donne par rapport au mythe freudien de *Totem et Tabou* qui met au fondement de la culture l'*amour pour le père mort* à la suite du meurtre du père primordial, amour qui s'incarne dans le culte du totem et dont on peut dire qu'il est *amour du manque* par où l'homme est introduit au langage. Que cet amour, dans le mythe, soit corrélé à la culpabilité trouve sa raison dans le fait que le discours représentatif est frappé d'impuissance à suturer le défaut de l'Autre – *Versagung* dont le retour sur le sujet est à l'origine de la culpabilité à laquelle nul ne saurait donc échapper, sauf à s'identifier au signifiant du manque comme Antigone ou à s'en faire le maître comme Don Juan.

La haine à l'égard du père mort (c'est-à-dire la haine du manque) démontre alors que le pervers a fait le choix du père primordial de la horde : c'est en ce sens que Lacan a pu définir la perversion comme « la version du père » – ce qui pourrait aussi bien s'écrire : « l'aversion du père (mort) ». Ce choix (que figure chez Molière le pacte avec le Commandeur) exprime la volonté du sujet de restaurer pour lui-même la première identification, celle du narcissisme primitif que Freud réfère précisément au père[2], au prix de faire subir toutefois à cette opération une subversion radicale.

1. Celle que Créon destine à Polynice et que Lacan évoque dans « Kant avec Sade » (*Écrits*, *op. cit.*, p. 776).
2. Freud, « Psychologie des foules et analyse du moi », *Essais de psychanalyse*, *op. cit.*, p. 167.

Le détournement de la première identification au père

La première identification que Freud postule à l'origine du sujet, avant le complexe d'Œdipe, se présente sous un jour qui, pour énigmatique qu'il soit, ne permet pas d'évoquer, comme on le fait souvent, le père primordial absolu de la jouissance[1]. Au cours de ce procès, l'enfant, nous dit Freud (qui recommande à ce moment de garder son calme devant l'affirmation qu'il prépare[2]), prend tout simplement le père pour son idéal. Et de fait, cette assertion a de quoi surprendre, puisqu'à ce stade mythique le principe de réalité (c'est-à-dire l'espace de la représentation) n'a pas encore été mis en place, si bien qu'il faut imaginer un « idéal » antérieur à l'imaginaire, ce qui conduit à donner au terme allemand *Vorbild* non pas son sens banalisé de « modèle », mais, jouant du sémantisme du terme, de « figure antécédente à l'image représentative ». Dans ce temps, celui d'une virilité « exquise » (Freud *dixit*), la relation au père s'accomplit en dehors de toute rivalité. La question de la castration ne se pose même pas, ce qui situe cette période édénique à l'opposé de l'ère primordiale décrite dans *Totem et Tabou*, où il n'est question que de castration et de rivalité entre père castrateur et fils châtrés. Le paradoxe est alors que, dans le cours de l'opération de restauration entreprise par le pervers, le narcissisme serein, introduit par la première identification « de nature tendre[3] » au père, va céder la place au narcissisme de la jouissance placé sous le chef de l'*Urvater* de la horde[4].

1. Nous reprenons ici le fil de l'analyse entreprise dans la première partie (chap. III, p. 81).
2. « Disons-le tranquillement *[Sagen wir ruhig]* », prévient-il par antiphrase (*GW*, t. XIII, p. 113).
3. Freud, « De quelques conséquences psychiques de la différence anatomique entre les sexes », *La Vie sexuelle, op. cit.*, p. 125, et *SA*, t. V, p. 259.
4. Le père de la horde marque ainsi la résurgence horrible du « père délicieux » primitif. Ce que le fantasme imaginarise sous les espèces d'un père qui les a « toutes », alors que le père « exquis » *était tout*.

Ce retournement obéit au même principe qui marque l'idéalisation imaginaire du père de l'hystérique. Portée par son souci de maintenir un père désirant, la jeune Dora ne réussit qu'à soutenir son père au-dessus de la castration, en gonflant la baudruche du père idéal. Le succès du pervers est plus franc : lui est animé par sa haine pour le père désirant, qui le renvoie au second mode d'identification déterminé par Freud, celui qui inscrit le trait unaire de l'idéal du moi et qui se définit métapsychologiquement d'être la négativation de l'identification du premier type référée au narcissisme « exquis ». Dans son refus de cette identification symbolique, qui implique la reconnaissance de la castration, le pervers projette de retrouver le *premier* narcissisme, celui du *Real Ich*. Mais ce dessein, accompli par le détour de cette castration qu'il « dénie », a pour conclusion inattendue de susciter du fond de l'imaginaire la figure du père primordial, ici incarnée *réellement* sous les traits de l'Invité de pierre. Cette opération recouvre, on va le voir, une subversion du Nom-du-Père.

La subversion du Nom-du-Père

Le nom, corrélé au « pur » désir du père, assure pour l'ordinaire la fonction triple d'arracher le sujet à l'être, de l'appeler à être et de le constituer comme manque-à-être au terme du procès qui marque son introduction au langage, en le faisant passer de la première identification au père « exquis » (dite, de façon ambiguë, « narcissique ») à la seconde identification symbolique. Au cours de ce procès, l'Idéal primitif subit une transmutation pour advenir – négativé – marqué du trait symbolique de l'idéal du moi supporté par le nom. Le héros pervers désavoue ce procès : il rejette l'idéal du moi (symbolique) pour se dresser au point de l'Idéal primitif détourné en idéal de jouissance et incarné dans l'*Urvater* de la horde. Il refuse ainsi de se constituer comme manque-à-être pour s'éterniser en tant qu'être, il récuse la barre du trait unaire, signifiant du père mort, pour se fonder lui-même par un acte de liberté « absolue », affranchi des servitudes du signifiant – à la suite de quoi il advient marqué du trait de l'Un qui l'institue *causa sui* et le rend maître du Nom.

Le pervers entreprend donc de subvertir le langage, en le soumettant à sa volonté, par un renversement du procès logique qui préside *normalement* à l'introduction à l'espace représentatif et à la symbolisation du sujet. Ce projet trouve son expression dans la relation singulière du sujet à son nom, dont la nature symbolique s'avère pour lui insupportable. En tant qu'évocation du signifiant de sa disparition (S_2), le nom, en vertu de sa fonction de « relève », réactive en permanence les premiers « signes de perception » (S_1) venus inscrire à l'origine de l'histoire du sujet la perte de l'être, de l'unité et de l'Idéal. Le nom est ainsi le rappel constant de l'exclusion originaire du sujet. C'est sur le déni *premier* de ce principe que le pervers conduit son projet de subversion du langage, opéré *secondairement* sur le signifiant primordial (S_2)[1].

Le détournement de ce signifiant, transposé rétroactivement du symbolique au réel, a en effet pour conséquence, renversant la temporalité ($S_2 \rightarrow S_1$), de subvertir son statut, en lui retirant sa fonction de « représentance » des premières représentations archaïques, pour lui déférer la charge d'assurer la « présence » de ces premiers signes et de restituer le sujet au champ du narcissisme primordial *(Real Ich)*. Le signifiant phallique, destitué de sa fonction de *trait* de l'idéal du moi, advient alors comme *signe* de l'Idéal, tandis que le nom, déchu de sa charge d'évocation du sujet comme manque-à-être, reçoit le privilège de le désigner comme être.

La volonté perverse de se faire le maître du Nom-du-Père (que nous allons retrouver mise en acte lors du face à face entre Don Juan et un pauvre venu lui demander la charité) trahit l'intention du sujet de produire le signifiant phallique et de se rendre détenteur du manque, vérifiant que la haine du père mort est une autre façon de désigner la haine du signifiant – ce qu'une saynète clinique va nous permettre d'éclairer.

1. Freud donnera, à la fin de sa vie, la formulation théorique de cette opération à double détente avec la thèse du « double déni » (cf. Freud, « Constructions dans l'analyse », *Résultats, Idées, Problèmes*, II, *op. cit.*, p. 280).

Le serpent dans les herbes : la haine du signifiant

Ce jour d'été, Matthieu était parti avec Solange pour une course en montagne. Alors qu'ils traversaient un alpage, un bruissement dans les herbes vint trahir la présence d'un serpent, ce qui eut pour effet de déclencher chez Matthieu un véritable déchaînement : s'emparant d'une branche morte, il se mit à frapper en aveugle dans les herbes comme un forcené, emporté par un acharnement que rien ne semblait pouvoir arrêter et qui le laissa finalement épuisé, exsangue, les yeux hagards, un filet de bave à la commissure des lèvres. Lorsque Solange fut sortie de l'état de stupeur où l'avait plongée cette scène, elle découvrit dans les herbes les restes réduits en bouillie d'une couleuvre.

Cet épisode prend son sens de ce détail : le serpent n'a pas été vu. Le bruissement est juste venu évoquer sur fond d'absence le symbole phallique dans les circonstances les plus propres à susciter sa fonction de signifiant, déclenchant la crise de déchaînement furieux qui est à mettre en regard du sentiment d'« étrangéisation » *(Entfremdung)* éprouvé par le pervers au moment où il est confronté à la révélation des organes génitaux de la femme. Ces deux scènes présentent, en fait, deux facettes complémentaires de la subjectivité perverse.

La confrontation avec les organes génitaux de la femme apporte au sujet, au-delà de la découverte du manque réel, la révélation du défaut symbolique qui, en le renvoyant aux « coupures » primordiales, vient lui signifier l'effraction de son narcissisme et l'effondrement du monde. C'est pourquoi cette scène laisse le sujet, au mieux médusé, au pire en proie à la panique. A rebours, la scène du serpent traduit la réponse apportée à la révélation de la primauté du phallus, la fureur exprimant ici la volonté perverse de « ruiner la puissance signifiante[1] », dont il méconnaît qu'elle n'est qu'impuissance *(Versagung)*.

1. Lacan, Séminaire IX, « L'identification », séance du 28 mars 1962 (inédit).

C'est au nom du même principe que le pervers, aveuglé par son ressentiment, rétorque par un outrage au signifiant, perpétré à travers une perversion du nom, à ce qu'il interprète comme un refus de l'Autre. Ce que Molière figure dans le silence du Ciel vécu par Don Juan comme une offense personnelle.

La volonté affichée par Sade et par Don Juan de ne pas se perdre seulement corps et biens, comme on le dit des marins engloutis, mais d'emporter avec eux leur nom dans l'oubli, traduit la révolte du sujet contre la loi du signifiant qui impose à l'homme de laisser en gage à l'Autre (au Ciel ici) au moment de sa mort le signifiant de sa disparition pour attester dans l'éternité que le sujet est enfin devenu ce qu'il était depuis toujours : rien d'autre qu'un signifiant. Face à ce verdict, le héros pervers fait le choix de l'anéantissement contre l'*aphanisis* et du retour à l'être contre le manque-à-être. Parce qu'à se perdre, le pervers a décidé d'être l'agent de sa propre perte : *le nom, signifiant de la perte, advient ainsi chez lui minéralisé – signe, insigne, enseigne du narcissisme primordial reconstitué.*

C'est ce choix terminal que figure dans *Dom Juan* le pacte conclu avec le Commandeur, quand l'hommage rendu à l'Invité de pierre consacre l'allégeance du héros envers le père « illimité » de la jouissance.

De l'aversion du père à la « version » du père : la statue du Commandeur

Ainsi le déni du père mort produit-il chez le pervers des effets différents de ceux révélés par l'échec du refoulement (dénégation) dans la névrose. Dans ce dernier cas, la méconnaissance de la loi suscite l'émergence de la figure surmoïque grimaçante, avatar imaginaire du père idéal, devant lequel le sujet recule terrorisé (tel Hans devant le cheval d'angoisse) ou horrifié (comme l'Homme aux rats au moment du récit du capitaine tchèque). Dans la perversion, le « rejet » du Nom-du-Père a pour corollaire le surgissement « réel » du père de la jouissance, incarné chez Molière dans la statue du Commandeur[1]. Face à cette figure, le sujet inverse alors le procès identificatoire et, sur le déni du père mort, restaure le premier narcissisme : identifié au père de pierre, il se pétrifie en retour. Parce qu'il échappe à présent à tout effet de coupure, il retrouve l'Idéal et l'Unité perdue. En forçant la réponse du Ciel, le héros s'institue comme « objet éternel[2] » et, au nom de sa seule volonté, vient compléter l'Autre par son anéantissement[3].

Au moment où il serre la main tendue par le Commandeur, Don Juan accomplit son destin, en affrontant, dans un court-circuit de tous les petits autres imaginaires, l'Autre « absolu », le seul dont il accepte d'être le commensal, parce qu'il est porteur d'une parole primordiale, d'un signifiant minéralisé à son image, inaltérable, échappé au refoulement originaire. C'est ce principe que démontre « la scène du pauvre », censurée pendant plus de deux siècles, qui donne la raison de la charité selon Don Juan et confère à la comédie de Molière l'intensité de la tragédie antique.

1. L'interprétation traditionnelle, qui fait de la « statue du Commandeur » le paradigme d'une loi surmoïque inexorable, ne prend en compte que le contenu manifeste « didactique » du mythe.

2. Expression de Whitehead, reprise par Lacan dans « Kant avec Sade », *Écrits*, *op. cit.*, p. 778.

3. Il faut souligner que le héros garde jusqu'au bout, et dans son abolition même, la maîtrise sur l'Autre, ainsi que l'indique ce détail du mythe : c'est lui qui adresse au Commandeur l'invitation première, démontrant qu'il convoque librement son propre destin. L'acte de Don Juan permet ainsi d'établir la différence qui sépare le destin du héros sublime des pratiques perverses cliniques : le pervers « joue » au sublime à l'économie de la mort. Tel sujet refusera ainsi le mariage à sa compagne, en lui disant avec un dédain magnifique : « Voyons : nous sommes au-dessus de ça ! » – faisant entendre par là qu'il ne condescendra pas aux lois ordinaires des hommes et que sa *présence* n'a besoin d'aucune sanction de l'Autre ni d'aucune promesse pour être garantie. En fait, ce masque altier cache le dessein de se dérober à tout engagement. Ainsi la resquille du pervers constitue-t-elle l'envers de l'affrontement avec l'Autre que Don Juan ne cesse de provoquer jusqu'à s'abolir dans le défi final.

CHAPITRE TROIS

Variations sur la charité

I. La charité hystérique

« De l'éminente dignité des pauvres »

Au cours de la fuite à laquelle il a dû se résoudre pour échapper aux frères d'Elvire, Don Juan, toujours flanqué de Sganarelle, traverse une forêt déserte. Pour tromper l'ennui du voyage, le valet expose à son maître les fondements de sa philosophie « causaliste » qui se résume en deux postulats à ses yeux évidents : « que ce monde que nous voyons n'est pas un champignon qui soit venu tout seul en une nuit » et « qu'il y a quelque chose d'admirable dans l'homme que tous les savants ne sauraient expliquer ». A quoi Don Juan oppose seulement sa croyance « que deux et deux sont quatre et que quatre et quatre sont huit » (III, 2). Une rencontre, inattendue en ce lieu sauvage, celle d'un pauvre qui demande l'aumône aux deux cavaliers, fournit à Don Juan l'occasion de donner une illustration des principes de sa sagesse.

Après avoir proposé au pauvre l'octroi d'un louis d'or à la condition qu'il consente, en jurant, au péché de blasphème et essuyé le refus indigné de celui-ci : « Non, Monsieur, j'aime mieux mourir de faim », Don Juan conclut sur une formule qui a fait couler beaucoup d'encre : « Va, va, je te le donne pour l'amour de l'humanité » (III, 3). En fait, la charité selon Don Juan délivre la clef de l'éthique perverse qui s'oppose, à la fois, à la charité hystérique et à la charité chrétienne symbolique.

L'amour du semblant, l'amour du semblable

La charité hystérique s'inscrit dans la ligne de la loi du don, exposée par Sganarelle dans son éloge du tabac : « Ne voyez-vous pas bien, dès qu'on en prend, de quelle manière obligeante on en use avec tout le monde, et comme on est ravi d'en donner à droite et à gauche, partout où l'on se trouve ? On n'attend pas même qu'on en demande, et l'on court au-devant du souhait des gens » (I, 1). Ainsi la circulation du tabac, établie par la culture, permet-elle à chacun de trouver sa propre satisfaction dans la satisfaction de l'autre, d'anticiper sur sa demande et de prévenir son désir. Dans la reprise de cet axiome, la charité hystérique découvre les trois principes qui la fondent : sauver la représentation que l'on a de l'autre – parce qu'elle est celle qui soutient notre propre image – au nom de la sauvegarde de notre narcissisme.

Sauver la *représentation* que l'on a de l'autre révèle d'entrée que cette charité se déploie dans un espace signifiant et qu'elle va se réduire à faire circuler du signifiant, tandis que s'avère en complément que le petit autre à qui elle s'adresse n'intervient lui-même dans le jeu qu'à titre de signifiant avec toutes ses qualités, qui le font transposable, permutable, interchangeable – sa seule fonction étant de supporter au miroir l'image narcissique du sujet. S'articule ici le deuxième principe de la charité hystérique : l'identification.

Par définition, cette charité n'a cours que dans l'espace d'une communauté culturelle donnée, fondée sur le troisième type d'identification, dite « par le symptôme », qui est, nous l'avons vu, déterminée par le partage du signifiant phallique Φ, métaphorisé sous les espèces d'un signifiant quelconque élu comme « idéal » – pour Sganarelle, le tabac. Que la communauté se limite à l'espace d'un pensionnat, comme dans l'exemple retenu par Freud, qu'elle s'étende au clan, à la nation ou aux valeurs du monde occidental, peu importe, le principe reste celui de la « contagion », qui, au terme de l'opération de bascule qui fait passer le signifiant primordial aux figures du semblant qui le représentent *(vertreten)*, trouve son accomplissement dans les jeux du miroir qui rappellent que la mort de l'autre nous est insupportable dans la mesure où nous y découvrons la nôtre[1]. Cet axiome introduit le troisième principe de la charité hystérique : le principe de plaisir, gardien du narcissisme.

« *Et propter vitam vivendi perdere causas* »

Les deux principes précédents (idéalisation et identification) témoignent que le langage a pour fonction de voiler à l'homme la mort à laquelle il est destiné et qui lui a pourtant été révélée, nous dit Freud, dans la vision du défaut de pénis de la femme, qui est venue figurer la perte originaire du signifiant de la Chose. Après ce temps fondateur, le système représentatif, instauré à la suite du refoulement du signifiant phallique (S_2), permet au sujet de maintenir le leurre de la non-castration de l'Autre et, partant, l'illusion de sauvegarder, en retour, son propre narcissisme – directement ou à travers l'image du semblable. A partir de là, la condition humaine tombe sous le chef du principe de plaisir, dont le principe de réalité n'est que le prolongement, à l'instar de la guerre prenant le relais de la diplomatie, ainsi que le montre l'exemple du rêve.

Freud a établi, dès l'abord, que le rêve était toujours parfaitement égoïste (il n'y est jamais question que du moi, nous dit-il) et qu'il était toujours le « comblement d'un vœu » *(Wunscherfüllung)* – point sur lequel il restera inébranlable malgré les contradicteurs, ce qui revient à maintenir la fonction essentielle du langage dont nous faisions état. Or, quand on passe de l'espace du rêve, c'est-à-dire du principe de plaisir, à celui de la réalité, soumis au « second » principe, rien n'est fondamentalement modifié : en dépit des affirmations en sens contraire du moi, lorsqu'il élabore la vie éveillée,

1. Ce qui s'énonce parfois avec un cynisme naïf, quand on entend dire qu'une guerre « à nos portes » est proprement insupportable.

chacun s'applique au quotidien, comme dans un grand rêve, à maintenir son narcissisme, tandis que s'avère, de façon complémentaire, que le sens ultime de l'existence, portée par la pulsion de mort, répond toujours à une satisfaction libidinale, ainsi que Freud l'a établi dans le cas-limite du suicide[1]. La conclusion s'impose donc que, dans l'espace du principe de réalité comme dans celui du rêve, il n'existe pas de représentation de la mort. Ce qui donne la clef de la charité ordinaire.

La charité répond à l'exigence narcissique d'évacuer la mort du champ des représentations *secondaires*, comme si celles-ci risquaient de susciter le signifiant de la mort originairement refoulé. De là l'antinomie entre le désir, fondé au point du signifiant primordial (S_2), et le narcissisme secondaire, chargé de préserver le moi idéal, antinomie qui rend compte de l'impasse à laquelle chaque homme court le risque d'être réduit : *propter vitam, vivendi perdere causas*[2]. La charité hystérique, qui trouve son avatar moderne dans les pratiques humanitaires, installe ouvertement la sauvegarde de la vie, le maintien de l'homéostase, la dénégation de la castration – soit la chaîne signifiante déployée selon le principe de plaisir (S_3, S_4, S_n) – en lieu et place du signifiant du désir, qui est aussi le signifiant du sujet en tant que mort (S_2), et consacre du même coup le triomphe de la « morale civilisée » sur l'éthique du désir.

Ce constat étant posé, reste que la charité hystérique est la seule qui puisse être accomplie sur la scène du monde, soumise à la loi du signifiant, au risque de se dégrader dans les conduites révélées par la *névrose hystérique*.

1. Freud, « Le problème économique du masochisme », *Névrose, Psychose et Perversion*, *op. cit.*, p. 297.

2. Cf. Freud, « Considérations actuelles sur la guerre et sur la mort », *Essais de psychanalyse*, *op. cit.*, p. 28.

La dérive névrotique de l'hystérie : la lutte pour la « bonne cause »

La charité au champ de la névrose se distingue de la charité hystérique *généralisée*, lorsque le don, le service ou le secours n'interviennent plus selon la loi du manque, qui met les objets en circulation comme au jeu du furet pour récupérer la mise, la boucle une fois bouclée. Cette fois, c'est le manque de l'autre lui-même qui est pris pour objet, l'entreprise caritative visant ici à l'investir pour s'en rendre maître, ainsi que le démontre la tentative de captation d'Elvire à l'endroit de Don Juan.

A la fin de la pièce (IV, 6), l'épouse délaissée du héros revient apparemment libérée de tout ressentiment à l'égard de son séducteur : « Le Ciel a banni de mon âme toutes ces indignes ardeurs que je sentais pour vous, tous ces transports tumultueux d'un attachement criminel, tous ces honteux emportements d'un amour terrestre et grossier ; il n'a laissé dans mon cœur pour vous qu'une flamme épurée de tout le commerce des sens, une tendresse toute simple, un amour détaché de tout, qui n'agit point pour soi, et ne se met en peine que de votre intérêt [...]. C'est ce parfait et pur amour qui me conduit ici *pour votre bien.* » On reconnaît ici le discours de dénégation de la « belle âme », qui referme, en trois temps, le piège de la dialectique hystérique : affirmation de la catharsis du sujet quant à toute passion humaine (colère ou désir)[1] ; proclamation d'un amour « parfait » (sans objet), accompli au nom du Ciel ; réintroduction subreptice de l'objet dénié, sous la figure du pur bien de l'autre, sur lequel la rusée s'apprête à faire main basse. Si bien que l'hommage ostentatoire qu'elle rend au manque (« en ce qui me concerne je suis entièrement détachée des choses

1. On notera encore comment le pathos, prétendument exclu du discours « détaché » d'Elvire, est rétabli par elle une seconde fois dans le virement qu'elle en opère au compte du grand Autre, quand cette âme « sainte » évoque avec une perfide candeur « la redoutable colère du Ciel ».

de ce monde ») n'est que le voile qu'elle déploie pour cacher que c'est lui qu'elle vise au dernier terme.

En vertu du même principe, une épouse se dévouera à son mari infirme ou malade dans la mesure où celui-ci se présente, précisément à cause de sa détresse, comme l'objet tout désigné de sa convoitise. En plus de sa maladie, le malheureux devra alors porter le poids du désir inconscient de son épouse jusqu'à ce qu'elle ait trouvé une autre « bonne cause » à se mettre sous la dent.

Le savoir sur la castration de l'autre : de $-\phi$ à Φ

La charité hystérique conduit ainsi, au registre de la névrose, le projet de s'emparer du point de castration de l'autre (pauvreté, détresse, agonie), pour en prendre le contrôle et maintenir en ce point l'autre en équilibre entre la vie et la mort.

La névrose met alors en lumière le caractère essentiel de la charité hystérique *généralisée*, qui reste pour l'ordinaire latent : l'acte est entrepris, dans ce registre, au nom d'un *savoir supposé* sur le besoin, la demande ou le désir du petit autre auquel il s'adresse[1]. Ce trait est d'ailleurs le corrélat de l'inscription de la charité dans le champ de la morale, et c'est à ce titre que celle-ci trouve sa place naturelle dans l'apologie inaugurale de Sganarelle : « On n'attend pas même qu'on en demande et l'on court au-devant du souhait des gens. » Par là se trouve confirmé le principe de toute entreprise placée sous le chef de l'hystérie : que le signifiant du manque (Φ), métaphorisé sous les espèces des petits manques ($-\phi$) de tous les

1. La névrose « imaginarise » ainsi la relation primordiale du sujet à l'Autre, telle que Freud la présente, à l'orée de la psychanalyse dans « L'esquisse » (*La Naissance de la psychanalyse, op. cit.*). Évoquant l'état de détresse du sujet humain, aux temps originaires de son histoire, il conclut que celui-ci n'échappe à la mort que grâce à « l'aide étrangère d'une personne d'expérience » dont l'attention est attirée par des cris qui n'ont, à ce moment, pas de sens, puisqu'ils n'expriment que la volonté brute du sujet de mettre au-dehors le déplaisir (cf. Freud, *Aus den Anfängen der Psychoanalyse, op. cit.*, p. 326).

petits autres qui se présentent, est ici investi par le sujet avec les appareils du langage représentatif. Le corollaire dudit principe étant que, dans le registre hystérique, la partie se joue toujours au niveau des moi. La donne s'avère complètement différente dans le cas de la charité symbolique, telle que l'incarne la charité chrétienne.

II. La charité chrétienne

La charité au nom du pur amour de Dieu : l'amour de l'être

L'évocation de la charité chrétienne est appelée, chez Molière, par l'adage qui supporte le don du louis fait par Don Juan : « Je te le donne pour l'amour de l'humanité », énoncé en référence patente à l'« amour de Dieu », qui fonde un acte libre, radicalement distinct de l'entreprise hystérique.

L'amour de Dieu, mis au principe de la charité chrétienne, exclut toute comptabilité rétributive pour ce monde et pour l'autre[1]. L'amour ici est *agapé*, dépouillé de tout calcul et de tout affect. L'acte de charité se présente, dès lors, comme dégagé du système des représentations, dépris des investissements inconscients qui portent la charité hystérique, et accompli en court-circuit de tout

1. La charité chrétienne s'oppose tout autant à la charité « obsessionnelle », qui est déterminée par le souci d'être en règle avec la loi. Au nom de quoi, le sujet vire la charité à la comptabilité, ainsi que le démontre, de façon cocasse, Don Carlos, quand il tente de calculer au plus juste la dette de reconnaissance qu'il doit à Don Juan, en faisant entrer en ligne de compte le fait qu'il détient inauguralement un crédit de haine à l'endroit de son beau-frère consécutif au détournement et à l'abandon de sa sœur, auquel il convient toutefois de soustraire la gratitude attachée à la vie qu'il vient de lui sauver, si bien qu'au terme de ce calcul il lui paraît équitable d'accorder finalement à Don Juan un sursis (III, 4). Cf. la critique faite par Lacan à la morale kantienne dans *Séminaire VII, L'éthique de la psychanalyse*, Paris, Le Seuil, « Champ freudien », 1986, p. 222.

savoir sur le bien de l'autre. La charité chrétienne est ainsi un hommage au manque, placé directement sous le signe du signifiant phallique (S_2). Au-delà du monde des représentations, de la gestion des biens, des intérêts narcissiques et des captations du miroir, au-delà donc du principe de plaisir, elle est don pur, don pour le don.

Quand elle commande d'aimer la créature de Dieu, la charité chrétienne prescrit d'aimer Dieu *dans* la créature. Ce que Plotin exprimait en disant : « Quand je vois mon semblable, je vois Dieu[1]. » Elle se réalise ainsi dans la traversée de l'espace du moi idéal pour atteindre l'être indicible de l'aimé qui supporte la présence de Dieu dans l'homme[2]. Claudel a donné dans *Le Soulier de satin*, en retraçant la passion de Rodrigue pour Doña Prouhèze, une figure de cet amour sublime dans lequel l'amant ne cherche plus la satisfaction des petits désirs qu'autorisent dans ce monde les jeux du signifiant, mais la jouissance absolue de l'être – au prix d'accepter de l'accomplir dans l'autre monde.

Pour que Rodrigue puisse la rejoindre dans cet au-delà, il faudra que Doña Prouhèze ait d'abord déposé la dépouille moïque qui la représentait dans l'espace des semblants. Renoncement pathétique quand elle apprend de son Ange gardien qu'il lui « faudra laisser le corps en arrière quelque peu » et que son amant ne connaîtra jamais son goût terrestre (III, 8). L'amour de Dieu dans la créature implique ainsi le sacrifice du moi au profit de l'être qui confère à l'autre sur fond de son absence essentielle le statut de « merveille » (II, 5). L'aimée passe alors, selon les propres termes

1. Syméon le Métaphraste (xe siècle) poussera cette logique jusqu'à son terme : « De chacun tu fais ta maison et tu habites en nous tous. [...] Nous devenons membre du Christ et le Christ devient nos membres, le Christ devient ma main, le Christ mon pied... » (*Hymnes XV*, v. 131-143).

2. C'est ce que confirme l'acte d'Antigone qui s'adresse à l'être essentiel de Polynice – ce même être précisément que Créon cherche, lui aussi, à atteindre. Dans la reprise de ce principe, l'on distinguera parmi les entreprises caritatives de notre monde celles qui sont accomplies au champ du symbolique dans la fidélité au manque (la référence aux « chiffonniers » désignant ici la fonction essentielle du « déchet » dans la pratique charitable qui faisait dire à Lacan que « le saint décharite ») et les conduites imaginaires de l'humanitairerie médiatiquement hystérisée.

de Claudel, de la place d'objet à celle de cause de l'amour (III, 8), démontrant qu'elle a été élevée à la dignité de signifiant du manque. Cette substitution, instaurée par la charité chrétienne, de la Cause perdue (S_2) aux idéaux et aux valeurs qui portent la charité hystérique trouve son illustration dans la célèbre parabole du *bon Samaritain.*

Le bon Samaritain

L'évangile de Luc (10, 29-37) rapporte l'histoire de ce voyageur agressé par des brigands et laissé inconscient sur le bord de la route, sans émouvoir ni le prêtre ni le lévite qui vont passer devant lui, jusqu'à ce qu'un Samaritain, « cet étranger familier, un peu juif et un peu autre chose[1] », recueille le blessé, le charge sur sa monture et le conduise à la plus proche auberge pour le faire soigner, avant de repartir le lendemain, dès l'aube, sans un mot, après avoir payé la dépense. Sur quoi, Jésus pose la question du « prochain » pour en subvertir les termes, en demandant : « Qui s'est montré le prochain de l'homme qui était tombé dans les mains des bandits ? » – à quoi la seule réponse possible est : le Samaritain ! La charité chrétienne énonce donc : « Ton prochain, celui que tu dois aimer pour être sauvé, ce n'est pas le blessé, mais celui qui vient te soigner ! Le blessé au bord de la route, c'est toi ! Obtenir en partage la vie éternelle, c'est se laisser aimer par celui qui vient te sauver pour rien[2]. »

La charité chrétienne se présente donc comme le renversement de la charité hystérique : *aimer son prochain* n'est plus entendu comme le secours apporté au moribond qui gît au bord du chemin. La parabole de Luc met en lumière la dimension de rapt inhérente à toute entreprise humanitaire de ce genre, qui avoue qu'elle est toujours supportée par un déni de la castration. La charité chré-

1. Nous nous inspirons ici largement d'un sermon inédit de notre collègue Jean Ansaldi.
2. Jean Ansaldi, *op. cit.*

tienne, à rebours, prend son sens de s'inscrire dans le parcours en navette de la castration entre le sujet et l'autre[1]. Elle suppose que le sujet accepte d'être mis d'abord en position d'aimé *(éromenos)*, pour advenir ensuite comme aimant *(érôn*[2]*)*. Au terme du retournement désigné dans le texte de Luc, l'*amour du prochain* trouve donc sa raison dans la prescription faite à l'homme, non plus d'aimer d'abord, mais de se laisser aimer – non plus de prendre la place du commandement, mais celle de ce voyageur abandonné, battu, brisé, réduit à un corps souffrant et déchu ; non plus de remplir, de combler, de saturer l'autre avec les flots de son amour, mais d'accepter d'être pour lui son manque, d'incarner la cause éternelle de son désir, en se constituant comme « rien ».

Ainsi, à l'extrême opposé de la charité hystérique, la charité chrétienne se présente-t-elle comme la prise en charge de l'insupportable *(Unerträgliche)* de la castration symbolique de l'Autre (et non plus comme la captation de la castration imaginaire du petit autre), « relevée » par le sujet au prix du sacrifice de sa propre castration[3]. Cette substitution du « rien » au « bien » inscrit alors la charité symbolique chrétienne dans l'espace où Antigone accomplit le commandement sans parole de la Diké.

De la « bonne cause » à la « Cause perdue » : l'abolition de l'objet

La transposition de l'acte charitable de l'imaginaire au symbolique fait passer le sujet du dévouement à la « bonne cause » au sacrifice à la « Cause perdue ». Cette substitution seconde explique que celui-ci s'engage dans la voie qu'il a choisie, non plus avec la certitude qui anime les militants servant des idéaux imaginaires, mais avec une foi qui n'est pas exempte de la défaillance qui affecte ceux qui s'identifient à un signifiant lui-même en défaut.

1. Lacan, « Subversion du sujet et dialectique du désir », *Écrits*, *op. cit.*, p. 826.
2. Lacan, *Séminaire VIII*, *Le transfert*, *op. cit.*, p. 66-69.
3. Lacan, « Subversion du sujet et dialectique du désir », *Écrits*, *op. cit.*, p. 826.

Les larmes d'Antigone [1], comme la sueur de sang du Christ [2], témoignent que la charité, conduite dans la fidélité au manque, confronte le sujet à la volonté (elle-même absolue, c'est-à-dire proprement « détachée ») du père mort, radicalement distincte de la volonté de jouissance du père primordial, mais qui ne lui épargne pas l'épreuve de la pure angoisse de mort. A l'inverse de ce qui se joue dans la charité hystérique, l'angoisse reste de son côté et n'est plus versée au compte de l'objet, pour la raison simple que ce dernier est ici proprement aboli, et le sujet laissé seul face à face avec la forme vide de la Loi [3].

Cette abolition de l'objet tient à ce que la référence à l'amour de Dieu, qui adresse l'acte de charité à la part d'être détenue au point de *das Ding* dans chaque créature, comporte de négliger la créature considérée dans sa singularité moïque. Ainsi l'acte de charité d'Antigone tient-il sa valeur exemplaire de s'adresser à un mort [4], c'est-à-dire à l'autre quand il se constitue comme pur signifiant (S_2), au-delà de tout ce qui l'a représenté dans le monde comme moi idéal.

Sens de la Rédemption

Dans le même sens, Jésus est venu racheter les péchés du monde et non pas tel ou tel pécheur singulier, ce qui confère à sa figure ce caractère implacable qui le place, comme Antigone, au-delà de la crainte et de la pitié [5]. Cette logique, en contradiction avec toute

1. Libérées au moment du *kommos* (806-928).
2. « Mon âme est triste jusqu'à la mort » (Matthieu, 26, 36).
3. Cf. Lacan : « La loi morale ne représente-t-elle pas le désir dans le cas où ce n'est plus le sujet, mais l'objet qui fait défaut ? » (Lacan, « Kant avec Sade », *Écrits*, *op. cit.*, p. 780).
4. Ce que lui renvoie Créon : « Eh bien donc, s'il te faut aimer, va-t'en sous terre aimer les morts » (v. 524).
5. L'on rapprochera la sévérité de Jésus envers sa mère ou Madeleine de la dureté d'Antigone écartant Ismène de sa route pour aller seule à la mort : « Je ne veux pas que tu meures avec moi. Ne t'attribue pas un acte où tu n'as pas mis la main. Que je meure, moi, c'est assez » (v. 546-547).

une tradition saint-sulpicienne consacrée à l'imagerie du bon pasteur, trouve sa raison dans le caractère paradoxal du dogme de la Rédemption.

Le rachat des péchés du monde accompli par le Christ n'est pas en effet à entendre, ainsi qu'on l'a fait des siècles durant, comme paiement d'une rançon sacrificielle qui viendrait effacer la dette symbolique sur le mode de l'annulation obsessionnelle *(ungeschehen machen)* pour rétablir l'Autre dans son intégrité. L'Incarnation ne signifie pas la restitution à l'Autre du signifiant qui lui manquerait[1]. Jésus prend avec la condition humaine le péché qui la marque et, ce faisant, s'il « rachète » le péché, c'est en lui donnant son vrai sens, opéré dans un renversement qui élève le péché à la dignité du *manque*.

L'acte rédempteur découvre alors le paradoxe qui le constitue : d'un côté, il intervient pour libérer l'homme de la loi surmoïque des pharisiens et des prêtres et donc de la culpabilité attachée au commandement ; mais, d'un autre côté, il soumet l'homme à la loi symbolique indicible, référée au signifiant phallique (que figure exemplairement le sacrifice de la Croix) et, ce faisant, il rend l'homme, selon une autre parole de Paul que nous avons déjà citée, « démesurément pécheur[2] ».

Par sa mort sur la Croix, le Christ prend la mort sur lui et accomplit le manque essentiel de l'Autre, confirmant que la charité symbolique constitue l'envers de la charité hystérique placée sous la domination du principe de plaisir. Conclusion décisive, car elle découvre que l'acte ici s'approche des mêmes limites que celles vers lesquelles tend l'entreprise perverse.

1. La tradition évangélique met en évidence le « dépouillement » moïque accompli par le Christ dans l'Incarnation, en le comparant au roseau que l'on évide pour en faire une flûte (Paul, *Philippiens* 2, 6).

2. Nous avons montré ce qu'il advient lorsque l'histoire entreprend de faire passer dans la réalité la nature symbolique de la Loi.

Le danger de dérive perverse de la charité chrétienne

Lacan avait déjà noté que le projet sadien s'inscrivait sans difficulté « dans les portants de l'éthique chrétienne[1] ». De fait, la volonté de traverser l'espace des représentations qui fonde la charité symbolique révèle une convergence virtuelle avec le projet pervers.

Si je considère dans mon semblable la pure créature de Dieu, celui-ci perd *ipso facto* ce titre, dans la mesure où il échappe au monde du semblant, tandis que, dans le même mouvement, l'abolition de l'espace des représentations, entraînant celle des affects, m'arrache moi-même à l'espace du « pathologique » dans lequel je vivais jusqu'ici et où j'étais l'objet des faux attraits et des dégoûts trompeurs[2]. Je ne vois plus dans l'Autre que l'être éternel qui témoigne qu'une parcelle de divin existe dans la créature et l'irradie tout entière. C'est au nom de ce principe que certains mystiques pouvaient se délecter à baiser les croûtes des malades et étancher de leurs lèvres le suc de leurs plaies[3]. Pratiques qui suscitent chez le tiers une aversion horrifiée qui est du même ordre que celle qui est provoquée par certaines conduites perverses, coprophiliques notamment, dont l'analyse révèle toutefois qu'elles ont un tout autre sens.

1. Lacan, « Kant avec Sade », *Écrits*, *op. cit.*, p. 789.

2. La charité chrétienne est accomplie alors dans un rejet radical du pathologique. Devant un malade incurable, elle dictera au sujet d'être là, sans prétendre déposséder l'Autre de sa maladie ni de sa mort. En s'adressant à l'être de l'Autre, elle exclut de sa visée l'autre imaginaire, support des investissements narcissiques du sujet.

3. Lacan, *Séminaire VII*, *L'éthique*, *op. cit.*, p. 221. Il n'est pas exclu que, dans certains cas, la charité mystique d'une Marie Alacoque, dissimulant la retombée dans l'imaginaire qui peut la frapper, retombe dans le registre de la charité hystérique, avouant du coup la volonté de se rendre maître de la castration de l'autre, figurée ici sous les espèces de son abjection.

La quête de das Ding *entre symbolique et réel*

Ces conduites en effet tiennent à ce que, dans le registre de la perversion, l'objet abject est arraché à l'espace signifiant qui est le sien dans la névrose et dont les élaborations métaphoriques foisonnantes du Petit Hans nous donnent le meilleur exemple, pour retrouver sa « dignité » (ce terme étant pris ici en référence à *das Ding*[1]) de pur objet *a*, dégagé de la gangue du semblant. C'est ainsi que les déchaînements de libido, relevés par l'observation clinique chez certains pervers quand ils sont confrontés à l'excrément, à l'urine ou au sang des règles, reçoivent leur explication de ce qu'ils se trouvent, dans ces moments, ramenés *in illo tempore* où le narcissisme primordial est effracté par la naissance biologique qui vient séparer le sujet humain de ce réel dans lequel il est encore pris comme un coquillage dans la pierre et d'où il émerge *« inter urinam et faeces*[2] *»*. Chez d'autres individus, la traque sadique sur le corps du partenaire, homme ou femme, de ces objets primitifs exprime aussi la volonté de restaurer *ad integrum* l'être originaire du *Real Ich*, reconstitué par ces objets confisqués à l'autre. Cette conclusion dégage, au-delà des similitudes apparentes qui les conjoignent, la différence entre la charité chrétienne et le projet pervers.

La charité d'Antigone pour Polynice comme l'amour de Rodrigue pour Doña Prouhèze s'adressent à l'être symbolique de l'autre, qui le constitue comme Cause perdue, tandis que la visée perverse tend à instaurer la *présence réelle* de l'objet. Le héros tragique reste fidèle

1. Selon un jeu de mots de Lacan.

2. Nous renvoyons ici au cas *princeps* d'un patient de W. Stekel « passionné » par l'urine des femmes et dont Freud avait établi contre l'avis de son disciple qu'il relevait des perversions archaïques, déterminées par une fixation aux objets primordiaux (cf. Rey-Flaud, *Comment Freud inventa le fétichisme...*, *op. cit.*, p. 45-46 et 74-78).

au manque, au prix du sacrifice suprême, là où le pervers subvertit et confisque le manque en « machinant » le sacrifice de son partenaire. Pourtant, si précise soit-elle, la limite qui sépare le symbolique du réel est quelquefois franchie, ainsi que le démontre l'histoire des religions qui atteste que la charité chrétienne a été, à maintes reprises, détournée au champ de la perversion.

La pratique inquisitoriale : le savoir sur le Bien

L'effusion mystique sur le corps abject du malade et la fouille sadique à travers les chairs offertes présentent en effet un caractère commun : un effacement de l'imaginaire qui a pour conséquence que, dans l'un et l'autre cas, la personne du souffrant ou de la victime ne joue aucun rôle dans l'opération, seule étant prise en compte la part d'être – symbolique ou réelle – qui se trouve visée. Cette méconnaissance partagée par les deux projets de ce qui constitue le moi idéal explique qu'une bascule soit toujours possible d'une conduite à l'autre.

La dérive perverse de la charité chrétienne advient lorsque l'acte n'est plus accompli pour l'amour de Dieu (au sens objectif de la préposition), mais pour sa jouissance, l'exécutant se réduisant alors au rôle d'instrument de cette jouissance[1], avec cette réserve que, dans l'opération, il retire toutefois, pour son propre compte, une ristourne de jouissance au titre d'ordonnateur du sacrifice par lequel il circonscrit, découpe et apprête le « cœur d'être » *(Kern des Wesens)* qu'il présente à la divinité[2]. Car c'est bien ce point de réel dans l'autre que l'« inquisiteur » s'applique à récupérer afin de l'offrir en trophée à la jouissance du dieu.

1. Lacan, « Kant avec Sade », *Écrits, op. cit.*, p. 774-775.
2. C'est ainsi qu'en anéantissant au dernier moment l'espoir du condamné qu'il a jusqu'ici machiavéliquement entretenu, l'inquisiteur de « La torture par l'espérance » le réduit, sur un seul coup, au rien essentiel *(das Ding)* qui le constitue au-delà de la victime misérable vouée au bûcher de l'autodafé. (Villiers de l'Isle-Adam, *Nouveaux Contes cruels*, Paris, Garnier, 1968, p. 323-330).

L'institution de l'Inquisition démontre en effet que son entreprise de charité est animée par la volonté de « chercher » *(quaerere)*, au nom d'un savoir sur le Bien, le Mal serti au fond du cœur de l'homme. Ce qu'énonce un de ses représentants : « J'ai appris qu'il n'y avait pas de plus grande charité que de tuer les êtres malfaisants[1]. » Cette formule traduit la conviction du sujet de détenir un savoir qui n'est plus le savoir hystérique, qui porte sur les petits biens des hommes, mais un savoir sur le Bien (celui qui plaît à Dieu), dont la possession assure au sujet la maîtrise de l'Autre, comme en témoigne le don de charité fait par Don Juan au pauvre qu'il rencontre dans la forêt.

III. La charité selon Don Juan

La charité « perverse » hors représentation

La charité de Don Juan se présente, à l'instar de la charité symbolique, comme l'envers de la charité hystérique. La raillerie caustique à l'égard du pauvre (« un homme qui prie le Ciel tout le jour ne peut manquer d'être bien dans ses affaires ») dénonce le leurre de toute relation d'échange entre l'homme et Dieu, et place d'entrée le « sans cause » au fondement du don. A partir de ce principe qu'Antigone pourrait reprendre à son compte, le don « pervers » se sépare du devoir funèbre rendu à Polynice dans la mesure où il implique une destitution du Nom-du-Père et une abolition de la dette symbolique, réalisées par le sujet dans un acte de « pure » méchanceté qui consacre la soumission de *das Ding* à sa volonté de jouissance.

A l'origine, la charité perverse, comme l'acte d'Antigone, est référée au signifiant primordial (S_2). Elle est ainsi accomplie à l'écono-

1. Paul Claudel, *Le Soulier de satin*, première journée, scène II.

mie du système représentatif et du fantasme, à l'exclusion de tout phénomène d'identification [1] et hors champ du principe de plaisir. Comme la charité chrétienne, elle s'adresse donc elle aussi à l'être de l'Autre. En ce point toutefois les deux projets se séparent : la charité « perverse » n'est pas faite en hommage au manque, mais dans un détournement du manque au bénéfice de la volonté du sujet, conduit à travers un forçage du signifiant. A ce titre, elle est un corrélat de l'incroyance originaire du héros. Il est alors possible d'articuler entre elles les trois formes de charité que nous avons déterminées : la charité hystérique régie par la « bonne cause » (signifiant imaginaire idéalisé, S_1) ; la charité symbolique soumise à la « Cause perdue » (S_2) ; la charité perverse qui se réclame du « sans cause » référée à la volonté du sujet de fonder son acte *ex nihilo*. Sur ce principe, le héros pervers, détaché de l'emprise du signifiant, fait ce qu'il a à faire, sans hésitation, sans remords et sans regret, sans prendre en compte ni l'ingratitude ni la reconnaissance. Sans cause, son acte est également sans but : à l'instant où il donne la pièce d'or au pauvre, pour l'amour de l'humanité, le geste de Don Juan se perd au point où il s'accomplit [2].

Ainsi l'amour de l'humanité évoqué, au moment du don du louis, comme cause finale de son acte réfère la charité perverse à la forme « eidétique » de l'humanité, c'est-à-dire qu'elle évacue chaque homme particulier, pris dans sa petite misère. Mais le geste de Don Juan franchit la limite où s'arrête la charité symbolique, car, au-delà du moi idéal, elle nie, elle tue également l'être même du pauvre. En ce sens, le don du louis constitue un moment insupportable dans la pièce, quand il découvre que la charité est faite de

1. Le discours de Don Juan interdit en effet d'établir le moindre rapport spéculaire entre le pauvre et lui et rejette comme inconcevable que ce pauvre puisse prétendre, face à lui, tenir la place de son semblable.

2. « L'amour de l'humanité », mis par Molière au fondement de la charité perverse, prend son sens de l'opposition blasphématoire évidente qui le substitue à « l'amour de Dieu », tel que Bossuet l'officialise dans son célèbre sermon *Sur l'éminente dignité des pauvres dans l'Église* (1659), pratiquement contemporain du *Dom Juan* (1665) : « Celui-là entend véritablement les mystères de la charité, écrit Bossuet, qui [...] n'espère de participer aux bénédictions de l'Évangile que par les moyens de la charité. »

la même étoffe que le crime. Il reste à reconstituer comment s'effectue cette révélation.

La dernière tentation de Don Juan : l'offense au nom de Dieu

Si la scène du pauvre de *Dom Juan* produit, aujourd'hui encore[1], cet effet de scandale et de sidération, qui transfigure l'acte pervers au registre du sublime, c'est qu'elle détient latentes les intentions essentielles du héros : l'offense au nom de Dieu et l'insulte au Nom-du-Père – la première patente, la seconde plus subtile à déceler.

L'offense au nom de Dieu – en clair, le blasphème – constitue le motif manifeste de l'épisode, lisible dans le marché que Don Juan propose au pauvre : un louis d'or contre le nom de Dieu. Ce premier temps met en scène la tentation satanique adressée au misérable, qui suscite le crime des crimes (celui qui, dans l'ordre des Commandements, vient immédiatement après le refus de reconnaissance du dieu unique), référé à l'interdit de la nomination de l'Autre – seul interdit à mériter proprement cette appellation (tous les autres pouvant être considérés de fait comme de simples *interdictions*), puisqu'il pose la loi fondamentale du langage, soit que l'Autre est innommable – la profération de son nom ne pouvant que signer l'abolition de tout le système signifiant et l'anéantissement du sujet lui-même. On sait que tout au long de la pièce ce principe est respecté, puisque l'Autre n'est jamais désigné que de façon métonymique par l'expression *le Ciel*, soit le lieu où est détenu le signifiant manquant de la Loi.

En projetant de faire porter par l'autre le poids de la transgression, la tentation de Don Juan s'inscrit, comme toutes les entreprises diaboliques, dans le registre de la perversion – la reprise en écho

1. Pour donner la mesure du caractère insupportable de cette scène, il suffit de rappeler qu'elle fut mutilée après la première représentation et que la version originale fut pratiquement oubliée. C'est en 1819, un siècle et demi plus tard, que le texte authentique fut retrouvé et édité, et en 1841, lors de la reprise faite à l'Odéon, qu'il fut restitué à la scène (jusqu'alors le *Dom Juan* était joué dans une version en vers de Thomas Corneille).

de Sganarelle (« Va, va, jure un peu, il n'y a pas de mal ») accentuant encore la malignité de son projet. Ainsi, à ce premier niveau manifeste, la scène du pauvre prend-elle place, de façon naturelle, dans la visée déclarée de Don Juan depuis le début du drame. Mais, dès ce moment, est déjà enclenché le retournement, que nous avons signalé en ouverture, qui va faire passer le personnage du champ de la perversion au registre sublime.

La bascule du pervers au sublime : l'insulte au Nom-du-Père

Cette bascule intervient *in extremis* au dénouement de la scène, introduite par la réponse superbe du pauvre (« Non, Monsieur, j'aime encore mieux mourir de faim ») et ponctuée par la sanction de Don Juan (« Je te le donne pour l'amour de l'humanité »). Ce dénouement lapidaire prend en effet son sens de marquer le passage de l'offense manifeste au nom de Dieu à l'insulte latente au Nom-du-Père, qui signe le destin du héros pervers.

Le Nom-du-Père *(Don Louis)* est écrit en filigrane dans le *don (du) louis*, l'homologie parfaite entre les deux formules étant autorisée par l'emploi encore reçu dans la langue de Molière du génitif absolu[1]. Toutefois, le nom du père réel n'accède au statut du Nom-du-Père que d'être référé à « l'amour de l'humanité » dont la valeur de signifiant primordial (S_2) a été établie. A partir de là, il devient facile de reconnaître dans l'acte de Don Juan l'insulte au Nom-du-Père, quand se découvre que le don est *abandon*, rejet du Nom-du-Père aux pieds de l'autre, accompli dans le geste qui laisse tomber la pièce avec mépris[2]. L'insulte perverse au Nom-du-Père,

1. Dont certains exemples ont été conservés dans la langue moderne à titre d'archaïsmes : *Chaise-Dieu, Hôtel-Dieu, les enfances-Charlemagne, la passion-Béatrice*. Le caractère implicite du « nom du père » se redouble de ce que l'énoncé qui le supporte : « don-louis » reste lui-même latent, inféré seulement du *geste* de Don Juan qui accompagne la réplique : « Je te le donne. »

2. Dans la mise en scène d'Antoine Vitez (Avignon, juillet 1978), cette intention avait été poussée jusqu'à la caricature, lorsque Don Juan enfonçait la pièce au fond de l'orbite du malheureux.

ainsi jeté dans la boue, répond, pour s'en distinguer, à l'injure adressée au même signifiant par l'obsessionnel.

Nous avons déjà fait état de la scène d'enfance de l'Homme aux rats au cours de laquelle celui-ci avait lancé à la tête de son géniteur diverses épithètes hétéroclites (« Toi lampe ! toi serviette ! toi assiette[1] ! »), en montrant que cette apostrophe, qui renvoyait la figure du père dans le monde des choses, frappait, sans doute, d'insignifiance le signifiant qui la portait, mais avouait en même temps, par sa détresse même, la vérité qu'elle refoulait : l'injure imaginaire au père réel recouvrant alors un appel au père symbolique. L'outrage pervers s'inscrit à l'opposé de cette intention. Il n'est pas question ici d'appel ni de remords. La scène du pauvre ponctue la montée de l'insulte et consacre son sens : outrage au père mort, qui scelle l'*ig-nominie* du père et le détournement de son *signifiant* au profit du sujet. Mais ce moment marque également la rencontre du héros avec son destin sublime, ainsi que le confirme le surgissement sur sa route, un instant plus tard, du tombeau du Commandeur où l'attend Celui avec lequel il a, depuis le début, rendez-vous.

1. Freud, « Remarques sur un cas de névrose obsessionnelle : l'Homme aux rats », *Cinq Psychanalyses*, *op. cit.*, p. 233.

CHAPITRE QUATRE

La loi du Mal

I. La méchanceté originaire de l'homme

La Loi du Bien

La morale selon Sganarelle, celle qui préside à la charité hystérique, se définit de sa soumission à la loi d'un bien, qui est représenté dans le monde par les idéaux et les valeurs de la communauté, en vertu de la double négativité qui signe la perte de la Chose et son retour sous les espèces des petits biens, régulés par le signifiant. Toutes les lois qui régissent la réalité civilisée sont donc la monnaie de la grande Loi du Bien et le principe qui les gouverne est celui qui fonde le langage représentatif, en lui déférant la charge de protéger le sujet contre l'effraction, la souffrance et la mort – *le principe de plaisir.* Cette conclusion ne présente toutefois qu'un visage de la morale, celui dont Sganarelle fait miroiter les charmes dans son éloge du tabac et qui expose son rôle de sauvegarde des idéaux et des biens. A travers la malédiction terminale qui le consacre (« Et qui vit sans tabac n'est pas digne de vivre », I, 1), ce discours apologétique trahit ce qu'il s'emploie à méconnaître, l'assujettissement originaire de l'homme à la loi du mal.

Cette ignorance volontaire est le corrélat direct du principe de la morale qui se fonde sur le refoulement originaire de la Chose. Si la circulation des biens démontre d'un côté sa fonction de consoler les hommes de cette perte, en maintenant l'homéostase de l'institution communautaire (ordre républicain, bonnes mœurs, travail, famille, patrie, etc.), elle occulte de l'autre qu'elle a également la charge de protéger le groupe (et chaque sujet pris un par un) contre l'émergence de la Chose, toujours prête à surgir de l'abîme du réel si venaient à se déchirer les voiles du semblant. Ainsi la morale, promue par le langage représentatif, avoue-t-elle son rôle primordial latent : maintenir le sujet à distance de sa jouissance, la barrière du signifiant sur laquelle elle campe traçant la frontière à partir de laquelle l'action de l'homme tomberait sous le chef de la loi du mal. Par là, elle met au jour le fond de méchanceté qui constitue l'essence du sujet humain.

« La tendance native de l'homme à la méchanceté »

En dépit de sa confiance affichée dans le tabac, Sganarelle serait bien obligé de reconnaître que la loi qui régit son monde suppose un homme universellement méchant, puisqu'il lui est imputé par avance, à travers chaque Commandement, la virtualité de tous les crimes. La loi suppose d'entrée l'homme blasphémateur, en puissance de tuer son prochain, de déshonorer son père et sa mère, de convoiter le champ, l'âne ou la femme de son voisin, etc. Comme Freud l'écrit : « Ce qu'aucune âme humaine ne désire, on n'a pas besoin de l'interdire[1] », si bien que les diverses prescriptions qui condamnent, un par un, tous les petits crimes des hommes, vecteurs de tous les petits vices imaginaires virés par avance au compte du moi, impliquent que la Loi en tant que telle est érigée contre le Mal absolu (à moins qu'elle ne le supporte), détaché des liens du signifiant et imputé à la méchanceté radicale du sujet.

C'est encore les leçons tirées de la clinique, qui font affirmer à Freud que « l'homme des origines [...] s'accommodait fort bien de

1. Freud, « Considérations actuelles sur la guerre et sur la mort », *Essais de psychanalyse, op. cit.*, p. 35.

la mort de l'autre, [qu'] elle signifiait pour lui l'anéantissement de ce qu'il haïssait [et qu'il] n'avait aucun scrupule à la provoquer», pour conclure : «Il était certainement un être très passionné, plus cruel et plus mauvais que d'autres animaux[1].» Mais ce propos ne concerne pas seulement un état révolu de l'humanité : «L'homme des origines reste vivant sous le masque de l'homme civilisé qui n'est point cet être débonnaire, au cœur assoiffé d'amour, dont on dit qu'il se défend quand on l'attaque, mais un être, au contraire, qui doit porter au compte de ses données [pulsionnelles] une bonne somme d'agressivité [et seuls], poursuit-il, ceux qui préfèrent les contes de fées font la sourde oreille quand on leur parle de la tendance native de l'homme à la "méchanceté", à l'agression, à la destruction, et donc aussi à la cruauté[2].» C'est, selon Freud, cette «disposition pulsionnelle *[Triebanlage]* primitive et autonome de l'être humain» qui constitue «l'entrave la plus redoutable à la civilisation[3]», car l'expérience démontre (Freud pense aux déchaînements de la Première Guerre mondiale) que «chez l'homme éduqué, le mal peut toujours réapparaître dans toute sa virulence[4]».

Ainsi l'inconscient *veut-il le mal*, comme l'éclaire la généalogie de la haine.

1. *Ibid.*, p. 30.
2. Freud, *Malaise dans la civilisation, op. cit.*, 1989, p. 64 et 75, et *SA*, t. IX, p. 240 et 248.
3. Freud, *Malaise dans la civilisation, op. cit.*, p. 77, et *SA*, t. IX, p. 249.
4. Freud, «Considérations actuelles sur la guerre et sur la mort», *Essais de psychanalyse, op. cit.*, p. 16.

II. Généalogie de la haine

Archéologie de la haine : le jugement d'attribution

La haine originaire du sujet est la réponse donnée à l'effraction primordiale venue troubler l'impassibilité du *Real Ich*, ce qui autorise Freud à écrire : « La haine [...] est plus ancienne que l'amour ; elle provient du refus primordial que le moi narcissique oppose au monde extérieur, prodiguant les excitations[1]. » La clinique présente un exemple de cette haine originaire dans la *destrudo* démontrée par certains autistes qui brisent tout ce qui est à leur portée et se fracassent eux-mêmes contre les murs, en offrant l'image de sujets qui seraient restés dans un pur rapport au mal. Avec le principe de plaisir/déplaisir est introduit l'objet, et la haine se dote d'un contenu.

Le sujet a alors accès à la différence entre *bon* et *mauvais*, lorsque, livré à la détresse originelle, il trouve dans l'Autre « le premier objet de satisfaction et, *un peu plus tard*, nous dit Freud, le premier objet hostile[2] ». En effet, les premiers objets apportés par la mère (le sein) apaisent un instant la tension déplaisante causée par la faim, sans pouvoir toutefois étancher la « source » de cette tension, si bien que l'objet-sein se clive en objet d'amour et de haine. Ainsi se constitue la première haine objectale, dirigée contre l'impuissance de l'Autre *(Versagung)* à reconstituer le narcissisme du sujet, haine accomplie hors représentation et réglée uniquement par le principe de plaisir/déplaisir. Selon ce principe s'opère la différence bon/mauvais et le premier clivage amour/

1. Freud, « Pulsions et destins des pulsions », *Métapsychologie*, Paris, Gallimard, « Folio Essais », 1989, p. 42.
2. Freud, « Entwurf einer Psychologie », *Aus den Anfängen der Psychoanalyse, op. cit.*, p. 337.

haine, que Freud corrèle en 1915 à la distinction entre moi/non-moi : « Le monde extérieur se décompose pour le moi en une partie "plaisir" qu'il s'est incorporée, et un reste qui lui est étranger[1]. »

Première introduction à l'intime-étranger : das Ding

Ce principe constitue la matrice *symbolique* de l'ambivalence et rend compte du clivage affectif éprouvé par chacun au moment de la perte de l'un de ses proches, car « d'un côté, ces êtres chers sont pour nous un bien intérieur, une partie constituante de notre moi propre, mais de l'autre ils sont aussi pour une part des étrangers, voire des ennemis[2] ». Si l'amour tend à permettre au sujet de reconstituer son narcissisme en « incorporant » l'être aimé, il est toutefois régulièrement mis en échec, car « l'objet désiré » *(Wunschobjekt)* comporte toujours une part inassimilable *(das Ding)*, réfractaire à toute prise, qui sera donc ressentie par le sujet comme « hostile » *(feindliche)* et, à ce titre, haïe[3].

En réalité, la Chose freudienne est une interface entre le sujet et l'Autre. Elle constitue en effet, *également dans le sujet*, le point où sont rassemblées et « subsumées » les excitations pulsionnelles *internes*, secondes sources de déplaisir (à côté des agressions externes), et donc vécues elles aussi comme étrangères au moi. A ce titre, *das Ding* dans le sujet, à l'instar d'un « objet étranger » *normal*, condense tout l'investissement de la *libido*, et, à la suite de l'échec de cette entreprise, toute la haine du sujet. Ainsi la volonté d'expulser tout le mauvais, rassemblé au lieu de *das Ding*[4],

1. Freud, « Pulsions et destins des pulsions », *Métapsychologie, op. cit.*, p. 37. Cette formule annonce, dès cette date, l'énoncé canonique formulé dix ans plus tard dans « La négation » : « Le mauvais, l'étranger au moi, ce qui se trouve au-dehors est pour lui [le moi] tout d'abord identique. » (Freud, « La négation », *Résultats, Idées, Problèmes*, II, *op. cit.*, p. 137).

2. Freud, « Considérations actuelles sur la guerre et sur la mort », *Essais de psychanalyse, op. cit.*, p. 38.

3. Freud, L'« esquisse », *La Naissance de la psychanalyse, op. cit.*, p. 365.

4. Ce qui va constituer, plus tard, le principe du jugement d'attribution.

se présente-t-elle comme une première matrice hors représentation du refoulement originaire, où le sujet se fonde de sa haine à l'égard de cette Chose étrangère et intime qui signe, deux fois[1], la perte sans retour de son premier narcissisme.

Cette conclusion permet de comprendre le nouvel avatar de la haine[2], advenu quand le sujet va faire l'expérience que la structure du langage représentatif est la même que celle qui lui a révélé, à l'étape précédente, l'impuissance *(Versagung)* de l'Autre à rétablir son narcissisme. Ainsi *se redouble la haine*, lorsque la haine pour la Chose devient la haine pour le signifiant de la Chose – soit proprement la haine du symbolique affichée par Don Juan.

Le redoublement de la haine : le témoignage pervers

La haine du signifiant – proprement du signifiant phallique Φ – exprime une mutation complète. En effet, au premier temps, la haine est la réponse apportée à la perte du narcissisme : à ce stade, la haine est régulée par le principe de plaisir/déplaisir, la douleur intervenant comme signal pour indiquer la rupture de l'homéostase. Cette première haine s'accomplit donc uniquement au niveau du senti, du ressenti, du pathique. La haine *redoublée*, au deuxième temps, est d'un autre ordre, elle n'est plus haine de la perte, adressée au point d'*Unlust* du moi *(das Ding)*, mais haine symbolique dirigée contre le manque (contre le signifiant de *das Ding)*. Cette transformation décisive se traduit dans la relève de la souffrance par la douleur, comme le démontre, de façon pour ainsi dire expérimentale, la « haine » (à mettre ici entre guillemets, nous allons voir pourquoi) exprimée par le sadique.

Le pervers projette de ramener sa victime au point du manque de signifiant (S_2), en lui faisant accomplir à l'envers le procès iden-

1. Perte des objets *a*, réitérée dans la reconnaissance du caractère inassimilable de *das Ding*.
2. Accompli au moment du jugement d'existence.

tificatoire pour la conduire à son point de disparition. A cette fin, le sadique entreprend de réduire sa victime à s'identifier à son manque (S_2), en produisant par la force son évanouissement « réel », démontrant ainsi qu'il conduit dans le registre de la douleur l'opération symbolique de la souffrance – transposition nécessaire, dans la mesure où, à l'inverse de la souffrance, la douleur s'avère maîtrisable, régulable, quantifiable. L'expérience perverse engage donc les enjeux du jugement d'existence freudien (à savoir le signifiant phallique, S_2) dans le champ du jugement d'attribution, pour produire la disparition calculée du sujet, accomplie grâce au critère primitif plaisir/déplaisir. Le corps palpitant de la victime, partagée entre angoisse et douleur, avoue *in fine* que le procès de désidentification a été mené à son terme quand le sujet, dépouillé de ses enveloppes moïques, a été ramené au signifiant primordial qui le fonde, lui-même restitué dans sa pureté originelle, c'est-à-dire sans référence à une quelconque nomination imaginaire[1].

Le projet pervers engage ainsi ce paradoxe, que la douleur a pour finalité de conduire la victime, au-delà de la souffrance, jusqu'à un état primitif d'impassibilité obtenu par son identification au signifiant primordial (S_2)[2]. Du côté du sujet, la *haine perverse*, conduite contre le manque, se révèle une haine *pure*, accomplie à l'économie de toute agressivité, dans un état d'apathie, que les rapports médicaux ou légaux désignent, faute de mieux, comme « calme déconcertant » et qui traduit la relation au manque d'un sujet *désaffecté*[3], arraché au monde de l'imaginaire et référé au seul signifiant de la Chose[4]. Son choix singulier arrête le pervers

1. C'est en ce sens, selon nous, qu'il faut entendre la sentence de Lacan, évoquant la « promesse d'ignominie » contenue dans la douleur (Lacan, « Kant avec Sade », *Écrits*, *op. cit.*, p. 771).

2. Ce que le clinicien a parfois autant de mal à admettre que le magistrat.

3. L'on connaît le dernier souhait (non exaucé) de Landru adressé au magistrat venu le réveiller le matin de son exécution d'obtenir l'autorisation de se laver les pieds.

4. L'obsessionnel conduit un projet analogue, accompli sur le signifiant. A cette fin, il entreprend un travail de « déliaison » des signifiants de l'autre. Traquant les réseaux des semblants qui « rattachent » cet autre à son manque, soit les liens qu'il avait avec sa famille, ses amis, ses anciennes passions et ses

au seuil du troisième temps qui consacre normalement la généalogie de la haine, celui du *retournement*.

Le retournement de la haine : généalogie de l'amour

Le retournement de la haine, accompli après son redoublement, répond au retournement de la double négativité, qui introduit le sujet à l'espace de la représentation. Ce retournement touche en même temps la nature de la haine et ses objets. En ce qui concerne sa nature, la haine peut connaître deux destins différents : soit se perpétuer comme haine, en subissant un nouvel avatar au terme duquel elle advient comme *agressivité imaginaire*; soit se transformer en son contraire, c'est-à-dire en amour adressé à l'un de ces objets idéaux que les hommes élisent comme substituts de la Chose perdue. Pour ce qui regarde l'objet, le destin de la haine est également double : devenue agressivité, elle peut être dirigée contre l'une des figures du semblant qui peuplent le monde de la réalité, mais aussi être déférée au surmoi et retournée contre le propre moi[1]. Au terme de ce parcours, il est possible de récapituler les diverses étapes de la généalogie de la haine, en considérant les avatars correspondants de l'amour.

L'amour n'intervient pas seulement au troisième temps, marqué par le retournement imaginaire de la haine. Il est présent dès le

---

modes de vie établis, il réduit peu à peu à rien l'espace du manque auquel il substitue finalement un *vide réel*, obtenu quand l'autre, détaché de toute relation imaginaire, se retrouve seul, « défait », sans identification, sans relations, ramené à un point d'*arché*, non plus symbolique, mais imaginaire.

1. « L'agression est "introjectée", intériorisée, mais aussi, à vrai dire, renvoyée au point même d'où elle était partie : en d'autres termes, retournée contre le propre moi. Là, elle sera reprise par une partie de ce moi, laquelle, en tant que "surmoi", se mettra en opposition avec l'autre partie. Alors, en qualité de "conscience morale", elle manifestera à l'égard du moi la même agressivité rigoureuse que le moi eût aimé satisfaire contre des individus étrangers » (Freud, *Malaise dans la civilisation*, *op. cit.*, p. 80).

temps primordial où il apparaît sous la figure mythique d'Éros, posé comme pure puissance de liaison venue dialectiser la déliaison originaire marquée par la perte des premiers objets. Au deuxième temps, marqué par la naissance du signifiant, l'amour connaît son deuxième avatar et devient l'amour du manque, celui pour lequel Antigone déclare être née[1] et qui répond à l'*agapé* chrétienne qui fonde la charité symbolique. Au troisième temps, celui du retournement, intervient enfin la forme imaginaire de l'amour, la « passion » *(Verliebheit)*, qui trouve son accomplissement lorsque des objets du monde sont appelés comme substituts du signifiant du manque de l'étape précédente. Seul le verbe poétique d'un Claudel peut entreprendre d'évoquer l'advenue d'un amour symbolique sur la scène du *Soulier de satin*[2].

Dans l'espace imaginaire banalisé, la passion amoureuse tombe sous la loi générale du semblant : en dehors du temps, pour l'ordinaire assez limité, de la « cristallisation », où la femme advient comme substitut représentatif « parfait » de la Chose, la *Verliebheit* s'avoue incapable de reconstituer le narcissisme du sujet. C'est pourquoi, dans les passions les plus intenses, la femme aimée reste frappée par le clivage qui marque l'objet primordial, porteur de l'amour et de la haine. Aussi l'amour imaginaire, advenu au temps du retournement, est-il toujours prêt à se renverser dans sa forme primitive et à redonner une nouvelle vie à la haine originelle[3], qui s'affirme ainsi, à côté de l'amour, comme l'un des principes fondateurs de la psyché. Freud formalise ce principe dans la seconde partie de son œuvre en décrivant l'affrontement d'Éros et de Thanatos dans une vaste fiction mythique, exposée pour la

1. C'est en ce sens qu'il faut entendre sa revendication qu'« elle est de ceux qui aiment, non de ceux qui haïssent » (v. 523).

2. La *fin amor* des troubadours, paradigme de cet amour symbolique, n'échappe pas à ce principe. Dès qu'il s'inscrit dans une réalité historique donnée, que ce soit celle des pays d'oc au XIIe siècle ou des ruelles des Précieuses au XVIIe siècle, il constitue toujours un avatar de la « névrose courtoise », ravalement imaginaire de l'amour symbolique, construit comme défense contre le désir.

3. Ce que Lacan exprime avec humour quand il rend *Verliebheit* par « *hainamoration* ».

première fois dans « Au-delà du principe de plaisir », par laquelle la théorie analytique rejoint les grandes conceptions poétiques des présocratiques, notamment celle d'Empédocle.

III. La dialectique d'Éros et de Thanatos

Freud lecteur d'Empédocle : le nouage de l'amour et de la haine

Au terme de sa vie, Freud découvre l'analogie entre la théorie psychanalytique et le système d'Empédocle dont « les deux principes fondamentaux – φιλία et νεῖκος – sont par le nom comme par la fonction l'équivalent de [ses] deux pulsions originaires, *Éros* et *destruction*, s'efforçant l'une de rassembler ce qui existe en unités toujours plus grandes, l'autre de dissoudre ces unions et de détruire les formations qui en sont nées [1] ». Il insiste alors sur la solidarité fondamentale qui unit, chez le philosophe, les deux forces antagonistes – ce qu'avaient déjà souligné les commentateurs de l'Antiquité : « Il dit clairement que les mortels sont ajustés par l'Amour et que la Haine ne s'est pas encore entièrement retirée là où l'Amour règne. [...] Il a clairement montré qu'en toute chose l'Amour et la Haine sont mêlés [2]. »

1. Freud, « Analyse sans fin et analyse avec fin », *Résultats, Idées, Problèmes*, II, *op. cit.*, p. 261.

2. Simplicius, fragment 62 d'Empédocle, dans Bollack, *Empédocle*, II, *Les Origines*, Paris, Minuit, 1969, p. 32. Ce principe s'inscrit dans la tradition de la pensée grecque : Hésiode met le désir *(Éros)* à l'origine de la création, en lui attribuant une double fonction de liaison et de déliaison (*Théogonie*, 122) ; Héraclite fonde sa conception du monde sur l'union des contraires : « Le dieu est jour-nuit, hiver-été, *guerre-paix*... » (fragment 67), qu'il étend, de façon élective, à l'union des forces de vie et des forces de mort : « l'arc (βιός) qui donne la mort (θάνατος) porte le nom de la vie βίος » (fragment 48) » (*Les Fragments d'Héraclite traduits et commentés* par Roger Munier, Toulouse, Fata Morgana, 1991, p. 34-35 et 44-45).

Freud rappelle que le même principe s'applique au jeu structural des pulsions (qu'il ne faut pas se représenter sous la forme de la joute imaginaire de *La Nuit du chasseur*[1], qui nous montre l'affrontement de *Hate* et *Love*, inscrits en lettres indélébiles sur les mains du héros). La pulsion de vie n'est pas séparable de la pulsion de mort qui lui donne son sens[2]. Ainsi l'amour peut-il prendre, à l'occasion, la figure de la haine : « Les stades préliminaires de l'amour se présentent comme des buts sexuels provisoires pendant que les pulsions sexuelles accomplissent leur développement compliqué. Le premier but que nous reconnaissons, c'est *incorporer* ou *dévorer*, un type d'amour qui est compatible avec la suppression de l'existence de l'objet dans son individualité et qui peut donc être qualifié d'ambivalent[3] », si bien que « ce stade préliminaire de l'amour peut à peine se distinguer de la haine dans son comportement vis-à-vis de l'objet[4] ». Inversement, la pulsion de mort s'accomplit parfois au nom d'Éros, ainsi dans le suicide masochiste où « l'autodestruction de la personne ne peut se produire sans satisfaction libidinale[5] » – ce qui pose une question embarrassante.

1. Film de Charles Laughton (1955).

2. Comme il ne cesse de le rappeler ; ainsi, en 1924 : « Nous ne devrions aucunement faire entrer en ligne de compte des pulsions de vie et de mort à l'état pur, mais seulement des mélanges diversement composés de celles-ci » (« Le problème économique du masochisme », *Névrose, Psychose et Perversion*, *op. cit.*, p. 291) ; en 1929 : « Les deux espèces de pulsions [...] forment entre elles des alliages divers au titre très variable, au point de devenir méconnaissables à nos yeux » (*Malaise dans la civilisation*, *op. cit.*, p. 74) ; en 1938 : « Seule l'action conjuguée et antinomique des deux pulsions originaires, Éros et pulsion de mort, explique la bigarrure des manifestations de la vie. » (« Analyse sans fin et analyse avec fin », *Résultats, Idées, Problèmes*, II, *op. cit.*, p. 258).

3. Freud, « Pulsions et destins des pulsions », *Métapsychologie*, *op. cit.*, p. 41.

4. *Ibid.*, p. 41-42. Dans la reprise de l'indication de Freud (« Le Moi et le Ça », *Essais de psychanalyse*, *op. cit.*, p. 260) qu'« à l'origine toute la *libido* est accumulée dans le ça », Lacan figure ce premier avatar de la *libido*, en forgeant le mythe de la « lamelle » conçue comme une sorte d'ectoplasme vorace, échappé au moment de la coupure primordiale pour dévorer le monde, ce « pur instinct de la vie » s'avérant ici impossible à distinguer d'un « pur instinct de mort » (Lacan, « Position de l'inconscient », *Écrits*, *op. cit.*, p. 845).

5. Freud, « Le problème économique du masochisme », *Névrose, Psychose et Perversion*, *op. cit.*, p. 297.

La « désintrication » des pulsions

Si la « fusion » *(Verschmelzung)* des forces antagonistes – qu'on les appelle φιλία et νεῖκος ou Éros et Thanatos – est la condition du maintien du cosmos et de la conservation de la vie animée, la « désintrication » *(Entmischung)* devient difficilement concevable. Freud est resté longtemps embarrassé devant cette difficulté [1], sans parvenir à isoler aucune des deux grandes pulsions, spécialement la pulsion de mort. A certains moments, il paraît enclin à considérer que « le masochisme peut être un témoin et un vestige de la phase de formation dans laquelle s'est accompli l'alliage [...] de la pulsion de mort et d'Éros [2] ». Ailleurs, il semble plutôt penser que c'est « le sadisme devenu indépendant [qui pourrait] offrir le modèle d'une désunion [des pulsions] [3] », revenant ainsi sur son appréciation que « l'impression que donn[ait] cette conception [était] franchement mystique [4] ».

De ces hésitations, nous retiendrons que c'est la perversion qui fournit les références pour la pulsion de mort. Indication qui revêt un sens nouveau aujourd'hui où l'intrication des pulsions traduit pour nous la structure du langage, la pulsion de mort supportant la finalité destinale du sujet, arrêtée dès l'effraction du *Real Ich*, la pulsion de vie imposant, en sens inverse, le détour par les voies du système représentatif pour atteindre ce but.

1. « Tirer au clair sous quelles conditions ces réunions [entre les deux sortes de pulsions] se relâchent et se dissolvent [...] serait, avoue-t-il, la tâche la plus gratifiante de la recherche psychologique » (Freud, « Analyse avec fin et analyse sans fin », *Résultats, Idées, Problèmes*, II, *op. cit.*, p. 258).
2. Freud, « Le problème économique du masochisme », *Névrose, Psychose et Perversion*, *op. cit.*, p. 292.
3. Freud, « Le Moi et le Ça », *Essais de psychanalyse*, *op. cit.*, p. 255.
4. Freud, « Au-delà du principe de plaisir », *Essais de psychanalyse*, *op. cit.*, p. 102.

IV. Le refus pervers : le choix de la haine et du mal

« Nos vertus naissent sur le sol de nos vices »

Pour rendre compte de la singularité du choix pervers, il faut remonter aux temps primordiaux, où, sous l'effet du critère primitif plaisir/déplaisir, advient une division de la Chose *(das Ding)*[1], partagée en *bon* et *mauvais* – le *mauvais* étant la part d'*Unlust* inassimilable, objet de la première haine du sujet[2]. Au second temps[3], cette division originaire pâtit de la relève signifiante qui intervient – l'opposition *bon/mauvais*, qui affectait la Chose étant remplacée par une opposition *bien/mal*, référée, à présent, au signifiant de la Chose. Cette transposition est décisive, car elle permet l'imaginarisation de la Chose au moment de l'introduction du sujet à l'espace de la représentation.

Pour saisir la nature de ce procès, il faut se rappeler qu'au temps où s'accomplit la seconde négativité, le signifiant de la Chose est l'objet d'une opération particulière que Freud décrit à propos de la genèse du fétichisme comme étant un « refoulement partiel[4] » : sur la base de la division qui frappe ce signifiant primordial, la partie *mal* subit, en même temps que la haine qui lui est adressée, le sort du refoulement originaire, tandis que la partie *bien* connaît le destin de *l'idéalisation signifiante* sous la forme de tous les substituts qui suscitent l'amour des hommes, désormais régulé, au nom du principe de plaisir, par les jeux du signifiant : « Les illusions, écrit Freud, se recommandent à nous par le fait qu'elles nous épargnent

1. Nous introduisons ici le terme *division* de la Chose, réservant de montrer, à une autre occasion, que le *clivage* de *das Ding*, advenu sur l'échec de sa *division*, est, sans doute, le facteur déterminant dans la constitution de la paranoïa et de la mélancolie.
2. Ce temps est celui du jugement d'attribution.
3. Temps du jugement d'existence.
4. Freud, « Le refoulement », *Métapsychologie*, *op. cit.*, p. 51.

des sentiments de déplaisir et nous font éprouver à leur place la satisfaction[1]. »

Ce métabolisme du mal, opéré par le langage représentatif, est à l'origine de la *morale civilisée* : « Il est intéressant de constater, souligne Freud, que souvent la préexistence chez l'enfant de fortes motions "mauvaises" devient au premier chef la condition d'une orientation particulièrement nette de l'adulte vers le "bien". Les enfants le plus fortement égoïstes peuvent devenir les citoyens les plus secourables et les plus capables de dévouement ; la plupart des fanatiques de la pitié, des philanthropes, des protecteurs d'animaux se sont formés à partir de petits sadiques et de bourreaux des bêtes[2]. » Ainsi le *bien* s'élève-t-il toujours sur fond de mal refoulé, lui-même inscrit comme « trace » (nous verrons dans un instant le sens de ce terme) de la Chose *mauvaise* perdue. La satisfaction des « biens » advient donc sur le renoncement à la jouissance du mal. Ainsi l'amour imaginaire pour la femme *(Verliebheit)* n'est-il qu'une petite vengeance, exercée en différé, contre la perte de la Chose.

Le refus pervers des petites vengeances

Le pervers est celui qui refuse cette ristourne de jouissance apportée par le signifiant, qui dédaigne ces « illusions » dont parle Freud et fait le choix de maintenir un rapport direct au signifiant de la Chose arraché au refoulement originaire, donc au mal, au mal *pur*, non métabolisé par le langage ; il vise la Chose *mauvaise* et la poursuit de sa haine primordiale[3].

1. Freud, « Considérations actuelles sur la guerre et sur la mort », *Essais de psychanalyse*, *op. cit.*, p. 15.

2. *Ibid.*, p. 17. Ce que Freud en 1915 exprime ainsi : « On peut comprendre que les objets préférés des hommes, leurs idéaux, découlent des mêmes perceptions et expériences que les objets qu'ils ont le plus en horreur ; ils ne se distinguent les uns des autres, à l'origine, que par d'infimes modifications » (« Le refoulement », *Métapsychologie*, *op. cit.*, p. 51-52).

3. Se distinguant ainsi du névrosé qui poursuit la *fiction* de la « bonne » Chose, *alias das Gute*, affublée des oripeaux du signifiant. Tel est le statut de la cousine de l'Homme aux rats, élue comme Dame de pacotille.

La haine du pervers s'adresse ainsi à l'Autre en tant que tel, qui a avoué son impuissance *(Versagung)* à rétablir sa complétude – impuissance qu'il interprète en termes de volonté mauvaise, de méchanceté, et à laquelle il répond par une implacable haine[1] qui, au terme d'un double avatar, adviendra comme haine de la représentation, haine du signifiant, avérée dans un paradoxal attrait pour le mal, lui-même porteur de la volonté de jouissance du sujet. Haine de la représentation/attrait pour le mal/volonté de jouissance, telle est l'équation qui définit le choix pervers – assez simple à formuler sous réserve que soit au préalable levée l'ambiguïté qui la grève.

En effet, la conséquence immédiate du refus pervers de se consoler de la perte de la Chose, en acceptant, à titre de dédommagements, les illusions proposées par le système représentatif, c'est que le sujet va se détourner des jeux du désir pacifiés par le signifiant, pour jouer sa partie au registre de la jouissance, placée sous le chef de la loi du mal. Par là, le pervers s'exclut du monde des idéaux et des petits biens qui sont au fondement de la culture et de la morale, trahissant du même coup l'équivoque, voire la contradiction, qui marque sa position : à savoir qu'il fait ce choix, en déniant un espace (celui de la représentation) dans lequel il paraît évident qu'il a pourtant été bel et bien introduit[2]. D'où il ressort qu'à prétendre se fonder du « rejet » *(Verwerfung)* de la représentation, le choix pervers ne mérite ce nom qu'à la condition que le mal qui le vectorise démontre qu'il échappe lui-même à la représentation : exigence logique qu'une nouvelle d'Edgar Poe,

1. Ainsi la haine du capitaine Achab chez Melville répond-elle, nous le verrons, à la méchanceté absolue du monstre qu'il poursuit, découvrant un rapport à l'objet opposé à celui que le phobique entretient à l'animal d'angoisse. Dans la phobie de Hans, le cheval est une figure de l'interdit qui creuse un point de manque « répulsif » dans le monde, inversé donc par rapport au pouvoir d'attraction de la Chose. Le névrosé est conduit à produire du manque quand il entrevoit que le manque puisse venir à manquer, avouant, à travers son échec même, son allégeance au manque. En regard, la haine implacable d'Achab découvre la fidélité absolue du sujet à *das Ding*.

2. C'est grâce à la solution « rusée » du *démenti (Verleugnung)* que le sujet se tire de cette difficulté.

« Le démon de la perversité[1] », va nous permettre de cerner d'un peu plus près.

Le démon de la perversité

Dans ce texte, Poe élabore une métapsychologie des pulsions qui préfigure les découvertes de la psychanalyse. Anticipant sur l'« Au-delà du principe de plaisir », il distingue deux types de pulsions *(Impulse)* : des pulsions de vie regroupant les pulsions de conservation du moi et de l'espèce, soit l'« amativité » où l'on reconnaît la *libido* freudienne et, en regard, une pulsion qualifiée de *perverse*, dont il affirme le caractère universel. Cette pulsion constitue, nous dit-il, le fond de l'homme : rien ne la détermine ni ne la fonde. C'est quelque chose de « radical, primitif, irréductible [...], un *primum mobile*, un mobile sans motif, un motif non motivé ». Par ailleurs, d'être sans cause la rend aussi sans but et sans objet ; tandis que les pulsions de vie supposent une finalité : la survie de l'individu ou de l'espèce, la « pulsion perverse », en tant que sans cause, laisse l'homme solitaire et libre face à son acte.

Ainsi cette pulsion, référée à une « raison déraisonnable » et accomplie « en dehors de tout objet intelligible *[without comprehensible object]* », démontre-t-elle qu'elle n'est prise dans aucune chaîne signifiante qui arrêterait sa détermination. Elle traduit donc un impératif vide, qui situe le sujet au point du signifiant binaire (S_2), « représentant de la représentation », élu selon une transmutation qui nous est déjà connue comme S_1, signifiant-maître. Cette subversion constitue la pulsion perverse comme *causa sui* et libère le sujet de l'aliénation au signifiant. Exclue de la chaîne signifiante et placée au-delà de l'intelligible *(beyond or behind this is no intelligible principle)*, la pulsion perverse s'origine donc en deçà du principe de plaisir, qui préside à l'économie des biens

1. Edgar Poe, *Contes, Essais, Poèmes*, édition de Claude Richard, Paris, Robert Laffont, 1989, p. 866-871.

qui assurent à l'homme son bien-être dans ce monde. En s'articulant à la loi du Mal, cette pulsion trahit en ce point la contradiction – déjà connue de nous – qui la frappe.

Parce qu'elle est « radicale, primitive, élémentaire », la pulsion perverse se donne comme « une tendance à faire le mal pour l'amour du Mal *[to do wrong for the wrong's sake]* ». Mais que cette tendance soit dans la même phrase présentée comme « accablante » révèle l'ambiguïté qui pèse sur elle et qui se trouve consacrée, lorsqu'il s'avère que cette volonté est, en réalité, portée par un rejet radical de la loi du Bien : « Nous agissons pour la raison *que nous ne le devrions pas.* » En avouant qu'elle s'affirme *contre* le principe de plaisir, *aux dépens (antagoniscal)* du bien-être *(well being)* et dans l'intention de porter atteinte au Bien, cette pulsion reconnaît que le principe de plaisir, le bien-être et le Bien la déterminent.

Ainsi la fonction de but de la pulsion *(Ziel)* attribuée au Mal se trouve-t-elle ruinée de ne pouvoir être conçue en dehors du Bien, c'est-à-dire du seul fait d'être *impensable* en dehors de cette référence. Sur une telle difficulté, la philosophie contemporaine est venue, elle aussi, buter.

Les embarras de la philosophie

Sartre, lecteur de Baudelaire et de Genet[1], prisonnier des postulats phénoménologiques, s'avoue ainsi incapable de concevoir le mal en dehors d'une conscience réflexive, maîtresse des notions de Bien et de Mal, et assumant, à partir de là, dans un acte de

1. La montée en gloire, tout au long du XIXe siècle, des héritiers de Sade, tenants de la littérature du mal, s'avère solidaire du déclin de l'esthétique de la représentation. C'est ce qui explique l'engouement des surréalistes pour Lautréamont, dont *Les Chants de Maldoror* présentent une véritable anthologie du crime. De fait, l'outrage aux idéaux bourgeois, manifeste dans cet ouvrage, cache une atteinte plus fondamentale portée contre un certain discours poétique exécré par Breton et ses disciples. La fascination exercée sur eux par la « perversion absolue » de Maldoror est du même ordre que celle produite par la folie d'Artaud.

liberté, le choix du Mal contre le Bien : « La création *délibérée*[1] du Mal, c'est-à-dire la faute, est acceptation et reconnaissance du Bien ; elle lui rend hommage et, en se baptisant elle-même mauvaise, elle avoue qu'elle est relative et dérivée, que, sans le Bien, elle n'existerait pas[2]. » Sartre est complètement leurré par son axiome inaugural : en situant d'entrée sa problématique dans l'espace de la morale représentative où le clivage primordial a déjà été accompli et « relevé » *(aufgehoben)* par la mise en place du système des idéaux et des vices imaginaires, la question d'un Mal absolu, qui échapperait donc au principe de la différence, ne peut évidemment pas être posée[3].

Voilà pourquoi, à ses yeux, « faire le Mal pour le Mal, c'est très exactement faire tout exprès le contraire de ce que l'on continue d'affirmer comme le Bien ». Ce qui revient à dire que faire le mal pour le mal, c'est tout simplement faire le mal contre le bien. En précisant que faire le mal, « c'est vouloir ce qu'on ne veut pas [...] et ne pas vouloir ce qu'on veut – puisque le Bien se définit toujours comme l'objet et la fin de la volonté *profonde*[4] », Sartre traite du Mal comme l'effet de la division du sujet et ne saurait donc le concevoir en dehors du registre signifiant de la névrose. Quand il soutient que « c'est dans son horreur du Mal que [le Méchant] doit découvrir l'attirance du Péché », il reprend sans le savoir le schème subjectif illustré par l'Homme aux rats, partagé entre jouissance et horreur, au moment du récit par lequel le capitaine tchèque, « qui manifestement aimait la cruauté[5] », lui décrit le supplice infligé par les Turcs qui consistait à introduire un rat vivant dans l'anus de la victime[6]. Pourtant, lorsqu'il conclut que si le Méchant « n'a point

1. C'est nous qui soulignons.
2. J.-P. Sartre, *Baudelaire*, Paris, Gallimard, 1946, p. 59.
3. La phénoménologie, parce qu'elle est complètement immergée dans l'espace du « bien » imaginaire, ne peut, comme Aristote quand il s'attachait à peser l'air, concevoir un Mal qui ne serait pas soutenu par le Bien.
4. J.-P. Sartre, *Baudelaire*, *op. cit.*, p. 80-81 (c'est nous qui soulignons).
5. Freud, *L'Homme aux rats, Journal d'une analyse*, Paris, PUF, 1974, p. 40-41.
6. On sait que le capitaine tchèque avait, au cours du repas de clôture d'une période militaire à laquelle participait le patient de Freud, fait le récit

horreur du Mal, s'il le fait par passion, alors [...] le Mal devient un Bien[1] », Sartre n'est pas très loin de nous donner la solution du problème dont il s'entête à méconnaître l'énoncé.

Comment concevoir le Mal sans le support du Bien ?

Consacrant l'impasse dans laquelle il s'est enfermé depuis le début, il écrit en effet que « le prêtre des messes noires hait Dieu parce qu'il est aimable [et que] s'il cessait un instant de l'affirmer sa conscience redeviendrait d'accord avec elle-même ». En quoi il donne une claire définition de ce que serait une « division reconstituée du sujet[2] » qui annulerait *(verleugnen)* la marque du refoulement originaire. Poursuivant dans cette logique, il dessine la figure mythique – pour lui inconcevable – du héros pervers : « Le Mal d'un seul coup se transformerait en Bien[3] et, dépassant tous les ordres qui n'émaneraient pas de lui-même, il émergerait dans le néant, sans Dieu, sans excuses, avec une responsabilité totale[4] » – tel Don Juan, référé au « sans cause » qui le fonde, s'avançant,

d'un supplice en usage chez les Turcs, qui consistait à installer la victime dans la position de l'orant musulman et à attacher sur son fessier dénudé une cage dans laquelle avait été enfermé un rat affamé qui se trouvait ainsi condamné à se frayer une issue à travers les entrailles du supplicié (Freud, « Remarques sur un cas de névrose obsessionnelle : l'Homme aux rats », *Cinq Psychanalyses, op. cit.*, p. 206-211). Que cet exemple se retrouve dans *Le Jardin des supplices* d'Octave Mirbeau (1898) vient confirmer la montée de la littérature du mal à cette date.

1. J.-P. Sartre, *Saint Genet, comédien et martyr*, Paris, Gallimard, 1952, p. 148.
2. Lacan, « Kant avec Sade », *Écrits, op. cit.*, p. 775.
3. C'est ce mode de félicité singulière, au-delà du bien et du mal, qu'illustre le couple « diabolique » créé par Barbey d'Aurevilly, qui jouit sans remords d'un « bonheur dans le crime » (Barbey d'Aurevilly, *Les Diaboliques*, Paris, Gallimard, 1960).
4. J.-P. Sartre, *Baudelaire, op. cit.*, p. 80-81. Incapable de concevoir la figure d'un héros libéré des idéaux, Sartre ne se représente pas ce personnage comme « un vrai méchant », mais comme « un fou criminel, aimant le viol et le sang, comme le boucher de Hanovre » (J.-P. Sartre, *Saint Genet, comédien et martyr, op. cit.*, p. 148).

impassible, à la rencontre de son destin, dans une solitude absolue.

La formulation de Sartre « le Mal se transformerait en Bien » est donc une aporie, puisqu'elle maintient, au moins au niveau du vocabulaire, la distinction entre le Mal et le Bien, alors que le Mal recouvrant le Bien effacerait la différence originelle attachée à la naissance du signifiant et instaurerait un monde placé sous le primat de l'unité reconstituée et de l'intégrité retrouvée du sujet. La référence au Bien ou au Mal serait alors aussi déplacée que celle que l'on pourrait faire à l'opposition entre l'amour et la haine. La haine primordiale restaurée deviendrait le seul vecteur de l'amour, tandis que son objet, soit le Mal absolu, présenterait en même temps *(gleichzeitig)* les deux faces hors représentation de la Chose, la monstruosité et la merveille. Ainsi se trouverait incarné l'avatar le plus archaïque de la pulsion, tel que le figure le génie de Melville dans la poursuite implacable menée par le capitaine Achab contre Moby Dick, la baleine blanche.

V. La haine du capitaine Achab

Moby Dick : the Whale *comme* das Ding

Moby Dick or the Whale. Sous ce titre, Melville énonce l'intention de son livre : écrire l'impossible roman de la Chose. « Moby Dick, c'est LA baleine, écrivait notre ami Claude Richard, [...] ni cette baleine-ci, ni cette baleine-là. Se met en place un lieu vide, un espace inoccupé, un espace sans sujet [...] : place de celui ou de ceux qui diront le monstrueux objet[1]. » D'entrée, *The Whale* est posé comme réfractaire à toute prise par le discours, lui qui, « jus-

1. Nous renvoyons ici aux pages pleines d'invention et de verve que Claude Richard a consacrées au roman de Melville et que nous avons ici largement utilisées (Cl. Richard, « La lettre blanche de la baleine », *Lettres américaines*, Aix-en-Provence, Alinéa, 1987, p. 75-112, p. 77).

qu'à ce jour ne se trouve vivant ni entier dans aucune des littératures[1] », destiné qu'il est à rester à jamais hors écriture *(an unwritten life)*. C'est ainsi que, dans le chapitre liminaire du roman, la constellation des étymons, proposés par les diverses langues parlées, qui tente de cerner le monstre indicible, ne fait rien d'autre que circonscrire un espace blanc : la place vide creusée par l'absence de la Chose – « un trou, qui appelle et fait scintiller le discours, trou blanc qui appelle la lettre du désir[2] ». De la Chose perdue subsiste uniquement une fulgurante trace[3], perceptible pour un seul personnage, le héros de Melville, le capitaine Achab, acharné à traquer le monstre. En quoi le maître du *Pequod* se sépare des marins de son équipage.

En effet, dans le monde des représentations où s'agitent les hommes, le monstre nourrit la rumeur que les matelots véhiculent de port en port à travers les mers (cf. le chapitre « Rumeurs et prodiges »). Tous ces récits, transportés de trois-mâts en steamers et échangés le soir à la lueur crasseuse de lampes à huile dans les tripots des quais, constituent la baleine comme *absente*, le monstre impossible comme *croyance*. Mais le capitaine Achab ne se mêle pas à ceux qui participent à ces jeux du furet et qui, comme des enfants échangeant des images de deux sous, font circuler de l'un à l'autre les signifiants qui maintiennent le leurre de la Chose. Solitaire dans sa carrée, complétant et précisant les cartes sur lesquelles il a reconstitué tous les parcours du monstre, Achab a acquis la *certitude* de pouvoir suivre Moby Dick à la trace et, s'étant rendu maître de *la Lettre*, de rencontrer la Chose au jour choisi par lui pour leur rendez-vous.

1. *Ibid.*, p. 95. Et l'auteur de gloser : « *Literature*, au sens américain du mot, tout écrit, documentaire ou non, c'est-à-dire toute *litera*. »
2. *Ibid.*, p. 83.
3. Sur la foi de la parole de Job que « Léviathan laisse après lui un lumineux sillage » (*ibid.*).

L'homme qui avait été marqué par la Lettre

Le roman de Melville établit, en effet, la solidarité qui unit Achab et Moby Dick et qui fait du capitaine le double *non spéculaire* du monstre – l'absence d'Achab, maintenue pendant vingt-sept chapitres, répondant à l'absence de la baleine et son apparition fulgurante sur le pont du *Pequod* préfigurant l'émergence finale de la « bête »[1].

Achab surgit aux yeux des matelots tel « un homme calciné qu'on eût arraché au poteau du bûcher, après que les flammes dévorantes eussent couru sur tout son corps » – ce foudroiement ayant gravé dans sa chair le signifiant du sacrifice primordial, signifiant phallique, devenu Lettre : « Sortant sur la tempe, au ras de ses cheveux gris et traçant droit son sillon sur tout le côté du cuir tanné de son visage, puis sur le cou pour disparaître ensuite sous ses vêtements, on lui voyait *comme la trace d'une brûlante verge, mais d'un blanc livide*[2]. »

Achab porte ainsi *réellement* cette marque de la mort que le sujet reçoit du signifiant par première intention[3] et par laquelle il se constitue au point de virtualité de son devenir (S_2). En frappant Achab, la foudre a fait de lui l'homme-arbre dépouillé de l'écorce de toutes les identifications secondaires, si bien qu'il se présente réduit au cœur de son être[4]. Aussi la cicatrice qui barre son visage

1. L'absence d'Achab plane en effet sur toute la première partie du roman. De la « sphère invisible » de sa cabine (qui est le symétrique de l'espace vide où gîte Moby Dick) dans laquelle il se tient penché sur ses cartes, le capitaine exerce le pouvoir du « signe invisible » qui se trouvera brusquement révélé aux marins médusés le jour où il fera son apparition sur le gaillard d'arrière du *Pequod*, présentant dans une sorte d'horreur sacrée, « hors toute appréhension » *(outran apprehension)*, l'épiphanie terrible de la Lettre.

2. Cité par Cl. Richard, *op. cit.*, p. 99. *A slender rod-like mark, lividly whitish* : le terme anglais *rod* joue sur la même équivoque que le français *verge*.

3. Lacan, « Position de l'inconscient », *Écrits, op. cit.*, p. 848.

4. « Cela s'apparentait à cette cicatrice verticale qu'on voit parfois sur le haut tronc élancé d'un gros arbre, déchiré de la tête au pied par la foudre, qui est allée se perdre dans le sol sans lui avoir brisé le plus petit rameau, *mais*

peut-elle être dite « marque de naissance » *(birth-mark)* et évoquer cette autre marque reçue par Jacob de l'Ange qui l'introduit à la nomination[1]. L'analogie s'arrête toutefois ici, car la naissance d'Achab n'est pas de celles qui ouvrent l'accès à la vie : elle signe, au contraire, en court-circuit de la vie, la rencontre immédiate avec la mort. La marque du capitaine Achab est une cicatrice suturée (*a seam* = « une couture »[2]) qui indique que le sujet s'est fixé, comme Antigone, au point du signifiant primordial qui le constitue et qui, d'être celui de son devenir, s'avère être aussi, on le sait, celui de sa mort.

Mais le projet d'Achab se découvre bientôt comme l'envers de celui d'Antigone, dans la mesure où la fille d'Œdipe s'avance vers la mort dans un consentement au signifiant qui la fonde, tandis qu'Achab marche vers la sienne avec la volonté de s'en rendre maître, ainsi que le démontre sa confrontation avec l'un de ses matelots, l'Indien Queequeg.

L'intention sacrilège du capitaine Achab

Queequeg présentait la particularité remarquable d'offrir à la vue de tous un corps constellé « de tatouages secrets [... qui] étaient l'œuvre d'un feu prophète de son île natale, qui, par ces hiéroglyphes avait imprimé une cosmologie complète et un traité

qui lui a entaillé et pelé l'écorce, le laissant debout vert et vif, brûlé pourtant et marqué du sceau du feu. » Ce dépouillement constitue Achab comme pure méchanceté, ainsi qu'il advint à Œdipe à Colone, après que le destin l'eut affranchi de ses biens, de ses illusions, de ses fils, de sa patrie, le réduisant à n'être plus que sa haine. Ce que Lacan commente en des termes qui évoquent étrangement la figure-sœur du héros de Melville : « Il l'a réalisée [sa destinée] jusqu'à ce terme, qui n'est plus que quelque chose d'identique *à un foudroiement, un déchirement, une lacération par soi-même* [C'est nous qui soulignons] » (Lacan, *Séminaire II, Le moi dans la théorie de Freud...*, *op. cit.*, p. 268).

1. La *Genèse* (chap. XXXII) rapporte que Jacob combattit contre l'Ange toute la nuit. Au matin l'être surnaturel céda, mais, avant de disparaître, il changea le nom de Jacob et le nomma Israël. Puis il le marqua à la hanche.

2. Cl. Richard, *op. cit.*, p. 100.

mystique sur l'art d'atteindre la vérité. [...] Si bien que Queequeg, dans sa propre personne humaine comme sur son individu, était une énigme à résoudre, une œuvre merveilleuse en un volume. » Le corps-parchemin de l'Indien Queequeg, produit de la science secrète du sorcier de son village, trouve sa raison mystique, quand on le réfère aux corps « écrits » des baleines, eux-mêmes mis en correspondance avec le grand livre de l'univers porteur d'inscriptions destinées à rester à jamais illisibles aux hommes[1].

En vérité, le corps des hommes et le corps des baleines portent tous incisés dans leur chair les signes sacrés, *hiéro-glyphes*, tracés par l'Autre et dont l'intelligence est interdite à ceux qui les supportent. Cet interdit livre le sens de l'entreprise sacrilège d'Achab dans le cri qui lui échappe le jour où il découvre les runes inscrits sur le corps de Queequeg : « Oh, diabolique tentation des dieux ! » Ainsi Achab, l'homme marqué par la Lettre, projetait-il de s'emparer de la lettre, de l'arracher « au vivant parchemin qui la portait ».

La fiction mythique de Melville, portée par une inspiration divinatoire, met en lumière le sens du projet pervers : le sujet, marqué par le signifiant primordial, entreprend de subvertir ce signifiant (S_2), signifiant de l'idéal du moi, pour se rendre maître des inscriptions primordiales, les *Wahrnehmungszeichen*, marquées sur son corps pour conserver la mémoire des premières entailles apportées au *Real Ich* et plus tard rassemblées au point de *das Ding*. Telle est la raison pour laquelle les inscriptions sur le corps des hommes (Queequeg) répondent à celles que porte le corps des baleines *(das Ding)*. Ainsi le pervers vise-t-il, en dernière intention, à s'emparer des inscriptions primordiales venues consigner les premières atteintes du Mal portées au *Real Ich* et rassemblées sur le corps blanc de la Chose.

1. « Ma fidèle mémoire a gardé fort net, rapporte Ismaël, le souvenir des hiéroglyphes du cours supérieur du Mississippi. A l'instar de ces roches mystérieusement chiffrées, le cétacé possède ses signes mystiques qui demeurent indéchiffrables. » De fait, « ces tailles linéaires, ainsi que dans une véritable gravure, ne semblent que le fond de bien d'autres dessins. Ce sont des hiéroglyphes – car si c'est là le nom qui convient pour les chiffres mystérieux qu'on voit gravés dans la pierre des pyramides, alors il s'applique tout spécialement à ceux-ci » (cité par Cl. Richard, *op. cit.*, p. 105).

L'effroyable blancheur du Mal

Moby Dick, comme incarnation de la Chose, figure par sa blancheur le hors-champ de la représentation, l'absence pure : « Au plus intime *[innermost]* du blanc, là où la présence blanche semblait toucher enfin au transcendant, la fuite ; l'absence comme essence, comme seule essence possible dans la prolifération des présences ; est-ce que, par essence, la blancheur n'est pas tant une couleur que l'absence visible de couleur[1] ? » Cette absence n'est pas défaut de la présence, au sens quotidien du terme, mais défaillance de la représentation dont l'homme fait quelquefois l'expérience, à travers ces effets d'« inquiétante étrangeté » analysés par Freud, qui lui révèlent le manque qui le constitue[2]. Ainsi la blancheur *(whiteness)*, comme figure de l'absence, vient-elle porter témoignage *(witness)* du manque qui frappe la réalité humaine, le langage et le sujet, et dont la révélation, apportée par certaines expériences privilégiées, est toujours faite dans l'effroi.

La fiction poétique nous enseigne que si l'amour se déploie au champ du monde des représentations (« le monde visible », selon Melville) où le signifiant vient masquer de ses leurres la perte de la Chose, les « invisibles sphères », soit l'espace de *das Ding*, ne peuvent être entrevues que dans « l'effroi », le trouble de cette paix de l'âme qu'apportent les illusions[3]. Ainsi la baleine blanche, « vertigineux miroir du grand vide », figurant le défaut essentiel de l'être, apporte-t-elle au sujet la révélation de la mort à laquelle il est promis : *Mané, thécel, pharès* devant lequel, dit Melville, il recule avec une « horreur qui n'a pas de nom *[nameless horror]*. »

1. Cf. Cl. Richard, *op. cit.*, p. 109.
2. Cf. Rey-Flaud, *Comment Freud inventa le fétichisme...*, *op. cit.*, p. 271-272.
3. « Si le monde visible [...] semble avoir été façonné et formé dans l'amour, les invisibles sphères ont été faites dans l'effroi. » Rappelons que l'« effroi » (*exfridare*, rattaché au germanique *Friede*, la paix) exprime l'affect qui répond à la rupture de la pacification subjective apportée par le signifiant.

La singularité de la destinée perverse, telle que la démontre l'épopée du capitaine Achab, c'est que l'horreur du vide, dans son cas, se renverse en haine du manque, ici réalisé « comme Mal personnifié *[evil made visibly personified]*[1] », sur lequel le héros arrête le choix qui va marquer son histoire. Si le Bien ne se présente à l'homme que comme promesse toujours en allée, renvoyée aux lendemains qui chantent ou aux récompenses de l'au-delà, le Mal s'offre comme visée de l'être, produite en court-circuit du système des représentations, sans détours et sans médiations. Ce que confirme l'étymologie melvilienne du *requin*, « requiem », repos éternel de l'être, retour à l'homéostase primordiale du *Real Ich*, accomplissement de la pulsion de mort – en quoi le destin d'Achab rejoint celui de Don Juan.

Retour à Don Juan

Parce que son projet, comme celui du maître du *Pequod*, vise directement la Chose, Don Juan fonde pour lui seul une éthique singulière qui s'oppose en même temps à la morale hystérique de Sganarelle et à l'éthique symbolique d'Antigone. Tandis que la morale est l'hommage imaginaire que le moi rend au Mal, à travers l'ostentation des petits biens dont le tabac produit le paradigme, l'éthique refuse d'humaniser la Chose en jouant de la palette des idéaux. Elle se définit au contraire comme fidélité du sujet au manque de la Chose – *principe que l'éthique « perverse » retourne complètement.*

Cette éthique paradoxale maintient un rapport direct à la Chose, soutenue dans une fidélité inflexible au mal. Elle mérite toutefois le nom d'éthique en ce que le sujet s'avance seul, au moment de sa rencontre avec l'Autre, sans souci de compagnon ou de témoin[2] :

1. Cité par Cl. Richard, *op. cit.*, p. 110.
2. En quoi il confirme que sa partie a pour enjeu la conquête du signifiant phallique (S_2) et non pas la production forfaite d'un signifiant « idéal » (S_1) – telle la croix gammée –, qui serait brandi pour fonder une communauté de type fasciste.

son acte n'est supporté que par le défi qu'il adresse à l'Autre à travers l'expérience d'une liberté absolue, accomplie lorsqu'il arrête lui-même, comme le héros tragique, les modalités de son sacrifice. Cet instant où, sur la scène du mythe, l'acte pervers s'élève jusqu'au sublime, révèle *in fine* le statut ontologique de la haine, dépouillée des oripeaux imaginaires de l'agressivité.

CHAPITRE CINQ

La mort de Don Juan

I. De la perversion à la sublimation

Fonction de Sganarelle

Au-delà de la tradition littéraire qui, depuis Plaute, confronte maître et valet, le couple formé par Don Juan et Sganarelle répond chez Molière à la logique d'une structure intersubjective où chacun des deux personnages a sa place imposée par les exigences *essentielles* de l'autre, comme le traduit Don Juan : « Je veux bien, Sganarelle, t'en faire confidence, et je suis bien aise d'avoir un témoin du fond de mon âme, et des véritables motifs qui m'obligent à faire les choses » (V, 2). Le contresens serait toutefois de réduire la fonction de Sganarelle à une simple utilité dramatique, car le témoignage qui lui est demandé l'élève en réalité à la dignité des premiers *martyrs*[1], dans la mesure où c'est avec son corps qu'il est convoqué pour garantir l'entreprise perverse de son maître, ce qui découvre la nature de la « confidence » qui lui est faite, soit la mise en dépôt « consignée » de sa *foi*. Cette fonction « bancaire » de Sganarelle montre alors que le héros *pervers* n'est pas aussi assuré qu'on aurait pu le croire du signifiant primordial qui fonde son acte, puisque son projet, face au grand Autre, implique la présence d'un petit autre, comme gardien de ce signifiant. Don Juan, durant

1. Étymologiquement : « témoins ».

la plus grande partie du drame, apparaît, de fait, moins occupé à défier directement le grand Autre qu'à s'assurer de la présence de ce tiers comme témoin, condition et garant de son défi.

Cette vérification, menée par Don Juan, se confirme de sa volonté constante d'éprouver, chez Sganarelle, la peur, le scandale et surtout l'horreur – intention qui en révèle une autre plus primordiale, celle de tisonner, au-delà de l'angoisse, sa jouissance. Ainsi les actes de séduction criminelle ou de transgression impie perpétrés par Don Juan ne prennent-ils leur sens que de la jouissance horrifiée avouée par son valet : « Il me fait voir tant d'horreurs, que je souhaiterais qu'il fût déjà je ne sais où » (I, l) – déclaration qui trahit la fascination que l'aversion couvre à peine. L'effroi de Sganarelle prend son sens lorsqu'on mesure qu'il n'intervient chez lui qu'à titre de défense devant la jouissance du maître, reprise en sous-main à son compte.

La jouissance de l'esclave

L'horreur de Sganarelle est du même ordre que celle perçue par Freud sur le visage de l'Homme aux rats au moment où celui-ci lui relate le supplice célèbre suggéré par le capitaine tchèque – horreur référée à une jouissance ignorée du sujet[1], note Freud, qui n'est que la récupération de celle, horrible et obscène, de ce supérieur, « qui manifestement aimait la cruauté » et qui était venu, à ce titre, prendre la place de l'Autre archaïque surmoïque. Toutefois, dans ce cas, la partie n'est pas exactement la même que celle qui se joue pour le couple pervers, car si les règles sont identiques, le tapis est différent. L'entreprise perverse est accomplie au registre du réel et non de la réalité, contrairement à ce que l'observation phénoménologique pourrait faire croire. Raison pour laquelle la mort intervient, dans le mythe comme dans la clinique, au registre

1. Ainsi que l'explicite le texte de Freud : « *Grausen* vor seiner *ihm selbst unbekannten Lust* » (*GW*, t. VII, p. 392).

du réel, alors que la partie, engagée par l'obsessionnel avec l'Autre, se déroule dans le champ du fantasme. L'Homme aux rats élabore ainsi sur son petit théâtre la pantomime qui met en scène sa jouissance, et l'horreur qu'il en éprouve n'est que celle du spectacle qu'il se donne. A cette réserve près, l'imaginarisation de l'obsessionnel délivre le schème du vécu *réel* des protagonistes du drame pervers.

Ainsi Sganarelle touche-t-il en permanence, sous forme de bons anonymes, les dividendes de la jouissance de l'Autre [1], tandis que l'ombre du maître où il s'abrite couvre et protège son être même. Ses proclamations de foi dans le Bien suprême et d'allégeance envers le Ciel dissimulent mal en effet qu'il ne croit, dans le fond, qu'à Don Juan, et que son existence est suspendue à l'issue de la révolte de ce dernier. En ce sens, l'ironie de Don Juan à l'endroit de Sganarelle, quand le maître paraît se moquer du système de croyance de son valet (III, 1), éclaire la relation qui les unit, en montrant que le mécréant détient la clef dudit système et, partant, la cheville ouvrière qui assure l'équilibre du fragile assemblage moïque du croyant, si bien qu'il dépend de lui, dissipant les ombres, de renvoyer au néant le pantin qu'il soutient ou de le relever comme on ramasse un orvet au bout d'un bâton [2].

Le désespoir de Sganarelle devant l'engloutissement du rebelle découvre alors ce qu'il advient de l'Autre du pervers, si par hasard un jour la mort abat le Maître : que la vie de l'esclave n'a désormais plus de sens dans un monde rendu soudainement désert et vain. Tel est le sens du cri de douleur et de vérité lancé par Sganarelle à la face du Ciel impersonnel et muet, quand, affronté à la mort de Don Juan, il hurle sa détresse devant la perte irrémédiable de ses « gages » qui resteront à jamais impayés.

1. Comme l'établit la célèbre scène avec Monsieur Dimanche, quand se découvre que, face au créancier, les dettes du valet croissent en proportion arithmétique de celles du maître, ce qui met en lumière leur solidarité essentielle, pour l'ordinaire, moins évidente à percevoir.

2. De son côté, en prenant la place de l'idéal du moi de son valet et en se faisant le maître du semblant, Don Juan s'exclut de cette loi qu'il impose à l'autre et, du point de S_2 où il se tient, il revendique le droit de ne référer son acte qu'au « sans cause ».

Un couple pour l'éternité

Ainsi les partenaires pervers apparaissent-ils liés au-delà du trépas. La mort réelle, loin de régler quoi que ce soit, éternise une relation qui tire son origine de ce que l'un des deux protagonistes a *in illo tempore* mis en dépôt dans l'autre le signifiant essentiel de son être [1]. Et contre ce contrat antérieur à toute parole, nul appel n'est possible. Gager le signifiant de son être – ou plutôt de son défaut d'être – dans l'Autre est en effet un acte d'abolition de soi-même plus absolu et plus radical que de vouer son âme au diable, car il n'est point ici de recours auprès d'un Autre de l'Autre. La mort du Maître, en engloutissant dans l'abîme la Cause du valet, le laisse – par défaut du défaut – avec un être-en-trop, condamné à porter désormais le poids d'une existence vaine, exclu à la fois des vivants et des morts.

En dressant, pour s'en séparer, la liste de tous ceux à qui la mort de Don Juan donne satisfaction (filles séduites, familles déshonorées, parents outragés, femmes mises à mal, maris poussés à bout), Sganarelle découvre alors qu'à l'instar de son maître il ne relève pas du principe de plaisir. Sa détresse apprend encore que l'aventure de jouissance de Don Juan a été conduite à deux et que ce n'est qu'au coup de théâtre final que se défait le couple formé par le maître et le valet, quand Don Juan, déchargé de toute alliance, choisit de s'avancer seul pour affronter le Ciel, en accomplissant lui-même sa disparition.

« Donnez-moi la main. – La voilà. [...] *La terre s'ouvre et l'abîme; et il sort de grands feux de l'endroit où il est tombé.* » L'engloutissement final de Don Juan, sanction instantanée du pacte conclu avec le Commandeur, se présente ouvertement comme l'expression de la volonté du rebelle. Toutefois, pour prendre la mesure du

1. Opération qui se retourne quand le dépositaire est appelé à tenir, comme témoin, le rôle de banquier de son créancier.

sens de son acte, il convient de distinguer d'autres figures de la disparition volontaire, attestées par la clinique, la fiction ou le mythe, qui, exprimant des intentions différentes, voire opposées à celles de Don Juan, dégagent par contraste la singularité de son choix.

II. Disparitions symboliques et volontés d'anéantissement

La volonté psychotique d'anéantissement et la sublime abolition de Doña Prouhèze

Accablé par l'indicible douleur d'exister, un enfant schizophrène d'une dizaine d'années était en permanence habité par l'idée de sa disparition, impossible toutefois à perpétrer, aucune des modalités ordinaires de ce que nous appelons suicide ne s'avérant adéquate. Un jour, cependant, une lueur inspirée brilla dans ses yeux et il confia à l'éducateur qui s'occupait de lui : « Je vais m'attacher autour du corps des cartouches de dynamite et je me ferai éclater en morceaux. » Mais son exaltation fut de courte durée, car il prit aussitôt conscience des limites de cette solution et conclut à voix basse : « Oui, mais il restera toujours des morceaux[1]. »

Cet enfant psychotique vise à accomplir pleinement la pulsion de mort, à retourner à l'être, en réalisant l'acte absolu de déliaison qui l'arracherait à toute contingence. Sa volonté d'annulation de la naissance donne son sens, hors métaphore, au « ne pas être né » proféré par le chœur d'*Œdipe-Roi.* Son désespoir final, quand se révèle à lui la vanité de sa solution, démontre qu'une fois entré au champ de l'existence, il n'est pas pour l'homme de haine pure « réalisable », que toujours de ce corps éclaté des morceaux reste-

1. Ce cas nous a été communiqué par notre ami Jean-Louis Jarry.

ront comme objets épars, livrés pour l'éternité à la concupiscence de l'Autre. Ce verdict précise le choix de Doña Prouhèze, dans *Le Soulier de satin*.

Au terme d'un parcours d'*ignominie*, qu'elle a elle-même retenu en épousant Don Camille, le Maure renégat, afin que soit accompli par le viol, l'outrage et la torture le dépouillement moïque de tous les oripeaux qui constituaient sa personne dans le monde, Doña Prouhèze se fait sauter avec la poudrière de la citadelle de Mogador dont elle avait reçu la garde, se retirant ainsi de l'espace des représentations. Son destin effectue donc le projet nourri par l'enfant psychotique, à cette différence près que le résultat qui désespérait celui-ci comble son vœu le plus profond.

Doña Prouhèze n'aspire pas à l'anéantissement : elle accepte de s'abolir comme semblant, pour advenir, précise lumineusement le texte de Claudel, comme « merveille » et comme « cause » [1], comme objet-cause du désir de son amant [2]. Ces morceaux épars, qui vont se perdre dans les étoiles après l'explosion de la poudrière, la feront elle-même étoile – « étoile que l'on ne rejoint jamais [...], conductrice, [bien que] séparée [3] ». Ainsi l'acte de déliaison qui la disperse l'unit dans le même instant à Rodrigue pour l'éternité, démontrant que la pulsion de mort s'accomplit au nom de l'amour dont la finalité se distingue tant de la volonté d'anéantissement du psychotique que du consentement à sa propre disparition exprimé par Antigone.

1. La quête de Rodrigue n'est pas en effet Doña Prouhèze, mortelle et périssable, mais ce qui fonde Doña Prouhèze – sa cause : « Ce que j'aime, ce n'est point ce qui en elle est capable de se dissoudre et de m'échapper et d'être absent [...], c'est ce qui est la cause d'elle-même » (I, 7). Doña Prouhèze, par-delà la mort, advient pour Rodrigue comme « absence essentielle » (IV, 8) pour prendre « de l'autre côté du voile la place de cette cause qui le fait vivre » (Claudel, *Le Soulier de satin*, III, 8).

2. Telle est également, malgré ses affirmations (« Je me flatte que ma mémoire disparaisse de la mémoire des hommes » : cité par Apollinaire, *L'Œuvre de Sade*, Paris, 1909, p. 14-15), la volonté de Sade de s'éterniser comme objet par le truchement de cette œuvre dont il parle comme de ses entrailles mêmes – ainsi quand il évoque « la perte irréparable » du manuscrit des *Cent Une Journées*, « le plus grand malheur que le Ciel pût lui réserver [et sur lequel] il versa des larmes de sang » (*Correspondance*, p. 163, cité par Bataille, *La Littérature et le Mal*, Paris, Gallimard, 1957, p. 81).

3. Claudel, *Le Soulier de satin*, III, 8 et 13.

Le sacrifice d'Antigone

La figure d'Antigone se dresse, fragile et inflexible, pour marquer l'avancée du héros tragique au point « où le désir se noue à la loi[1] » et où le signifiant primordial (S_2), originairement refoulé pour « lier *[binden]* la pulsion[2] », serre dans un même nœud le manque du sujet et le manque de l'Autre. Avancée inouïe qui conduit le héros à la limite où fait défaut toute représentation et où il est confronté au signifiant de sa mort. En ce point de virtualité *absolue*, Antigone est libérée de la chaîne des signifiants imaginaires qui entravent les autres protagonistes du drame : la Diké à qui elle répond se tient en effet en deçà des commandements de Créon et des considérations moralisantes du chœur[3] : muette, elle convoque l'héroïne tragique à ce qui se présente comme son désir pur, au nom de quoi elle va reprendre par son sacrifice consenti[4] la dette symbolique des pères et accomplir la malédiction des Labdacides.

Sans doute le choix d'Antigone traduit-il, lui aussi, une volonté, mais celle-ci n'est que l'acte par lequel elle engage sa foi envers les morts : « Ma vie, depuis longtemps, j'y ai moi renoncé, afin d'aider les morts » (v. 560). Rien ne serait plus éloigné du sens du mythe que de faire état, hystérisant le personnage, d'une jouissance surmoïque. Au *proscenium* de pierre des théâtres grecs, sous les masques stylisés qui perpétuent une douleur elle aussi de

1. Point devant lequel, selon Lacan, Sade s'est arrêté (« Kant avec Sade », *Écrits, op. cit.*, p. 789).

2. Freud, « Le refoulement », *Métapsychologie, op. cit.*, p. 48.

3. « Je ne pensais pas, déclare Antigone à Créon, que tes défenses à toi (κηρύγματα) fussent assez puissantes pour permettre à un mortel de passer outre à d'autres lois, aux lois non écrites (νόμιμα ἄγραπτα), inébranlables, des dieux ! Elles ne datent pas, celles-là, ni d'aujourd'hui, ni d'hier, elles sont éternelles, et nul ne sait le jour où elles ont paru » (v. 454-455).

4. Ainsi que le lui rappelle le choryphée : « Seule entre les mortels, c'est de toi-même (αὐτόνομος) et vivante que tu descendras dans les enfers » (v. 821-822).

pierre, exhaussées sur le socle de leurs cothurnes, les figures hiératiques qui commémorent le destin maudit des descendants d'Atrée et d'Œdipe profèrent un discours vide qui énonce hors imaginaire la structure pure du symbolique. Le choix d'Antigone est l'incarnation d'un sacrifice accompli hors représentation, qui exprime l'allégeance absolue du sujet à la loi du signifiant. Identifié au signifiant de la perte[1], le héros tragique effectue ainsi la structure du langage et réalise l'essence de la liberté[2].

L'option de Don Juan apparaît alors comme la subversion de ce choix : il entreprend de se faire le maître du symbolique, en détournant le signifiant fondateur du système signifiant – ce qu'illustre chez Molière le crime suprême du héros : l'hypocrisie par où il confisque à ses fins le signifiant primordial, en l'espèce, le Ciel.

III. L'impénitence finale

L'essence de l'hypocrisie

Au début du dernier acte, Don Juan dévoile en effet à Sganarelle que la conversion qu'il vient d'annoncer à son père n'est qu'une ruse nouvelle destinée à assurer son impunité. Sur quoi celui-ci se récrie avec horreur comme devant un forfait qui eût outrepassé toutes les limites : « Il ne vous manquait plus que d'être hypocrite, pour vous achever de tout point ; et voilà le comble des abominations » (V, 2).

1. Ce que Lacan désigne comme « narcissisme suprême de la Cause perdue » (Lacan, « Subversion du sujet et dialectique du désir », *Écrits*, *op. cit.*, p. 826).

2. Le destin d'Antigone prend ainsi place parmi ces disparitions « saintes » évoquées par Lacan à propos d'Œdipe, repris par la terre-mère au bourg de Colone (cf. « Kant avec Sade », *Écrits*, *op. cit.*, p. 779), qui conduisaient les héros antiques chez les dieux et dont le sacrifice d'Empédocle se jetant dans l'Etna constitue le paradigme mythique.

L'hypocrisie de Don Juan n'est pas du même ordre que celle de Tartuffe : elle n'est pas l'hommage imaginaire que le vice rend à la vertu. Tout discours n'étant jamais tenu que sous le couvert du signifiant dont il se pare, l'hypocrisie, prise au sens propre, constitue l'essence de la *personne*[1] et la condition de la vie en société. Elle provoque l'indignation d'Alceste, qui, porté par son projet de faire coïncider le sujet et la personne, se montre incapable de supporter la duplicité de l'image spéculaire qui le renvoie en permanence à sa division. Elle se déploie au registre des représentations secondaires et elle est le corrélat de l'hystérie posée comme structure fondamentale du sujet parlant, telle que l'incarne Sganarelle : dans la *névrose hystérique*, quand elle redouble la mascarade essentielle du sujet humain pour en jouer, l'hypocrisie devient alors un vice.

L'hypocrisie de Don Juan est d'un autre ordre : elle ne s'inscrit plus dans le champ, où les hommes exécutent chaque jour sur le théâtre du monde la « pantomime des gueux[2] ». Elle ne vise pas à intégrer le sujet au circuit des échanges de la Ville et de la Cour ou à l'introduire dans l'économie des biens, mais à confisquer le signifiant primordial (S_2), pour substituer le sujet à l'Autre afin de lui permettre d'énoncer à sa place la loi du Bien.

Le forçage du symbolique

Partant du principe que le signifiant, *le Ciel*, est la clef de ce que les jésuites appelaient le « monde », le pervers conclut que celui qui détient la clef tient le « monde »[3]. En se faisant « le vengeur des

1. Dans la tragédie grecque, *l'hypocrite* est l'acteur qui donne sa réplique sous le masque, désigné en latin par le mot *persona*.

2. Celle dont Rameau, le Neveu, commente les figures : « Je vois Pantalon dans un prélat, un satyre dans un président, un pourceau dans un cénobite, une autruche dans un ministre, une oye dans son premier commis » (Diderot, *Le Neveu de Rameau*, Genève, Droz, 1963, p. 105).

3. « L'hypocrisie est un vice privilégié qui, de sa main, ferme la bouche à tout le monde [...]. On lie, à force de grimaces, une société étroite avec tous

intérêts du Ciel » (V, 2), Don Juan se rend donc maître du signifiant-maître afin de bafouer le système signifiant et démontrer la vanité du « monde ».

Ainsi l'hypocrisie de Don Juan est-elle bien le crime suprême, car le rebelle ne s'en prend plus ici à telle ou telle petite loi pour agacer la grande, mais vient saper la Loi dans son fondement. Après avoir cherché à atteindre l'Autre à travers le petit autre, insultant Elvire, mystifiant Charlotte et Mathurine, ridiculisant Monsieur Dimanche, outrageant Don Louis, il entreprend de ruiner la puissance signifiante elle-même dans la mesure où, par le détournement qu'il opère du signifiant suprême, « tout le langage du Ciel se trouve contaminé et chaque emploi du terme devient rétrospectivement indice de mensonge ou de niaiserie [1] ».

Il faut donc réviser l'interprétation classique de cette transgression ultime qui considère que l'hypocrisie de Don Juan, exaspérant le Ciel par ce dernier outrage, détermine le châtiment du coupable et signe sa perte. En réalité, la perte du héros annoncée dès le début par Sganarelle [2] est inscrite dans son destin, si bien que si son hypocrisie cause une perte, c'est celle de l'Autre : à prendre son masque avec son signifiant, le héros pervers oblige celui-ci à se dévoiler, révélant l'imposture qui donne corps *dans le semblant* à l'Autre de la Loi en lui attribuant une voix [3] ou un visage [4] et en l'obligeant, dès lors, à produire un signe *réel* absolu de sa présence.

La seule figure de l'Autre que Don Juan soit prêt à accepter, c'est

---

les gens du parti. [...] Je ferai le vengeur des intérêts du Ciel ; et, sous ce prétexte commode, je pousserai mes ennemis, je les accuserai d'impiété, et saurai déchaîner contre eux des zélés indiscrets, qui [...] crieront en public après eux, qui les accableront d'injures, et les damneront hautement, de leur autorité privée » (V, 2).

1. Claude Reichler, « Don Juan jouant », *Obliques*, n° 4, p. 56.

2. « J'ai toujours ouï dire que c'est une méchante raillerie que de se railler du Ciel, et que les libertins ne font jamais une bonne fin. [...] Apprenez de moi qui suis votre valet, que le Ciel punit tôt ou tard les impies, qu'une méchante vie amène une méchante mort, et que... » (I, 2).

3. « J'ai entendu une voix qui m'a dit... J'obéis à la voix du Ciel... Le Ciel l'ordonne... Le Ciel le souhaite... » (V, 3).

4. Ainsi quand l'Autre se donne à voir comme « spectre voilé » (Elvire après sa prise de voile).

donc celle de l'Invité de pierre qu'il a lui-même convoqué et qu'il contraint à comparaître le jour où il usurpe son signifiant (le Ciel), dernier voile tendu devant le nom imprononçable de Dieu. En poussant le Ciel à bout, Don Juan le réduit à se manifester et à rendre gorge du signe qu'il lui refusait, extorsion qui, forçant le symbolique, s'avère solidaire de son propre anéantissement.

Le triomphe de Don Juan

La catastrophe finale, advenue au moment où la terre se fait béance pour engloutir Don Juan, s'inscrit à l'opposé du dénouement d'*Œdipe à Colone* où la terre-mère s'ouvre pour recueillir le héros. L'abolition à laquelle il se voue par un acte de volonté se présente comme l'envers de la séparation « symbolique », puisqu'elle a pour effet de produire la complétude de l'Autre, quand le héros s'accomplit comme néant et *advient comme fétiche éternel*. En perpétrant sa « seconde mort » dans l'Étang de feu de l'*Apocalypse*[1], Don Juan réalise ainsi sur la scène du mythe le destin impossible du psychotique. En opposition avec Empédocle, il ne laisse rien derrière lui ; en opposition avec Œdipe, sa mort ne marque pas le début de l'histoire. Don Juan se perd tout entier et advient comme rien. Sganarelle qui l'a suivi de loin, comme Thésée chez Sophocle accompagna Œdipe, reste seul pour témoigner de l'abolition du héros. Abandonnant les hommes aux dérisoires douleurs de ce monde[2], le héros sublime s'est anéanti sans laisser de lui aucun gage. Le désespoir de Sganarelle, confronté aux misères du semblant, révèle *a contrario* le sens ultime du destin de Don Juan : en se pétrifiant dans l'être pour « réaliser » la complétude du symbolique, c'est à la jouissance de l'Autre qu'il réserve le festin de pierre qu'il accomplit par sa mort.

1. « Cet étang de feu, c'est la seconde mort. Quiconque ne fut pas trouvé inscrit dans le livre de vie, fut jeté dans l'étang de feu » (*Apocalypse*, XX, 14-15).
2. « Filles séduites, familles déshonorées, parents outragés, femmes mises à mal, maris poussés à bout » (V, 6).

Ainsi, en obligeant le Ciel à produire le signe qu'il détenait, Don Juan se fait le commandeur du Commandeur et le maître de la jouissance de l'Autre. Voilà pourquoi il faut imaginer qu'au moment où il s'abîme dans les entrailles de la terre, Don Juan s'abolit triomphant[1].

1. Ainsi les destinées d'Antigone et de Don Juan s'opposent-elles point par point. Tandis que la mort d'Antigone, redoublant celle d'Œdipe, fonde l'histoire symbolique d'Athènes, le choix de Don Juan démontre que le héros sublime revient au point d'*ex nihilo* d'où il tire son origine : sans avant et sans après, son acte nous signifie que tout commence et s'achève avec lui. Cette conclusion renforce encore le caractère paradoxal d'une œuvre, due à l'exécutant officiel des divertissements royaux, venu annoncer, à l'acmé du siècle de Louis XIV, l'aurore de la modernité.

ÉPILOGUE

La psychanalyse est-elle un humanisme ?

I. L'homme entre impossible et interdit

« Pourquoi la guerre ? »

Lorsqu'elle est mise à la question par la psychanalyse, la culture de la modernité avoue qu'elle n'accomplira pas, elle non plus, la fin de l'histoire. C'est pourtant cette conviction qui soutient, en dépit de tout, l'entreprise du sociologue, du psychologue, du pédagogue et du politique, confiants qu'ils vont finir par déterminer les principes qui institueront un système communautaire égalitaire et juste qui, à son tour, permettra aux individus de « faire, selon la parole de Montaigne, l'homme et dûment ». Or, c'est dans l'élan de ce grand espoir scientifique « civilisateur » que la psychanalyse a vu le jour. A l'orée de sa découverte, Freud a pensé que cette *praxis* nouvelle, qui restituait au patient le sens de son histoire oubliée, pouvait, en restaurant le sens de la responsabilité, contribuer au progrès de la culture. Mais en quelques années (entre 1912 et 1915), les élaborations de *Totem et Tabou* et les impasses de la cure de l'Homme aux loups, conjuguées à la flambée meurtrière du premier conflit mondial, vont lui imposer l'idée que les forces pulsionnelles qui régissent la destinée de l'homme s'accomplissent *au-delà du principe de plaisir*.

Cette conception trouve son expression, vingt ans plus tard, en

1932, lorsque Freud, à l'initiative de la Société des Nations, est amené à débattre avec Einstein, l'humaniste, sur la question de l'origine de la guerre[1]. Que cette confrontation ait lieu quelques mois avant l'arrivée d'Hitler au pouvoir, donne, dans l'après-coup, une signification particulière à sa réponse. Après avoir reconstitué la généalogie de la violence dans une de ces fantaisies phylogénétiques qu'il affectionnait, Freud récuse finalement, contre l'optimisme indéracinable de son interlocuteur, la thèse selon laquelle la guerre serait un dernier vestige de la barbarie primitive que les progrès de la civilisation réduiraient un jour. « Non, soutient-il, la guerre n'est pas un accident de la culture. Elle est au fondement de la culture même. » Cette assertion repose sur sa conviction que la méchanceté des hommes est l'effet d'une féroce volonté d'ignorance, l'impasse se redoublant quand la passion de la vérité découvre qu'elle conduit plus sûrement encore l'individu à sa perte et la cité à sa ruine, ainsi que le démontre le mythe fondateur de la psychanalyse tel que Sophocle nous l'a transmis.

Œdipe ou l'outrage au symbolique

« Le voilà, cet Œdipe, cet expert en énigmes fameuses, qui était devenu le premier des humains, dans quel flot d'effrayantes misères est-il aujourd'hui précipité ! », s'exclame terrifié, à la fin de la tragédie, le chœur d'*Œdipe-Roi* pour signifier que le destin du héros a excédé l'infortune humaine ordinaire, non point tant, comme on l'a cru pendant longtemps sur la foi de Freud[2], parce que Œdipe aurait accompli les deux désirs interdits (meurtre du père et jouis-

1. Freud, « Pourquoi la guerre ? », *Résultats, Idées, Problèmes*, II, *op. cit.*, p. 203-215.
2. « La légende grecque a saisi une compulsion que tous reconnaissent, parce que tous l'ont ressentie. Chaque auditeur fut un jour, en germe, en imagination Œdipe et s'épouvante devant la réalisation de son rêve transposé dans la réalité, il frémit suivant toute la mesure du refoulement qui sépare son état infantile de son état actuel » (lettre à Fliess du 15 octobre 1897, dans *La Naissance de la psychanalyse*, *op. cit.*, p. 198).

sance de la mère) que les autres hommes maintiennent refoulés, mais pour avoir, de façon plus profonde, commis le sacrilège d'attenter au *logos*, en forçant l'*alétheia* et en *réelisant* ainsi le symbolique. En quoi, il délivre *a contrario*, au terme de sa vie, la vérité de l'homme – la castration.

Ce n'est pas, en effet, le meurtre de Laïos qui ouvre à Œdipe le lit de Jocaste [1]. La possession de la reine est le prix échu au déchiffreur de l'αἴνιγμα, c'est-à-dire au héros qui, plus hardi que Persée devant la Gorgone [2], s'affronta, sans détour, au cœur horrible (αἰνός) du langage et qui, forçant le secret du symbolique, triompha là où les hommes de Babel avaient échoué. Le crime d'Œdipe n'est pas d'avoir transgressé l'interdit, mais forcé l'impossible au point *énigmatique* fixé par les dieux, où se nouent vérité et jouissance. Tel est le crime prométhéen, qui scelle, à l'origine, le destin du héros et trouve son accomplissement dans le champ du symbolique, quand la Mère se découvre cachée sous le masque de la reine. Cette révélation marque la bascule de l'impossible à l'interdit et traduit, du réel au symbolique, l'articulation des deux premiers registres qui constituent la structure du langage : RSI [3].

Il n'est pas inutile de retracer comment s'accomplit dans la clinique ce passage décisif de l'impossible à l'interdit, qui constitue le cœur du « complexe d'Œdipe ».

L'enfant face à l'impossible

A l'origine, avant l'Œdipe donc, l'enfant évolue dans un monde presque entièrement régi par le principe de plaisir à l'image de

1. Cf. Lacan : « L'important est qu'Œdipe a été admis auprès de Jocaste, parce qu'il avait triomphé d'une épreuve de vérité » (Lacan, *Séminaire XVII, L'envers de la psychanalyse*, Paris, Le Seuil, « Champ freudien », 1991, p. 135). Voir encore Giorgio Agamben, *Stanze*, *op. cit.*, p. 225 *sq.*

2. Persée se présente comme le véritable héros civilisateur, initiateur du symbolique, comme en témoigne la fonction de l'Autre (le miroir) dans l'exploit par lequel il décapite la Gorgone.

3. Réel, Symbolique, Imaginaire.

celui qui est décrit dans les contes de fées où les souhaits sont exaucés de façon naturelle comme dans les rêves.

Ce principe trouve son illustration dans cette intention énoncée par tous les petits garçons : « Plus tard, j'épouserai maman. » Ce projet traduit la volonté naïve qui fonde la pulsion : retourner en arrière pour retrouver, au-delà de la Chose, la satisfaction anticipée de toute demande possible et, partant, la restauration du premier narcissisme. A quoi, les adultes lui répondent, en riant : « Ce n'est pas possible », pour lui signifier qu'il y a dans ce monde qu'il croyait entièrement soumis à son plaisir un point d'exclusion radical, qui échappe à son *Wunsch* et sur lequel aucune explication ne lui sera donnée : le *pas-possible* est sans cause, sans raison et sans pourquoi. La sentence de l'adulte, à ce moment, ne pose aucun interdit et donc aucune transgression. Il n'y a pas d'objet à gagner : il s'agit chez l'enfant d'une pure volonté de retour, et la réponse qui lui est donnée énonce simplement que le retour est exclu. Cette exclusion frappe la mère d'impossible (– 1), avant que la relève, advenue au temps suivant, ne la marque du signe de l'interdit (– – 1).

L'interdit intervient avec l'apparition du tiers, quand la prise en compte du père conduit l'enfant à supposer que cette Chose qui lui a été signifiée comme impossible ne l'est peut-être pas pour tout le monde, qu'il y en a peut-être *au moins un* qui l'a[1]. La Mère, à partir de ce moment, cesse de supporter la figure du narcissisme primordial : elle devient l'objet de l'Autre, mutation qui indique que le registre spéculaire, en même temps que l'ordre symbolique des places, a été institué. La volonté de pur retournement du stade précédent est devenue volonté de détournement de l'objet.

Advention et sens de l'interdit

Cette découverte introduit l'enfant au sens tragique de la vie, tel que la fiction mythique de Sophocle l'a immortalisé, quand le sujet

1. Lacan, Séminaire XVIII, « D'un discours qui ne serait pas du semblant », séance du 19 mai 1971 (inédit).

fait l'expérience que son impuissance n'est pas au miroir celle de l'Autre, que l'Autre a accès à une jouissance dont il est exclu. Cette expérience s'opère au moment où l'enfant éprouve son infériorité dans la joute phallique avec le père, irréductible pour peu que la mère, à l'instar de celle du Petit Hans, vienne dévaluer le pénis qui a été, dans les premiers temps, le foyer et l'emblème de son narcissisme[1]. Jusqu'alors l'exclusion n'était pas discriminante. Après l'épreuve de l'infériorité phallique, l'enfant découvre qu'il y a un Père qui échappe à la loi de l'impossible. La négation de l'impossible au lieu de l'Autre, redoublant l'exclusion, fait entrer l'enfant au champ de l'interdit et, à partir de là, de la transgression, donc du désir. Ce procès est consacré par le paradoxe qui le clôture : à savoir que la croyance au père primordial de la jouissance sera conservée dans l'inconscient (originaire) du sujet, intacte à côté de la mémoire de son meurtre, leur nouage s'avérant être la condition du désir et marquant la seconde bascule qui conclut l'introduction du sujet au langage – du symbolique à l'imaginaire, de l'interdit au défendu/permis, où se boucle le nouage RSI.

Indiquons, dès à présent, que sur la scène du monde (qu'il ne faut pas confondre avec le *proscenium* tragique), la référence à l'interdit est dépourvue de sens[2]. L'interdit n'est rien d'autre que la mise en place, dans le refoulement originaire, du « représentant de la représentation » (S_2), signifiant du père mort. Opération dont nous ne saurions, à la vérité, pas grand-chose si la phénoménologie de la névrose obsessionnelle n'avait présenté à Freud l'imaginarisation de la fonction paternelle à travers la fantasmagorie forgée par l'Homme aux rats de ce père « qui était mort et ne le savait pas » et dont le peu d'existence, maintenu dans les Limbes, était toutefois le seul support auquel le sujet puisse raccrocher son peu d'être.

1. Freud, « Les théories sexuelles infantiles », *La Vie sexuelle*, *op. cit.*, p. 19.
2. C'est pourquoi l'impératif catégorique lacanien « Ne cède pas sur ton désir » est lui-même impertinent en dehors de la scène tragique où il confronte Antigone à sa mort. Appliqué à l'espace du monde, il rejoint le « Sois juste », édicté par l'inventeur kafkaïen de la « machine à écrire » de *La Colonie pénitentiaire*.

Ce rappel, opéré à partir de la clinique de Freud, va nous permettre de dégager l'articulation fondamentale qui marque l'histoire d'Œdipe, pris, à l'orée de ses jours, entre l'impossible et l'interdit, et qui démontre que le destin du héros « civilisateur » figure le rapport cassé qui unit le sujet humain à l'Autre du langage, et donne, par contrecoup, le sens du manque qui se trouve au principe du « malaise dans la culture ».

II. Le mythe fondateur de la psychanalyse

La parole de l'oracle : la signifiance pure

A l'origine de l'histoire d'Œdipe, le mythe présente en effet la Parole sous les espèces de la sentence de l'oracle d'Apollon qui annonce au héros qu'il tuera son père et épousera sa mère. Encore faut-il savoir que la profération sacrée, transmise par les cris de la vierge pythique, livrée aux puissances chthoniennes – « enthousiaste » –, n'est qu'un souffle qui ne délivre aucun énoncé intelligible : la parole directe du dieu est irrecevable par l'homme [1]. La réponse communiquée au fidèle est le produit d'une première traduction, élaborée par les servants du temple, qui implique une première perte, inscrit la barre sur l'Autre et constitue la sentence oraculaire comme *inter-dit*. C'est ce qui rend compte du caractère ambigu des réponses données par les prêtres, à l'image de la promesse faite à ce général qu'il coucherait le soir dans la ville qu'il assiégeait, sans qu'il lui ait été précisé que ce serait en tant que prisonnier. Ainsi les réponses de l'oracle présentent-elles un modèle de *trobar clus*, seul propre à soutenir l'énonciation impossible à articuler du dieu [2].

1. Ce qui rejoint l'affirmation de Lacan que « sur les tables [de la Loi], rien n'est écrit [...] hormis les lois de la Parole elle-même » (Lacan, « Remarque sur le rapport de Daniel Lagache », *Écrits, op. cit.*, p. 684).
2. « Parleur subtil », précisera, quelques siècles plus tard, le *Cannocchiale aristotelico* de Tesauro, « qui par devises, par *imprese* héroïques et par sym-

La parole oraculaire est donc pure signifiance (σημαίνειν), ce qui lui donne statut de « représentant de la représentation » (S_2), signifiant fondateur du système signifiant[1]. A ce titre, elle marque la naissance du symbolique, relance le désir à partir du non-sens qui la constitue et, en tant que vecteur des virtualités du sujet, loin de confronter celui-ci à la fatalité, elle l'introduit, au contraire, à sa liberté, découvrant ainsi que la vérité qu'elle énonce est celle de l'homme.

Reste à établir comment cette parole peut, dans le même temps, signifier au héros le verdict destinal qu'il tuera son père et épousera sa mère.

L'interdit et le meurtre du père

La parole de l'oracle s'éclaire dès qu'on s'aperçoit qu'émise du lieu de l'Autre barré, elle est *ipso facto* produite sous le chef du père mort. Elle annonce au sujet que le désir est possible (c'est-à-dire les ristournes de jouissance que le désir autorise) à la condition que le père ait été tué, ce qui fait de ce meurtre une pure opération de langage.

Le meurtre du père est le procès métaphorique fondamental qui substitue au dire réel et, en tant que tel, irrecevable de l'*Urvater* un premier signifiant (S_2), lui-même impossible à articuler, mais qui est la condition de l'articulation de la chaîne des représentations. Par cette opération, le père réel, indicible, est destitué au profit de la fonction paternelle qui permettra, au bout du compte, qu'il y ait « du père »[2]. Le meurtre du père est donc accompli au terme d'une opération de double négativité, quand finalement « un » signifiant vient recouvrir le signifiant du Nom-du-Père et,

---

boles figurés communique aux hommes et aux anges ses pensées transcendantes » (cité par G. Agamben, *Stanze*, *op. cit.*, p. 239).

1 « Le Maître dont l'oracle est à Delphes, ne dit (λέγει), ni ne cache (κρύπτει), mais signifie (σημαίνει) » (Héraclite, fragment 93).

2 Cf. ici le calcul de la paternité produit par Lacan à partir du quadrant de Pierce dans Séminaire IX, « L'identification », séance du 17 janvier 1962 (inédit).

nommant le père, fait passer sur lui l'ombre de la mort. Ce que la *Théogonie* d'Hésiode exprime, en substituant, après la castration d'Ouranos, le signifiant de la paternité (πατήρ) à celui de l'engendrement (τοκεύς)[1]. A partir de là, sur le deuil de la Chose (référée à la jouissance de l'*Urvater*), le sujet se trouve introduit à l'espace représentatif et exposé, du même coup, aux risques de toutes les méprises attachées au signifiant.

Tel est bien le registre où Œdipe est appelé aux premiers temps de son histoire (et avant sa naissance même[2]), quand il apprend la malédiction qui le frappe. En effet, ce *mau-dit*, pour terrible qu'il soit, l'inscrit encore dans l'imaginaire des hommes et assigne son destin au champ des erreurs ordinaires. Car c'est ainsi qu'il faut entendre les premiers errements du héros : quand il se trompe sur l'identité de ses parents à Corinthe ou quand, au carrefour des Trois-Routes, il tue Laïos sans le connaître. En ce temps-là, Œdipe incarne simplement le sujet du signifiant. Mais tout change au moment « catastrophique[3] » du mythe, où il est mis en présence de l'énigme de la Sphinge.

Le forçage de l'énigme : la folie Œdipe

Aux portes de Thèbes, le héros est à nouveau confronté à une épreuve de vérité. Mais, cette fois, la parole du dieu est proposée, sans la médiation de l'Autre, comme dire réel, ce qui lui donne statut non plus d'interdit mais d'impossible, et détermine, dès lors, la réponse apportée par le sujet comme dévoilement impie de l'*alétheia* et outrage envers le symbolique[4]. En effet, l'αἴνιγμα,

1. Cf. en particulier les vers 138, 155, 165, 180. Que le père soit chez Hésiode deux fois barré (castration d'Ouranos et de Kronos) souligne la double négativité indispensable pour qu'advienne « du père ».

2. On sait que son père Laïos avait le premier recueilli la sentence de l'oracle.

3. On appelle « catastrophe », dans la tragédie grecque, le retournement, arrêté par les dieux, qui scelle le destin du héros.

4. Et non plus comme délivrant le sens de l'humaine condition, comme l'ont cru les humanistes : « Le seul mot de passe : c'est l'homme » (Gide, *Œdipe*, acte II).

proposée par la Sphinge, se rattache à un verbe αἰνίσσομαι, « parler à mots *couverts* », ce qui invite, en jouant des richesses sémantiques de la langue grecque et en tirant parti de l'équivoque qu'elle autorise, à référer ce terme, au-delà de l'étymon traditionnellement avancé, αἶνος *(récit)*, à son homonyme αἰνός *(terrible)*, qui désigne la part indicible maintenue *cachée* sous la couverture jetée par le langage sur l'horreur du réel. Ce qui vérifie que « l'attribution à l'énigme d'une "solution" cachée est le fait d'une époque ultérieure, qui avait perdu le sens de ce qui dans l'énigme accédait véritablement au langage, et qui n'en avait plus connaissance que sous la forme dégradée du divertissement et de la devinette[1] ». La philologie établit ainsi que la profération de la Sphinge est hors discours. La question qu'elle pose, nouée au point d'horreur du langage (αἰνόν), doit donc rester sans réponse contrairement à la parole oraculaire, qui, comme *inter-dit*, est faite, elle, pour être interprétée. Si bien qu'en interprétant l'ininterprétable, Œdipe, loin d'être ce héros civilisateur que les derniers humanistes ont cru trouver en lui[2], force dans un acte d'*hybris* le cœur du langage et réalise le symbolique – au prix de la folie.

Le principe du langage est que le meurtre du père et la jouissance de la Chose constituent, *urverdrängt*, la condition de l'introduction du sujet au signifiant, au prix du retour du refoulé et de ce qui lui est attaché : la culpabilité – la mise en place de l'inconscient irréalisant la vérité symbolique de la structure. Par un retournement de ce principe, quand il apporte la réponse à l'énigme, Œdipe fait passer la structure symbolique dans le réel. Voilà pourquoi prêter, à ce moment, au fils de Laïos un quelconque sentiment de culpabilité n'a proprement pas de sens : le héros mythique n'a pas d'inconscient[3] ;

1. G. Agamben, *op. cit.*, p. 230, le confirme, en soulignant que « l'énigme était si peu un divertissement qu'en faire l'expérience signifiait toujours s'exposer à un risque mortel », en dépit de la fidélité dont il témoigne à l'égard de l'étymologie traditionnelle qui ne lui permet pas de saisir le sens profond de l'αἴνιγμα.

2. Tradition dans laquelle s'inscrit encore G. Agamben (*op. cit.*, p. 231).

3. Ce qui rejoint l'affirmation de Lacan qu'Œdipe n'a pas de complexe d'Œdipe (Lacan, *Séminaire VII*, *L'éthique*, *op. cit.*, p. 356).

réalisant la structure du langage, il démontre qu'il échappe à la condition humaine où le maintenait encore, jusque-là, la tradition légendaire.

Avant sa rencontre avec la Sphinge, Œdipe est seulement affronté à une prédiction en forme de malédiction qui le conduit à la méprise. Mais quand la méprise devient vérité, le héros devient fou. Et c'est bien la folie d'Œdipe qui nous est montrée dans *Œdipe à Colone*, où l'on voit les effets du déchaînement réel de la malédiction symbolique attachée à la fonction paternelle – dernier dépliement de la parole de l'oracle qui clôture le sens du mythe.

La mort de la Sphinge

La question de la Sphinge, considérée dans son contenu (« Quel est l'animal qui marche sur quatre pattes, sur deux pattes, sur trois pattes ? »), découvre que le réel qu'elle désigne est celui de la généalogie propre du héros, dont tous les pères, à chaque génération, portent inscrit dans leur nom un défaut affectant la démarche. Œdipe était donc seul à pouvoir fournir la réponse à l'énigme, puisque cet « homme » qu'il met en avant n'est autre que lui-même. Ainsi la question de la Sphinge vient-elle interroger le dernier des Labdacides, en amont du point où la nomination l'inscrit dans une lignée symbolique dont l'origine est perdue[1], en amont du signifiant du Nom-du-Père. Elle le place devant ce qui est le fondement insondable de l'oracle symbolique d'Apollon : le réel de la paternité. Aussi, au moment où il produit sa réponse, le héros trouve sa cause comme réel et commet proprement, en indiquant la défaillance ineffable de la nomination, un outrage envers le symbolique, que sanctionne sur-le-champ la mort de la Sphinge qui se précipite du haut de son rocher.

A l'envers du meurtre symbolique du père que chaque homme perpétue à chaque signifiant, le meurtre de la Sphinge, gardienne

1. Freud, *Totem et Tabou*, *op. cit.*, 1965, p. 169.

du symbolique, est un meurtre réel qui fait du héros le maître d'une vérité absolue, donnée hors voilement – révélation gagnée au prix de la *mania* envoyée par les dieux[1]. La folie d'Œdipe, comme celle d'Achab, démontre qu'il n'est pas donné à l'homme de trouver la vérité de l'origine, qu'il n'y a pas de mot qui puisse dire le réel de la paternité, que le père ne peut être désigné que par un signifiant perdu, qu'il ne peut être nommé que par métaphore. Ce verdict prend effet au dénouement, quand le héros est confronté à la castration.

La naissance d'Athènes : le fondement du symbolique

Au temps de la révélation finale, qui vérifie l'oracle, le mythe inscrit un ultime renversement qui le conclut quand l'exclusion originelle du sujet *(Verwerfung)*, abolie par son acte, le rattrape *in fine* au moment où ses prunelles, fichées à la pointe des fibules de Jocaste, roulent à ses pieds devant lui. Le héros fait alors l'expérience sur son propre corps que la vérité de l'homme est d'être coupé de la vérité et de lui-même, ce qu'il éprouve à travers la perte de ces premiers objets que Lacan a désignés comme objets *a*. C'est au nom de cette dette réelle, enfin payée, que la dépouille d'Œdipe recevra, plus tard, lors de sa « disparition sainte[2] », le privilège d'être le garant de la naissance d'Athènes, accomplie sous le règne de Thésée.

Ainsi le mythe d'Œdipe reste-t-il aujourd'hui encore le mythe fondateur de la psychanalyse, parce qu'il place l'instauration de la loi sous le chef du père mort *au lieu de l'inter-dit*. Ce qui n'a rien à voir avec la lecture psychologisante qui adapte la fiction tragique de Sophocle à la lucarne du théâtre de Guignol, en faisant du père

1. C'est ce terme qui vient à la bouche du coryphée, quand le héros, à la fin d'*Œdipe-Roi*, apparaît, la face sanglante, cherchant sa route à tâtons : « Quelle démence (μανία) s'est abattue sur toi ? » (v. 1300).
2. Lacan, « Kant avec Sade », *Écrits*, *op. cit.*, p. 779.

le gardien d'un interdit ravalé au rang du défendu, lecture qui conduit à l'aphorisme naïf qu'il faut « tuer le père », perpétué aux murs de Mai 68 dans la variante qui énonçait qu'« il était interdit d'interdire ». La leçon du mythe d'Œdipe est d'une autre portée : elle nous dit que la loi gère le défendu, *en se fondant de l'inter-dit au risque de l'innommable.* Verdict assurément beaucoup plus sombre sur lequel les érudits ont obstinément décidé de rester aveugles. En quoi cependant ils seront pardonnés, puisque le détournement de leur regard n'est que la répétition du mouvement de recul effaré qu'eut Thésée au moment de l'engloutissement d'Œdipe[1] – à cette réserve près toutefois que le geste du roi traduit le nouage du réel au symbolique qui, instituant l'espace représentatif, reste hors champ de la représentation, c'est-à-dire que l'instant *aphanisique* fondateur du système signifiant *(Urverdrängung)* ne saurait être lui-même signifié. C'est ce principe qu'illustre, dans une autre tradition culturelle, l'épisode de la découverte du tombeau vide de Jésus.

III. L'avenir des illusions

Le coq chantera trois fois

En écrivant, en écho à la fiction tragique de Sophocle, que « le tombeau de Moïse est aussi vide pour Freud que celui du Christ pour Hegel[2] », Lacan nous met sur la voie de cette analogie. De fait, selon la version évangélique conservée par Matthieu, lorsque les saintes femmes se rendent au sépulcre, l'Ange du Seigneur qui « avait roulé la pierre » leur dit : « Venez voir l'endroit où Jésus était mis. Et allez dire à ses disciples qu'il s'est relevé de chez les morts

1. Sophocle, *Œdipe à Colone*, v. 1650-1652.
2. Lacan, « Subversion du sujet et dialectique du désir », *Écrits, op. cit.*, p. 812.

et qu'il vous précède en Galilée. C'est là que vous le verrez[1]. » La parole de l'Ange s'adresse, au-delà des Maries, à la communauté des croyants, pour lui signifier que le Christ n'en finit pas d'aller au rendez-vous qu'il a donné aux hommes[2], la promesse de la rencontre se fondant une fois encore sur le défaut du cadavre comme signifiant – comme signifiant manquant.

Ainsi les communautés symboliques s'instaurent-elles toutes de la disparition du héros fondateur, d'un tombeau vide, tandis que s'impose que les communautés imaginaires (les seules qui existent en ce monde) assurent leur permanence, en maintenant la figure totémique du père. C'est pourquoi le mausolée de Lénine abritait, au-delà de la dépouille embaumée du héros éponyme, le marxisme momifié. Au nom du même principe, tous les « corps constitués » (États, religions, systèmes et écoles) se perpétuent au nom d'un *corpus* dogmatique sacralisé, dont la conservation consacre l'oubli du dire symbolique originaire sur la trahison du fondateur.

Qu'Œdipe, au terme de son existence, trouve refuge dans l'enclos des Euménides, que Socrate soit étrangement esseulé au moment de l'ultime libation attestent que la Cité grecque s'inaugure du manque, mais se déploie à partir du manquement au manque. La mort de Jésus, accomplie dans la trahison trois fois réitérée de Pierre, témoigne encore que l'aurore de la chrétienté se lève elle aussi sur le reniement de la Loi attachée à la figure du père mort.

Que la culture s'inaugure du manquement au manque

Le pacte entre les frères, conclu au lendemain du meurtre du père, que Freud met au principe de la société des hommes, traduit

1. *Matthieu*, 28, 5-7.
2. Ainsi que l'attestent les ultimes paroles que l'*Évangile selon saint Matthieu* met dans la bouche de Jésus : « Et voici que pour moi tous les jours je suis avec vous jusqu'à la fin du monde » (28, 20).

alors la volonté de refouler ce meurtre et d'effacer l'effacement. A quoi manifestement il échoue, puisque le père mort est « rappelé » sous la forme du totem, qui présentifie le père assassiné, pour attester qu'il est mort une fois pour toutes, et qu'il n'est pas nécessaire de le tuer à nouveau.

Ainsi les hommes ne sont-ils pas rassemblés, comme ils le croient, pour œuvrer, réunis dans l'amour, à un même bien, mais pour méconnaître ensemble la volonté de jouissance qu'ils nourrissent au fond de leur cœur. Cette volonté coupe chacun de tous les autres et détermine la haine refoulée, déplacée de la figure du père, que les « frères » se portent désormais mutuellement, toujours prête à faire irruption comme insupportable vérité, pour peu que la machinerie signifiante vienne à se gripper. En témoignent Alceste ou Rousseau qui révèlent la tromperie primordiale qui se trouve au principe des communautés.

Voltaire peut assurément lancer à l'adresse de Jean-Jacques que « seul le méchant vit seul », sous la réserve d'entendre que le méchant, en l'espèce, est seulement celui qui n'a pas accompli au creuset du signifiant cette métabolisation de la haine qu'on appelle l'amour. En fait, le débat entre Voltaire et Rousseau témoigne que seule la vie sociale est en mesure de permettre aux hommes de supporter, en la partageant avec d'autres, la culpabilité refoulée du mal qui constitue le « cœur » de leur être. Encore faut-il savoir que cette entreprise est condamnée à la fatalité qui marque tout refoulement : le retour du refoulé, qui ne permet jamais, nous dit Freud, de savoir à l'avance dans quel sens va pencher le fléau de la balance qui décide entre idéalisation et poursuite diabolique de la Chose [1], soit entre consentement au désir et volonté de jouissance [2]. En vertu

1. Dans son opposition logique et sémantique au symbolique, le « diabolique » (*dia-* = « à travers », « au-delà ») traduit la volonté d'atteindre *das Ding* en court-circuit de la médiation signifiante.

2. « Le refoulement travaille de manière tout à fait individuelle [...] ; un peu plus ou un peu moins de déformation et le résultat change du tout au tout. Dans ce même contexte, on peut comprendre que les objets préférés des hommes, leurs idéaux découlent des mêmes perceptions et expériences que les objets qu'ils ont le plus en horreur » (Freud, « Le refoulement », *Métapsychologie*, *op. cit.*, p. 51).

de ce principe, les civilisations ne se perpétuent qu'à la condition de dénier le « malaise » qui les marque et qui provient d'une méchanceté originelle que Freud réfère à la figure « satanique » du surmoi, dont nous savons qu'elle peut, à l'occasion, trouver son incarnation dans le monde.

A certaines heures de l'histoire, la volonté de mal et l'impératif surmoïque se nouent en effet pour susciter ces communautés qui s'instaurent sur l'élection d'une idole sombre qui fait revivre la figure « féroce et obscène » du père primordial de la horde et flamber, sous les traits du racisme et de l'antisémitisme, la haine refoulée que l'homme nourrit à l'égard de la Chose, ainsi que Freud l'établit *in principio*, au début de son œuvre, dans « L'esquisse ».

Logique du sujet freudien

Ce texte mythique énonce, avec l'auteur de *La Théogonie*[1], que la coupure est à l'origine du monde créé, coupure qui ne sépare pas d'abord l'homme de ses objets (et encore moins de son « bien »), comme on le dit quelquefois, mais de lui-même – ce que Lacan précise, quand il retrace comment le sujet, à la naissance, est privé de son complément anatomique, perte qui signe son *dés-être* originaire [2]. C'est cette exclusion *(Verwerfung)* que la « privation » des objets primordiaux (objet *a*, dont le sein constitue le paradigme) va venir, dans un second temps, accomplir, consacrant ainsi son caractère irrémissible et déterminant à jamais la haine comme relation primitive de l'homme au monde. A partir de quoi, celui-ci se trouve introduit au champ du langage, qui va, à chaque temps de son devenir, entreprendre de démentir cette fatalité, en produisant inlassablement des substituts représentatifs pour pallier la perte de l'objet et maintenir ainsi la haine refoulée.

Cette entreprise est accomplie quand la pulsion (soit la chaîne

1. « Au commencement des commencements fut Abîme (*id est*, la « béance », Χάος) », v. 116.
2. Lacan, « Position de l'inconscient », *Écrits*, *op. cit.*, p. 845.

représentative en acte) découvre qu'elle est portée par l'amour, conçue comme puissance de liaison, mais vectorisée par la haine, posée comme force de déliaison. Au nom de ce principe, la pulsion, servante d'Éros, mais aimantée par Thanatos, s'emploie, en permanence, sans jamais y parvenir une fois pour toutes, à métaboliser en plaisir le déplaisir originel et à convertir en biens, monnayables et échangeables, la Chose freudienne indicible, objet de la première haine – opération qui trouve son effectuation (aléatoire), lorsque Sganarelle prononce l'éloge des vertus du tabac qu'il place au fondement des bonnes mœurs et de la civilité.

Au principe de la culture : le refoulement

En réalité, parce qu'elle est le résultat terminal du procès de double négativité élaboré par le langage, la culture se présente comme dénégation de son origine qui est le mal. Elle n'est pas, comme Sganarelle tend à nous le faire croire, le déploiement d'un idéal primitif, mais le retournement d'une malédiction. Dans sa volonté de dénier l'horreur de la Chose, la culture traduit la volonté, inhérente au sujet du signifiant, de rétablir comme représentation l'espace pacifié du narcissisme primordial. Elle soutient cette entreprise tant bien que mal, sous la férule du maître ou les cotillons de la fête, mais elle reste toujours exposée au risque du surgissement de la Chose, tel que Fellini l'a figuré dans la rencontre inopinée faite, au petit jour, par les noceurs de *La Dolce Vita* avec le monstre que les pêcheurs ramènent sur le sable et dont l'œil glauque les regarde du lieu du réel[1].

Parce que l'homme refuse, de toutes ses forces, d'être confronté à cette horrible vérité, la psychanalyse a été ressentie, dès l'origine, comme une invention sulfureuse qui menaçait de venir réveiller l'humanité de son rêve d'innocence et de bonheur. Cette perception donne la raison de l'aversion que la découverte de Freud a

1. Lacan, Séminaire X, « L'angoisse », séance du 22 mai 1963 (inédit).

suscitée et que l'institution analytique a été la première à nourrir, lorsque Jung restaura, avec sa théorie des archétypes, la fiction d'un univers eidétique universel, antérieur au signifiant et ouvert à l'intelligibilité – autant de caractères qui vaudront au jungisme une reconnaissance immédiate, consacrée par son intégration dans le champ des sciences humaines, empressées de récupérer une « psychanalyse », enfin affranchie de la sexualité et de la mort.

IV. La psychanalyse face aux sciences humaines

Les sciences humaines : sciences du moi

Les sciences qu'on appelle humaines méritent assurément leur nom à condition que l'on précise que c'est de l'homme constitué comme objet qu'elles traitent, soit d'un homme aseptisé quant aux effets de l'inconscient, d'un homme qui serait le produit d'un refoulement réussi – sans retour du refoulé. Cet homme, c'est le moi de la tradition classique, réincarné dans l'*ego* de la psychologie post-freudienne. Parce que leur champ est celui de ce moi, installé dans ses certitudes, les sciences dites humaines ne peuvent que participer à cette entreprise de méconnaissance de la méchanceté que la psychanalyse décèle au cœur de l'homme. Écartant par principe de leur champ d'étude l'action des forces de déliaison, régies par Thanatos, toutes ces sciences – l'histoire, la sociologie, la psychologie, l'éducatif, le politique – considèrent seulement le travail de construction accompli, au cours des siècles, sous le chef du moi, par les progrès de la culture, qu'elles apprécient avec confiance comme une marche assurée vers davantage de justice et de bonheur. Cette conviction n'est tenable que si on fait semblant d'ignorer que toutes les civilisations sont vouées à la disparition[1],

1. Selon la parole célèbre de Paul Valéry, dans « La crise de l'esprit » (1919), qui les fait conscientes de leur propre mort (Valéry, *Œuvres I*, *op. cit.*, p. 988).

en ravalant la thèse freudienne de la pulsion de mort au rang d'aimable fantaisie.

Les sciences humaines méconnaissent, en fait, que les communautés humaines ont la même structure que le moi et que le progrès qui les pousse en avant, n'est pas accompli au nom d'une quête du bonheur, mais dans la volonté soutenue de dénier le malheur, non pas au nom du bien, mais dans le refoulement du mal. L'entreprise scientifique tombe ainsi sous le coup du principe universel en vertu duquel l'homme feint de croire qu'il a l'avenir devant lui afin de méconnaître qu'il a le dos au mur. La psychanalyse est venue malencontreusement déchirer cette illusion fondamentale qui supporte les mirages du moi et de la vie sociale, en ouvrant, une seconde fois, la boîte de Pandore que les hommes, bien avisés, maintenaient fermée.

La Caverne revisitée

Freud nous invite à revisiter la Caverne de Platon, en nous enseignant que les communautés humaines prennent naissance afin de permettre aux individus, réunis sous le signe du semblable, de donner des significations aux ombres pour n'avoir pas à se retourner sur l'horreur de la Chose. La Chose freudienne constitue le cœur indicible de l'homme qui fonde l'altérité originaire[1]. Caractère qui explique que l'aversion qu'elle suscite trouve son expression, sur la scène imaginaire du monde, dans le déni déclaré de toutes les différences.

Ce déni traduit la volonté de maintenir l'univers édénique de l'enfance, que Freud réfère, en 1908, au refus de la différence des sexes[2]. La culture angélique moderne prône ainsi une « égalité généralisée » qui effacerait toutes les différences : en premier lieu,

1. A ce titre, elle supporte la visée de l'amour, qui s'adresse, au-delà du miroir, à l'être indicible de l'autre – ce que vérifie le constat que, dans un couple de jumelles, un amant sera amoureux de l'une et pas de l'autre.

2. Freud, « Les théories sexuelles infantiles », *La Vie sexuelle*, *op. cit.*, p. 19.

bien sûr, la différence paradigmatique des sexes (qui inscrit le *penis-neid* au tableau des valeurs de la République) ; la différence entre les générations ensuite (aujourd'hui, on est la grande sœur de sa fille et le copain de son fils) ; les différences « naturelles » entre les individus enfin (tous les enfants ont désormais le droit, quel que soit leur handicap, d'accéder à la classe supérieure et de pratiquer tous les sports[1]). Le diable de la modernité ne pousse plus aujourd'hui l'homme à la compétition ni à la transgression : il l'induit, au contraire, à la « tentation d'innocence[2] », en le faisant rêver d'un monde où il pourrait vivre en harmonie avec ses semblables et avec son milieu, dégagé de la responsabilité et à l'abri de la culpabilité. Ainsi est entretenu le leurre que le langage est en mesure de faire se recouvrir le sujet et le moi, et de permettre au moi de trouver sa satisfaction dans ses objets.

Le principe essentiel du langage : le défaut

Or, de Freud à Lacan, la psychanalyse démontre que le sujet humain se constitue dans une dialectique qu'il entretient avec ses objets et dont le progrès est, à chaque temps de son devenir, commandé par la mise en échec du principe de plaisir, conjointe à la volonté de rétablir ledit principe. Ainsi le moi et la réalité ne se présentent-ils plus comme des données immédiates de la conscience, mais comme les produits d'un procès d'écriture laborieux, accompli à travers une série d'opérations de « traduction » *(Übersetzung)* dont on sait *(« Traduttore, traditore »)* qu'elles impliquent toujours

1. Cette volonté angélique du bien pour le bien s'oppose à la volonté de dérision satanique qu'a exprimée en son temps la civilisation médiévale : les combats entre aveugles qui déchaînaient les rires des foules du XVe siècle se présentent ainsi comme le positif de certaines compétitions sportives modernes, organisées pour les handicapés, qui trahissent, négativée, l'horreur qu'elles refoulent (cf. *Le Journal d'un bourgeois de Paris*, Paris, éd. Tuetey, p. 204).
2. Expression que nous empruntons au titre du livre de Pascal Brückner (Paris, Grasset, 1995).

un reste, si bien qu'à chaque « transposition » *(Entstellung)* d'un « registre d'inscription » *(Niederschrift)* dans un autre, la nouvelle transcription trahit l'« impuissance » du langage *(Versagung)* à « transférer » *(übertragen)* la totalité du texte antérieur[1]. Ce que nous reconstituons, dans l'après-coup, comme ayant dû être un premier réel se découvre donc, au bout du compte, de remaniement en remaniement, comme étant une pure fiction à laquelle nous accordons pourtant notre croyance et notre créance et que nous appelons *réalité*, tandis que, de façon complémentaire, le moi, comme mirage, trahit qu'il s'est construit sur la forclusion originaire du sujet.

A cette impuissance essentielle qui frappe le langage et le sujet en retour, Freud donne un nom : le refoulement[2]. C'est lui qui détermine qu'il n'y a pas de rapport de l'homme à son monde, ni du moi à ses objets. Ce qui signifie que le sujet du langage entre dans la vie, marqué par la barre qui sépare le signifiant du signifié, c'est-à-dire sous le coup de l'arbitraire du signe – sous le chef du principe du défaut qui distingue l'homme des autres espèces animales et donne son sens à la notion d'adaptation.

Pourquoi l'homme s'adapte là où l'animal évolue

Parce qu'il est essentiellement un organisme en symbiose avec son milieu, l'animal est, par principe, en adéquation avec le réel. Confronté aux variations du réel, il évolue ou il meurt : tel fut, par exemple, le sort des archosauriens disparus au Crétacé terminal, dont on peut dire qu'ils ont été, au moment d'un changement de

1. Nous reprenons ici les principes essentiels développés par Freud dans la célèbre *Lettre 52* à Fliess (cf. Freud, *La Naissance de la psychanalyse, op. cit.*, p. 153-160).

2. En effet, Freud, dans « L'esquisse », introduit le refoulement aux temps primordiaux du sujet, dès son entrée dans le langage, c'est-à-dire bien avant ce mode, finalement très tardif, de refoulement qu'est le refoulement originaire *(Urverdrängung)* (cf. Freud, « L'esquisse », *La Naissance de la psychanalyse, op. cit.*, p. 340).

climat, pris de vitesse par le réel. L'homme, en revanche, obéit à un principe complètement différent : il ne répond pas au réel par l'évolution, mais par le langage. Il ne mute pas, il transforme le réel en réalité. Confronté à l'insistance du réel obstiné à rompre son équilibre homéostatique, il s'adapte à l'inadaptation et se satisfait, en lieu et place d'un objet réel (le sein, dans l'exemple *princeps* de Freud) d'un substitut insatisfaisant (« bribe de lange, tesson chéri[1] »). Grâce aux ressources infinies de la métaphore, l'homme transmute le déplaisir en plaisir : sa compagne, l'hiver, ne double pas sa toison, comme on le voit dans les espèces inférieures. Elle met seulement son manteau de fourrure[2].

Ainsi la catastrophe réelle, qui marque toujours, dans tous les cas, pour l'animal, la fin d'une espèce, à un stade donné de son évolution, est, au contraire, la chance – la « cheänce », selon l'ancienne langue – qui engage l'être parlant dans la voie de la civilisation. La phylogenèse humaine, telle que la reconstitue la psychanalyse[3], retrace donc simplement l'introduction du sujet au langage et démontre que la *défaillance réelle* qui signe la mort de l'animal constitue, lorsqu'elle est métabolisée en manque symbolique, l'essence essentielle de l'humain. Cette conclusion implique la vanité de l'idée de bonheur, qui transfère à un être de langage, soumis au principe du défaut ($-\phi$), la finalité homéostatique des espèces animales. Constat qui établit, du coup, que le mythe de l'Age d'or retrace l'histoire d'un homme antérieur au langage, de l'homme avant l'homme[4].

1. Lacan, « Subversion du sujet et dialectique du désir », *Écrits*, *op. cit.*, p. 814.
2. L'essai de métapsychologie *Vues d'ensemble sur les névroses de transfert* (Paris, Gallimard, « Connaissance de l'inconscient », 1985) montre encore comment l'homme répond aux changements du réel par la névrose ou par la psychose, c'est-à-dire par le langage.
3. De *Totem et Tabou* aux fantaisies paléontologiques ultérieures de 1915 et 1929.
4. Temps où les bêtes parlaient, comme le rapportent plusieurs mythes créationistes, c'est-à-dire où il n'y avait aucune séparation entre les créatures, où le langage n'était pas arbitraire et disait le vrai du réel. Sur ce fond édénique, la chute va introduire l'arbitraire du signe, tandis que l'épisode de Babel marquera un nouveau degré dans cette déchéance, la coupure advenue entre les hommes venant redoubler celle qui avait séparé *in principio* l'homme des bêtes.

Or, c'est ce mythe que les sciences humaines placent à l'horizon de leurs recherches, en postulant la possibilité d'une adaptation parfaite de l'homme à son *Umwelt*.

V. Rome et les mendiants

La réparation du défaut : les orthopédies du moi

La psychologie, comme la psychanalyse, considère que le propre du sujet parlant est de s'adapter à son milieu par le langage. Comme la psychanalyse, elle fait le constat des défaillances qui interviennent dans ce processus. Seulement, elle n'impute pas le défaut du procès à l'essence du langage, mais à une erreur de fonctionnement. Elle étudie ainsi des combinatoires d'éléments dont les paramètres d'interactions quantifiables, mesurables et inscriptibles sont susceptibles d'être convertis en constantes, courbes ou tests qui, à leur tour, permettront de déterminer l'adaptation ou l'inadaptation de tel ou tel élément considéré et, au-delà, d'établir des prévisions et des modèles[1] pour fonder, à terme, une pédagogie du moi.

Sans doute la psychologie prétend-elle prendre en compte, elle aussi, les facteurs inconscients. Mais l'inconscient dont elle fait état n'a rien de commun avec l'inconscient freudien. Sous ce nom, elle désigne simplement des motivations latentes, dont le moi n'a pas « conscience », mais que l'expérimentateur est en mesure, par des techniques appropriées, de repérer et de mettre au jour. Elle expliquera ainsi la destruction des cabines téléphoniques dans les « cités », en disant qu'elle traduit une haine méconnue, nourrie contre les emblèmes de la communication par une génération

1. Dont le DSM3 (Diagnostic and statistical manual mental disorders), proposé par la psychiatrie américaine, constitue le paradigme.

de jeunes qui se vit comme exclue de la communication. L'acte déprédateur, corrélé à une causalité « inconsciente », est pensé dans une référence à un *pattern* arrêté sur la forclusion du sujet de l'inconscient. Parce qu'elle fonde sa démarche sur des schèmes préétablis et se trouve amenée, du même coup, à mettre tous les moi en série, la psychologie poursuit une visée pédagogique qui, dans ce cas précis, démontre son succès dans la sauvegarde des biens publics.

Le psychanalyste doit être un saint

A ses débuts, la psychanalyse a été animée par une intention civilisatrice du même ordre, lorsque Freud a pensé que la compréhension des symptômes, établie dans le transfert, pouvait restaurer le sujet dans son histoire et opérer ainsi une guérison par le sens. Tel est encore, en 1909, le postulat de la cure de l'Homme aux rats. Mais l'analyse de l'Homme aux loups va bientôt lui montrer que restituer au sujet les signifiants de son histoire n'a pas d'autre sens que de le ramener à son point de non-sens. Ce qu'il vérifie à la veille de sa mort (1937), dans « l'analyse finie et infinie », où le roc de la castration déterminé comme limite de l'action thérapeutique désigne, au-delà du narcissisme intangible du sujet, la castration de l'Autre. Telle que Freud en pose alors *in extremis* le principe, que Lacan explicitera, la psychanalyse conduit dès lors le sujet au signifiant fondamental (S_2) qui est, en même temps, celui de sa mort symbolique et de toutes les virtualités offertes à la pulsion[1].

Le choix de saint François d'Assise illustre ce moment ineffable, où le sujet se place sous le chef du signifiant primordial, quand le héros se dépouille de tout sur la place publique. A cet instant, il

1. C'est ainsi que le héros du film de Kurosawa, *Vivre* (1952), découvre, au moment où il est frappé par un mal incurable, que l'homme peut s'identifier au signifiant des possibles. Au nom de quoi, il va redonner vie à son quartier, avant de s'effacer, au rythme d'une escarpolette du jardin d'enfants qu'il a créé.

abandonne sa défroque moïque, se fait déchet, « décharite [1] », réalisant ce point de pure articulation signifiante qui échappe au sens et qui est la condition du sens. Saint François accomplit alors, dans le registre d'une sublime perversion [2], la structure pure du désir, en faisant coïncider le désir et la volonté. A ce temps inaugural, il accède à une parole universelle, antérieure au discours et inintelligible aux hommes de la tribu, qui lui permet de prêcher aux oiseaux. Mais François ne s'installe pas dans un nouvel Éden. Cet instant adamique est pour lui un temps de traversée, à partir duquel la chaîne signifiante est relancée et l'imaginaire restitué : selon l'Imitation de Jésus-Christ, qui sera son viatique, il va dramatiser les Évangiles, susciter des disciples – fonder un ordre. Cette fondation est complètement originale toutefois : accomplie par un acte qui lie le geste et le signifiant, elle s'avère être de même nature que l'acte analytique. En opposition avec la « décision » contemporaine de saint Dominique [3], qui réfère la création de son ordre à un texte, à un dogme, François initie son projet sur un défaut de texte. L'acte sacrificiel place au principe de son entreprise cet objet impossible à prendre au miroir – « impossessible », eût dit Claudel – que Lacan appelle objet *a*, objet, par nature, perdu, si bien que la fondation de saint François est de celles qui minent tous les fondements et ne cessent de se refonder elles-mêmes perpétuellement. On comprend pourquoi Rome prit immédiatement la mesure du danger que les « mendiants » représentaient pour l'Institution et lança contre eux les « chiens du maître » (c'est ainsi que les dominicains, *domini canes*, se désignaient eux-mêmes), dressés selon l'ordre de la loi.

1. Selon l'expression déjà citée de Lacan (*Télévision*, *op. cit.*, p. 28).
2. Il s'agit ici d'une perversion pure, sans perversité, parce que le sujet conserve une fidélité absolue au manque.
3. La volonté de Dominique, inscrite dans son nom, est au principe du discours du maître, qui va instituer les dominicains comme maîtres du savoir.

Tous les saints ne vont pas en enfer

La psychanalyse connut plus tard un destin analogue[1]. Car elle aussi nous enseigne que, s'il existe une orthopédie du moi, il n'y a pas de pédagogie du sujet, parce qu'il n'y a pas de savoir sur l'objet *a*, le défaut de signifiant assurant la relance du signifiant et le sujet se refondant lui-même à chacun de ses actes. Au nom de la sentence du Poète : « Au lieu du péril croît/Aussi ce qui sauve[2] », elle confronte l'homme à sa liberté. Face à la volonté féroce de candeur des moralistes, elle annonce encore que le pire n'est pas toujours sûr et que, si l'homme n'est pas assuré de son bonheur, il n'est pas condamné à la bêtise. Si elle ne construit pas le sujet, elle ne le désespère pas non plus. En démontrant que la croyance est incertaine et la certitude insoutenable, elle introduit simplement l'homme à une confiance inquiète.

1. Lacan a lui-même évoqué l'excommunication majeure fulminée contre lui.

2. Hölderlin, « Patmos », *Œuvres*, Paris, Gallimard, « Bibliothèque de la Pléiade », 1967, p. 867.

Index des noms propres*

* Cet index ne comporte pas les noms d'auteur (Molière, Freud ou Lacan), ni de personnage (Alceste, Don Juan) dont les occurrences étaient trop nombreuses pour être significatives. Les noms des personnages fictifs sont en italiques.

J

K

L

M

N

O

P

Q

R

S

T

U

V

Index des concepts*

A

B

C

* Nous avons écarté de cet index les références analytiques courantes lorsqu'elles ne présentaient pas de pertinence particulière (castration, refoulement...). Pour les termes les plus fréquents, nous n'avons consigné que les occurrences les plus significatives.

D

P

R

S

T

U

V

W

Z

Table

DEUXIÈME PARTIE

L'obsessionnel dans sa cage

TROISIÈME PARTIE

Don Juan ou l'outrage au dieu caché

Du même auteur

Le Cercle magique
Essai sur le théâtre en rond à la fin du Moyen Âge
Gallimard, 1973 ; Slatkine Reprints, 1998

Pour une dramaturgie du Moyen Âge
Presses universitaires de France, 1980

La Névrose courtoise
Navarin, 1983

Le Charivari
Les rituels fondamentaux de la sexualité
Payot, 1985

Comment Freud inventa le fétichisme
et réinventa la psychanalyse
Payot, 1994

Le Sphinx et le Graal
Le secret de l'énigme
Payot, 1998

Le Chevalier, l'Autre et la Mort
Payot, 1999

Le Démenti pervers
Le refoulé et l'oublié
Aubier, 2002

La Pulsion de mort
Entre psychanalyse et philosophie
(sous la direction de M. Plon et H. Rey-Flaud)
Érès, 2004

« Et Moïse créa les Juifs… »
Le Testament de Freud
Aubier, 2006

La Vérité
Entre psychanalyse et philosophie
(sous la direction de M. Plon et H. Rey-Flaud)
Érès, 2007

L'Enfant qui s'est arrêté au seuil du langage
Comprendre l'autisme
Aubier 2008

Croyance et Communauté
(sous la direction de J.-D. Causse et H. Rey-Flaud)
Bayard, 2010

RÉALISATION : PAO ÉDITIONS DU SEUIL
IMPRESSION : NORMANDIE ROTO IMPRESSION S.A.S. À LONRAI
DÉPÔT LÉGAL : MAI 2010 N° 102717 (101413)
IMPRIMÉ EN FRANCE